部落文化・文明

差別で失なった価値群：この世界の全体像を誰も見ていなかった

川元祥一

江戸時代の傑作、佐渡の春駒面。額に鎹《かすがい》を打っているため「鎹の面」といわれる。所在不明とされている。

御茶の水書房

写真で見る部落の職業と文化

警備役——危機管理機構

全国の部落が歴史的に公的な「役目」職業としたのは主に現代の警察機構の現場と皮革生産など。それに宗教行事のキヨメなど。その中で、各地の警備役、現代の巡査に相当する仕事が非常に多く、歴史のうえで代表的な職業といえる。そうした歴史を現代にあって示すものを写真として紹介する。本文を読んでもらえばわかるが、差別はこうした職業への偏見から成っている。しかし、これらは社会構成体の必須として当然その価値が見直されなくてはならない。(84頁参照)

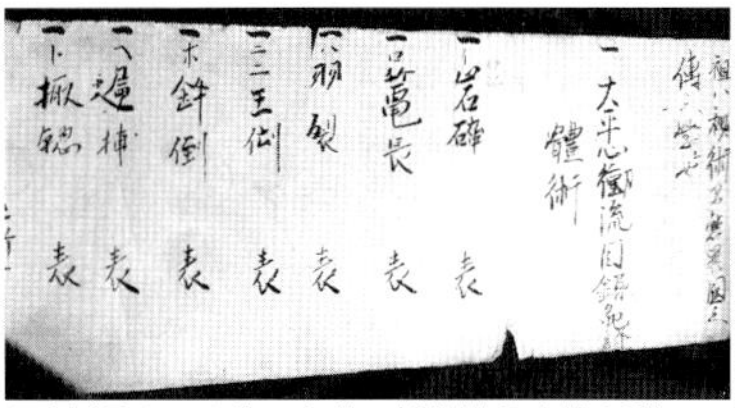

犯人補足(逮捕)術の免状。捕物道具を使う訓練もしていた。(長野)

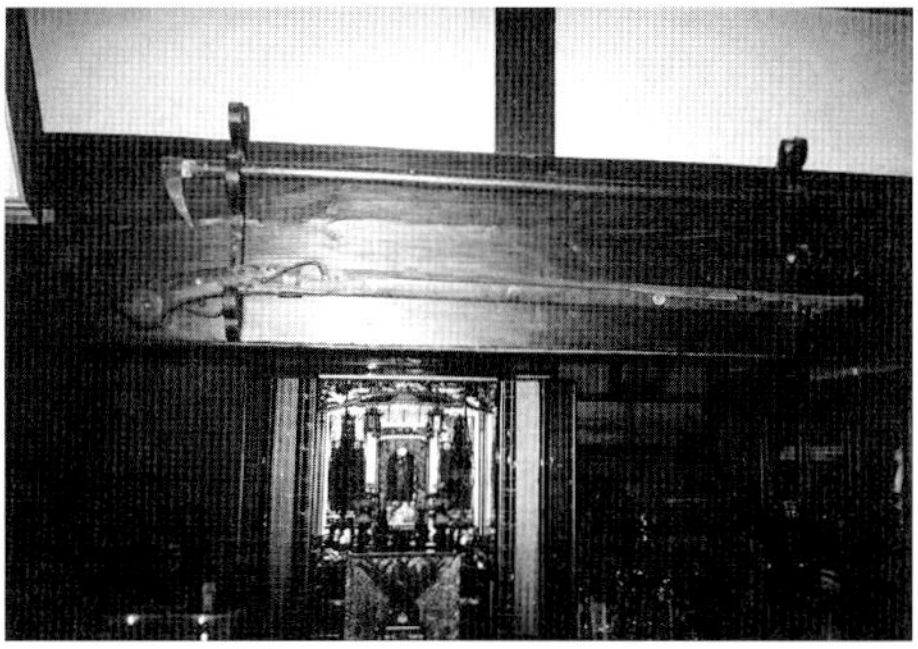

部落で常備された捕物道具。鳶口と鉄砲。兵庫。六尺棒、なぎなた、袖からみ、さすまたなどを常備する所もあった。(89頁参照)

埼玉県内の農業用水池。農民はこの水を使って田植をするが、部落は江戸時代ここで水の管理・水番をした。

弘前の部落にある警備役・追捕役の神社「追掛稲荷大明神」。

上の池から農民の田に満遍なく水が行くよう調節する分水堰。この堰の近くに部落(同和地区)があり、毎日用水全体を見回って不正な〝水抜き〟などないように管理した。

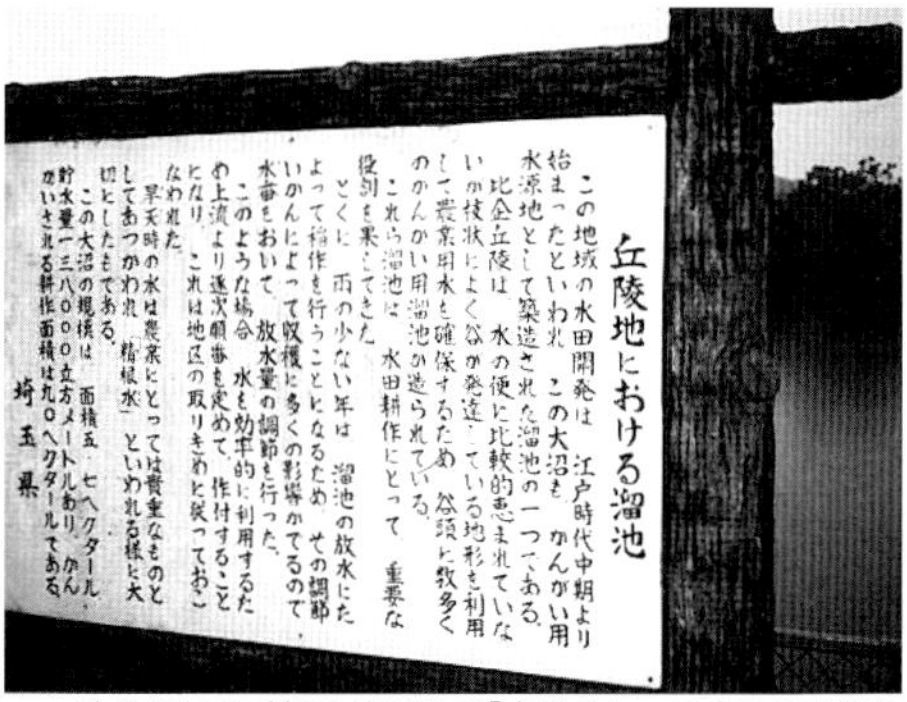

池の周りの看板で埼玉県が「水番をおいて水量の調節をした」と説明している。(写真13行目)

宗教的キヨメ役
——神輿の先導

部落の歴史では、各地の宗教的行事、特に祭礼のときに、灯籠に火をつけたり、注連縄を張ったりと設営をしたり、御輿の先導などを公的な仕事「役目」とする村が多かった。これは宗教的な意味のキヨメであり、〈聖〉なる空間を設定する象徴的行為である。この象徴的行為が、〈神〉観念を持つ祝福芸・門付芸などの芸能につながる。（9頁、250頁参照）

京・祇園祭の「つるめそ」（犬神人ともいわれたキヨメ・中世非人）。馬に乗った人と鎧を着けてなぎなたを持った人。遷都一二〇〇年祭で復元。中世、近世は馬に乗ってはいなかった。彼らの後ろを神輿が続く。

同じ祇園祭で行われる竹によるキヨメ。道をキヨメる象徴的行為。

鎌倉・面掛行列。鎌倉時代から八幡宮の祭礼で先導をしたキヨメ役。一九六〇年代まで「非人面行列」と呼ばれた。今は御霊神社で九月一八日行われる。先頭は獅子頭。今の獅子舞の原型とする見解がある。この後に爺、鬼、異形、鼻長、烏天狗、ひょっとこ、福禄寿、おかめ、はらみ女が続く。（カバー写真参照）

はらみ女。「弾左衛門由緒」などによると鎌倉時代、極楽寺に拠点をおいたキヨメ（非人）の娘が頼朝の子を身籠ったという伝説がある。その伝説と同じに、行列に「はらみ女」「とりあげ女」が参加する。行列はこの女を祝うためにある、とする説もある。

神社の祭礼において「結界」を張り「聖」なる空間を創るキヨメ役。象徴的行為。結界によって神輿に「神」を移す神事が行なわれる。

結界を張ったキヨメ役は「神」が乗った神輿を導き、街に出る。祇園祭と同じ観念構造で、神輿の先導をするキヨメ役。（静岡県）

腑分（解剖）の技術

―「日本近代医学の母」がいた

「日本近代医学の父」は数人いる。『解体新書』（一七七四年）の杉田玄白をはじめ、杉田より一七年前人体解剖を観察し『蔵志』（一七五九年）を書いた山脇東洋。黄熱病の研究で自ら同病にかかった野口英世など。いろいろな医学の創始者といえる人々であるが、人体解剖においては、杉田も山脇も技術がなくて、自分で執刀したのではない。杉田の『蘭学事始』にはっきり書いているが、当時解剖技術をもっていたのはキヨメ役、「穢多」とか「屠者」と呼ばれた人々だった。そして杉田や山脇の前で日本人の解剖（腑分）をし、内臓名などを教えて彼らの業績を支えたのである。オランダの解剖書『ターヘルアナトミア』が正しいこともキヨメ役が証明した。しかし現代、その人々の技術や文化が無視され、まったく評価されていない。私は彼らキヨメ役を「日本近代医学の母」として讃えたい。（93頁参照）

●杉田玄白の場合

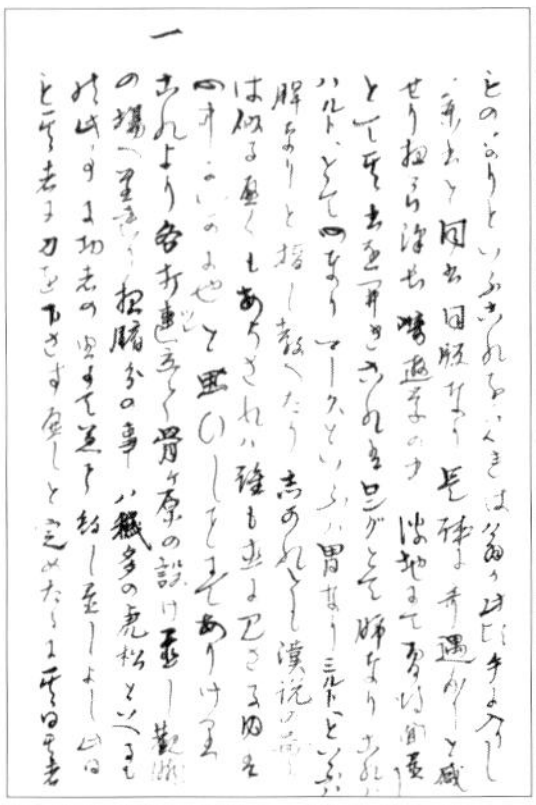

「蘭学事始」の写本。後から三行目後半「腑分の事は、穢多の虎松といへるもの、このことに巧者のよしにて」と書き、キヨメ役による解体だったのを示す。この後「この日まで腑分けのことは穢多に任せ」とも書いている。

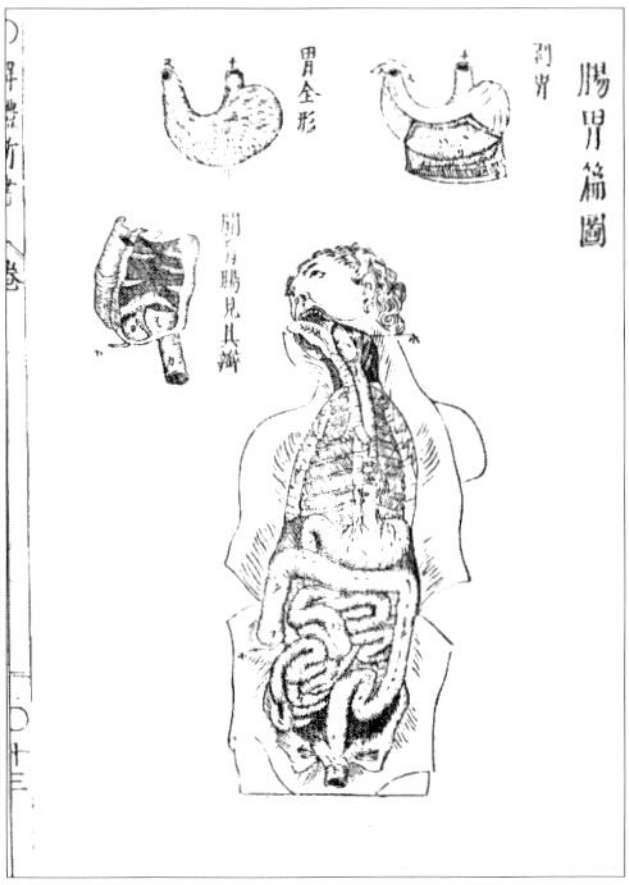

「解体新書」の消化器官図。キヨメ役の実証で「ターヘルアナトミア」が正しいのを知り、同じ図を描いて日本語で説明した。これが杉田玄白たちの業績である。

一七七一（明和八）年三月四日早朝、杉田玄白、前野良沢が「ターヘルアナトミア」を持参して日本人（刑死した女）の解剖を観察、その本が正しいのを教えられた。小塚原刑場跡の首切地蔵（現・荒川区南千住）。

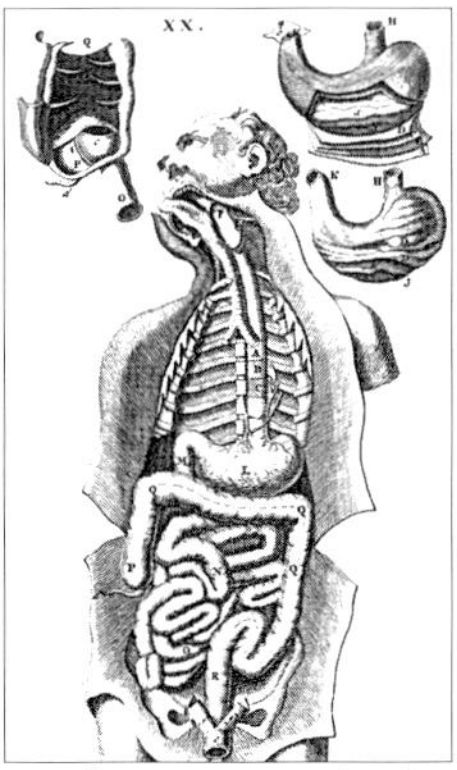

「ターヘルアナトミア」の消化器官図。杉田玄白たちはこの図が正しいのを、キヨメ役（穢多身分）による日本人の解剖で知り、翻訳が必要なのを痛感した。

刑場跡の回向院にある「解体記念碑」。日本医師会などが建立しているが、キヨメ役の技術や貢献は一切記されていない。杉田も山脇もきちんと書いているが、近代は「部落文化」を無視する傾向が強くなる。

●山脇東洋『蔵志』の場合

（ホームページ：京都大学ライブラリー）

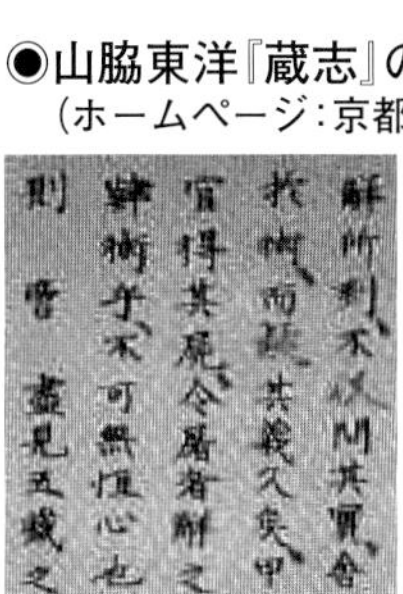

『蔵志』左図三行目「令屠者解之」（屠者に命じてこれを解く）と書かれている。当時人体の解剖が禁じられており山脇たち医者は技術をもたなかった。キヨメ役「屠者」「穢多」がそれを「役」としたと考えられる。

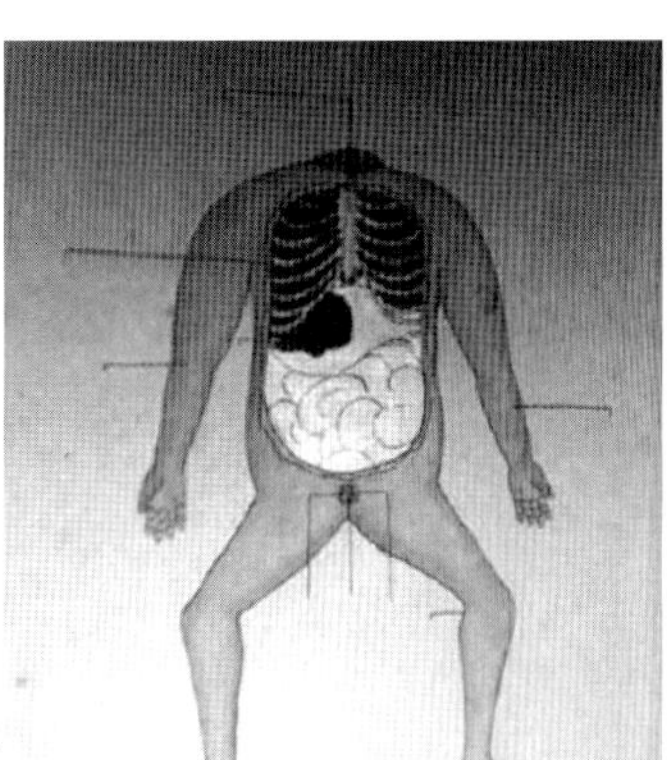

1754年（宝暦四）2月7日「屠者」（キヨメ役）の解剖によってこの図が出来た。京・悲田院のキヨメ役（非人）によって行われた。

皮革の製造

——鞣〈なめし〉の技術

◉革カバンはなぜ腐らない？

皮革製品は現代でもたくさん用いられている。今は輸入品があり、石油製品などもあってすべてが部落文化に繋がるわけではない。また近代になって各国の技術交流も多い。しかし、日本の、特に江戸時代などの和人社会、あるいは近代初期の皮革製品、その文化の基層は江戸時代からの斃牛馬処理、皮細工の技術、文化といっても過言ではない。その中で鞣〈なめし〉の技術、文化が重要だった。生の皮は腐食する。しかし太鼓やカバンの革は腐らない。その秘密が鞣〈なめし〉にある。（74頁参照）

現代の道具「たいこ」。この中でタンニン又は化学薬品クロムを練り込む。大量生産が可能になった。

「なめし」は〈皮から革へ〉といわれる。生皮はすぐ腐るが、柿渋などのタンニンを練り込み乾燥、水漬けを繰り返して腐らない〈革〉にする。昔は手足で練り込んだ。

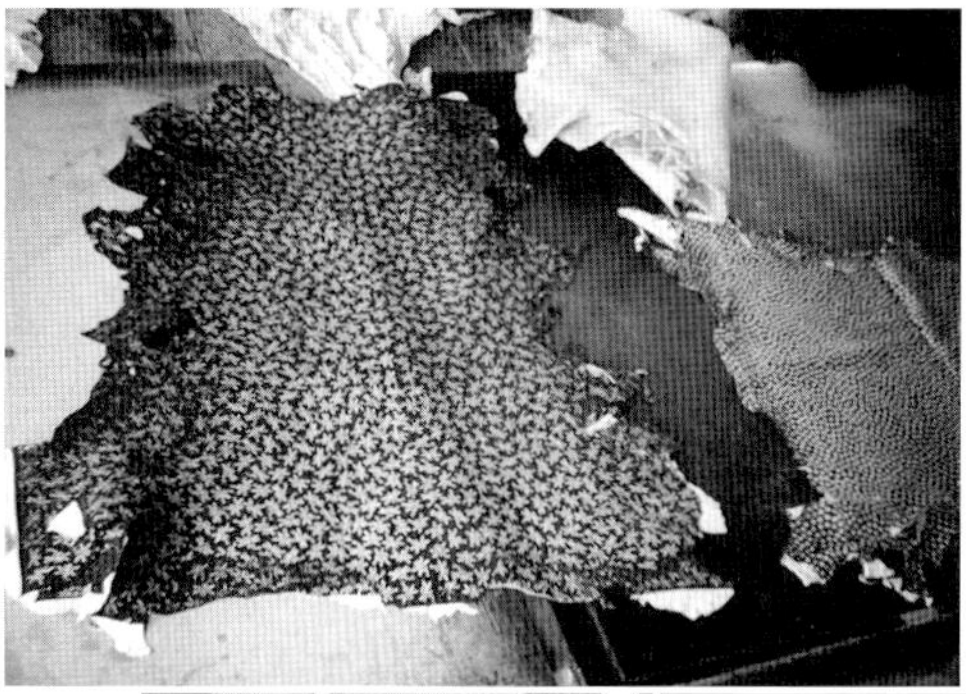
鞣〈なめし〉とは、柔らかい革を作ることである。また染めも出来る。柔らかくて軽い鹿皮。

源義経が身につけていたとされる鎧《よろい》。鎌倉時代初期の製作と考えてよい。奈良・吉野。

室町時代に描かれた「鎧〈よろい〉細工」。革片を革紐で繋ぎ、重ねていく。

太鼓の製造。大切なのは革を胴に強く締めること。締め具合で音質が決まる。

やわらかい革で、形を取り縫製することが可能となる。鹿皮で作った江戸時代の陣羽織。

肉食文化

——禁止の時代、彦根の牛肉が…

明治五年（一八七二）一月までほぼ一千年間、日本の和人社会は肉食禁止だった。しかし今はそれを知らない人が予想以上に多い。自分たちの足元の歴史や文化を考えるうえでこんなことではいけないのではないか。結果だけを楽しむのでなく、そのプロセスが大切だと思う。また、その歴史を知っていても、肉食禁止が解けたのは横浜などの開港以来、外国の影響と思っている人がほとんどだ。これも少し間違っている。では何が真実なのか。その真相が部落（同和地区）の歴史にある。禁止の中で部落は肉食文化を育んだ。それが日本近代を生む大きな力の一つだった。特に近江の彦根では、公然と屠畜・肉食があり、禁止令をだした当の将軍をはじめ、多くの人の健康を支えた。（62頁参照）

「御用付而干牛肉　将軍御用の干牛肉一箱送っていただき（将軍に見せたところ）大変幸せとおっしゃった。感謝し受取りました」牧野備前守忠精（江戸幕府老中）より井伊掃部頭殿。（享和三年）六月二十三日。〈『井伊家と彦根城』彦根城博物館〉。

今も人気の「近江の味噌漬け」（牛肉）。江戸時代から作っている。今は新幹線米原駅などで売っている。

部落は江戸時代から肉を干して保存食とした。将軍や大名も好んだ。干肉を作っている現代の風景。本来肉を竿で干したので「竿干し」「さいぼし」といわれる。

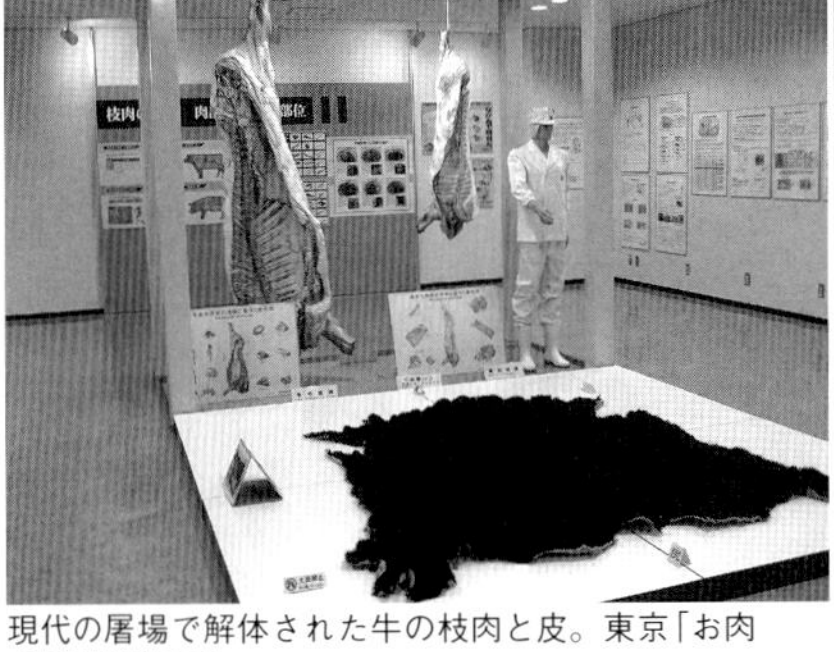

現代の屠場で解体された牛の枝肉と皮。東京「お肉の情報館」にて。

文久三（一八六三）年頃の厚木（神奈川県）の宿場。中央の看板二つ。手前上「江州彦根　生製牛肉漬」とある。奥下「薬種」とある。滋養としての「薬肉」と同じ意味。

江戸時代末期に流行った「牛鍋」を食べる様子。女性が鍋を囲んで興じる。制度としては明治５年１月まで肉食禁止だった。

部落の伝統芸能・門付芸
―道の芸・祝福芸から舞台芸へ

部落の伝統芸能という言葉・概念は私が提案しているもので新しい。祝福芸とか門付芸といわれてきたものである。祝福芸は農山漁村町にたくさんあるが、部落のそれは〝道の芸〟ともいえるもので、民家を一軒一軒訪れて祝福する。民俗芸能の一種で、神観念を持つのが特徴である。主に新年を祝うが、節季を祝う芸もある。（106頁参照）

◉春駒・佐渡：乗馬型・男春駒

佐渡の金山を本拠にしてきた佐渡の春駒。1960年代まで新年の門付を行っていた。

佐渡の乗馬型春駒は面を被るのが特徴。（口絵1頁参照）。

室町時代の「洛中洛外図」。左下三人が門付芸人・乗馬形春駒。

歌舞伎舞踊になった春駒「対面花春駒」。祝福の神観念を脱却し、人間の喜怒哀楽を唄い演じる。

◉春駒・手駒：〈蚕の神さま〉として迎えられた。

部落から養蚕地帯の農村に伝わった春駒・手駒。農村の青年が門付芸人になって養蚕の豊かさを願う。（群馬）

飛騨白川郷はかって豊かな養蚕地帯だった。どぶろく祭で春駒を踊る。

春駒・手駒を伝承した農村では座敷に上がって舞う。馬の頭部の木偶を手に持つのが特徴。（群馬）

◉エビス信仰と芸能：門付けからお座敷芸へ。

鯛を釣って「めでたい（鯛）」は農村などでお座敷芸となり、やがて祝福芸を離れて人情を演じる人形浄瑠璃となる。

エビスさんが町や村を訪ねて「めでたい（鯛《たい》）」を釣って祝う。これが門付芸の「エビス舞」。（新潟）

◉鳥追と女太夫：〈神〉から人へ

江戸の華といわれた鳥追芸人（上）。「千町万町の鳥をおうて候」と歌って門付をした。

江戸の華「鳥追」は、松の内を過ぎると祝福芸ではなく、小唄や端唄の人情物を歌う「女太夫」として芸を売った。

舞台芸になった「鳥追」。日本舞踊として鳥追から「女太夫」へ。恋をする一人の女として登場する。一八一九（文政二）年中村座初演。藤間流舞踊家・藤間勘史卯。

「伝統芸能研究・千町の会」によって復活した門付芸「鳥追」。一九九五年。（東京・向島）

【本誌で使う写真はすべて著者が撮影したものである】

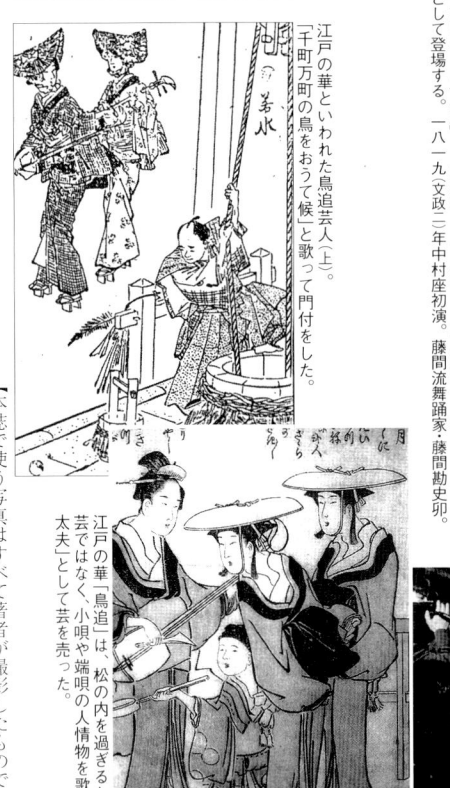

部落文化・文明——差別で失なった価値群：この世界の全体像を誰も見ていなかった

目次

目次

第三部　部落文化とルネッサンス

Ⅲ　部落学

第二部　米中西部教育学会（ＭＷＥＲＡ）レポート
（Mid-Western Educational Research Association 二〇〇二年総会）

部落文化・文明——

差別で失なった価値群・
この世界の全体像を誰も見ていなかった

序説　部落文化・文明とは何か——日本の見えない世界

一　文明の意味の変遷

部落問題を考える新しい視点として「文明」がより有効であり、的確な分析手段であると共にこれまでの偏見・差別観を超える思想、概念を内包するものと考える。

文明は人類すべてに適応できる概念であり、すべての民族や国、あるいは地域性、小集団を網羅しながら、それぞれの民族や国、集団がもつ制度やシステム、宗教的観念や政治的イデオロギーを超えている。しかもそれは、それぞれの地域で素朴な生計を営んできた人々が、地域の自然に直面しながら創造、蓄積してきたさまざまな段階の文化や観念、あるいは道具や装置を包んだ、より原初的な概念と言えるからだ。

また、ある意味文明は、人類史をより簡明に、なおかつ的確に表す概念なのかも知れない。しかも「文明とは何か」という規定になると、現代にあってもなお不変なのもとして、あるいは普遍的に定着したとはいえないところがあって、そのため文明は今も、人類史に沿って変動する、そんな仮定さえ包摂する魅力をもっていると私は思う。

しかも文明概念は、人権問題にとって見過ごしてはならない重大な歴史的意味をもっている。文明はシビリゼーション"civilization"が語源とされ、初期的には都市の存在や都市生活そのものを意味していたとされる。この意味が「都市」を持たない地域、「非都市」的な地域や生活を「未開」とし、さらには「野蛮」ともし、「文明」が「野蛮」を「開発」するという対立関係を構想するようになって植民地主義を正当化したのである。これは「進化」論とも相互に影響して賛否の論争が続いた。二十世紀半ばになって植民地解放闘争、民族解放闘争が高揚し、それまでの文明概念が超克され、多文化主義、あるいは経済のクローバリズムを反映した「文明の衝突」論などが生まれた。私自身は、多文化主義を尊重しながら、排外的多文化主義ではなく、文化・文明の共存を考える。この共存については本論〔I〕において述べるが、「部落文明・文化」も、そうした文明概念の変遷の中で重要な意味を持つと考える。

地球上の人類すべてを網羅するこの文明を、世界四大文明などのような大きな分類から、少しずつ身近なものに、民族とか国、あるいは地域性の小集団、あるいは分業的小集団へと視点を移していってみよう。するとその中に、日本列島のアイヌ民族、琉球民族、和人民族が大別できる。そしてその中の和人社会、文明に、全国で約六千部落（被差別部落・同和地区）と言われる共同体・小集団が独自の歴史的要素をもって点在するのを認識できる。

【私は被差別部落、同和地区を単に部落と言う。他の共同体は農村漁村山村・町と言う。すべてに通じる普通名詞としては村、集落とする。またこの後度々使う部落の歴史的身分呼称としての「穢多・非人」とは別に、その職業的カテゴリーを「キヨメ役」と呼ぶ。それは本来農業、漁業、林業、商業、手工業などと並列する職業であり、多くの場合それらの分業である。詳細はこの後追々に述べる。（参考文献『部落差別の謎を解く』拙書・にんげん出版・二〇〇九年）参照】

二　エコシステムと文明

文明の要素として都市の形成を重視する見解が一部で今もあるものの、自然との接点を第一義とし、それに対応した道具や装置、システムの開発を文明とする梅棹忠夫の見解が的確と私は考える。梅棹の『近代世界における日本文明』（中央公論新社・二〇〇〇年）は文明について概略次のようにいう。「自然に対して人間が作りだした装置群と制度群をふくんだ人間の生活の全体、あるいは生活システムの全体であり、文化はその中からうまれ、価値をあらわす」（筆者概略）。

文明が自然を対象に、自然にないものを人類が作り出してきた歴史であるのは、この後みる世界の四大文明からも明らかであるが、二十世紀半ばになって文明の行き過ぎを批判・反省し、自然との共生を主張するようになったことからも、文明が自然との直接的関係であるのを認識できる。そしてまた、このような文明の行き過ぎを日本列島の和人社会として、その文明として、主体的に反省改善するには、自然のエコシステムに対応して、表面的に見ることができる第一次産業、農山漁業だけでなく、エコシステムとして目に見ることの難しい「死」の世界、和人が自分の都合で、歴史的に「死穢」と観念してきた領域などに触れてきた江戸時代のキヨメ役、現代でいう部落の歴史を「文明」として把握しなければ、自然がもつエコシステム全体に対応できないと考える。

三　四大文明と牧畜・肉食

よく知られる四大文明を、一千年紀を期して二〇〇〇年にＮＨＫが各地で開催した「世界四大文明展」から概観してみる。地球上で最初の文明とされるメソポタミア文明は「北部メソポタミアは肥沃な三日月地帯として知られ、農耕、牧畜が紀元前八五〇〇年頃初めて行われた場所であった。野生の大麦や小麦の種や雨水を利用し、また牧畜も野生の羊や山羊を囲って飼育することで」文明が始まった。エジプト文明は紀元前三〇〇〇年頃、メソポタミア文明の影響を受けながらナイル川の流域に始まった。インドを中心とするインダス文明はインダス川流域で始まった。農耕文明であるが牛を神聖視する観念はその頃からあった。中国文明は紀元前七〇〇〇年頃に黄河と長江の両大河の扇状地に始まり「野生の生物に手を加えて自然の恵みを引き出そうとする営み」としての牧畜、農耕生活から始まる。(『世界四大文明展』メソポタミア文明展他各文明展の資料・NHK編集二〇〇〇年)

このように見るだけでも文明が自然を前に、農耕と牧畜を主とし、しかも人類自体が、自分の自然の一つとしての身体的特徴に規制されながら、水と平地を主な条件に始まったのがわかる。

この中で日本人にとって大きな影響をもつ中国文明を考えたい。四大文明以外でも多くの地域で共通するのであるが「野生の生物に手を加えて自然の恵みを引き出そうとする」文明としての農耕と牧畜は、日本列島、主にアイヌ、琉球、和人の、その中で本稿が考察する和人文明、その社会を見るためにも基本的な認識になると考える。というのは、中国文明とほとんど違わない時期と思われる日本における縄文文明にあって、人為的農耕や牧畜がたくさん発見されている。野生の猪の肉などを食べていたのはいうまでもないが、その人為的飼育についても青森県弘前市の十腰内遺跡のイノシシ形土製品を示し、「沿海州や中国東北地方の初期青銅器文化(前三〇〇〇年前後・筆者)が北日本に波及した可能性を考える重要な資料」とする見解があるとしながら「北日本の縄文時代後期にもイノシシの飼養が行われた可能性がある」と指摘する例(『三内丸山遺跡と北の縄文世界』朝日新聞社・一九九七年)があり、またこの時期、あるいはその後も中国文明と日本文明は多くの共通性があったし、交流もあったと考えられる。

とはいえ、日本にあって文字が使われた「有史時代」と言われる古代天皇制時代になって、列島の大半をしめる和人社会では肉食が禁止された。六七五年の天武天皇による禁令「牛・馬・犬・猿・鶏の宍を食ふこと莫（なかれ・筆者）」（『日本書紀　下』日本古典文学大系・岩波書店一九六五年）である。しかしこれは半年間の禁止だった。その後天正天皇の時代七二二年には旱魃を防ぐための天皇制祭祀として「屠を断ち」と屠畜全般（主に猪を含めた牛馬羊犬猿の六畜）の禁制になった（『続日本紀』上・天正期、宇治谷孟・講談社学術文庫）。そしてそうした肉食禁止はその後も同じ主旨で度々発令される。

徳川政権も一六一二年「牛を殺す事禁制也」（『近世被差別部落関係法令集』小林茂編・明石書店一九八一年）とした。これは屠畜・肉食禁止の意味だった。五代将軍綱吉の「生類憐みの令」といわれる一連の令は、生物への単なる憐憫ではなく、肉食禁止と共にそれをケガレとし、「忌穢」「触穢意識」を強めるものだった。その一つ一六八五年の「鉄砲統制令」は猟師への生類殺傷禁止令であり、殺生をケガレとしたのである（『徳川綱吉』塚本学、吉川弘文館、一九九八年・詳細はⅠの二部）。

和人文明、その社会でこうした屠畜・肉食禁止令が解禁になるのはほぼ一千年後の一八七二年（明治五）のことだ。この間、世界の文明発生の要素として重要なウエートを占める農耕と牧畜のうち、牧畜・屠畜・肉食において和人文明、社会は、それを禁止し、世界にあまり例のない歴史をたどる。そしてこの孤立した和人一千年の歴史過程で、現代いわれる部落問題が発生する。

和人の肉食禁止一千年史であるが、一方で和人は、その間も陰で動物の肉を食べた。誰でも肉が健康によいのを知っていたのである。天皇や貴族、武士は「薬肉」を得るため動物の「薬猟」をしきりとやった。庶民は「桜（馬肉）」「牡丹（猪）」「もみぢ（鹿）」などと隠語を使って食べたのである。

そしてこのことは、牛馬や猪などの屠畜・肉の生産をする者がいなくてはならないことを示す。政治的周縁では当然猟師をはじめ民衆が自ら行った。しかし古代、中世の政治的中央では「貴賤・浄穢」観が強く、これらを行なう職業を「賤業」とし、「穢観」もあって主に賤民が行った。

このような「賤業」「穢観」が全国に広がる原因は中世からの仏教の広がりと、綱吉の「生類憐みの令」が主なきっかけといえる。一方で、キリシタン禁制による戸籍制度「人別帖」によって「賤業」と観念的な「穢観」が世襲の身分制度と一体化され、そのうえ居住地も、職業・身分とともに一体化して固定され、現代の部落に至っている。

こうした歴史を世界の文明史にある牧畜と、それにともなう屠畜・肉食文化として考えるなら、少なくとも江戸時代の和人社会のその文化・文明は、その時代のキヨメ役（穢多・非人身分）が担った文化・文明といえることが分かる。現代において私が「部落文化・文明」という概念の主要な要素の一つがこのことである。

四　キヨメの文明・文化

文明の初期的姿として農耕と牧畜があるのをみた。この中には川や海の魚を網など道具を使って捕る漁業もあった。時間が下るにしたがってこれらは専業化されて農村や漁村、あるいは牧畜、狩猟を含む山村となり、それぞれの産物を交換する都市が出来る。梅棹忠夫がいう「自然に対して人間が作りだした装置群」とはこれら農村、漁村、山村、都市などである。現代ではその装置群はもっと複雑で、列車の駅や鉄道、バスやバス亭など、学校なども装置群である。

これらが文明的装置の具体的事例であるが、これら装置群を職業・産業とし、第一次、第二次、第三次産業とみることもできる。そして、そうした設定の中で、部落がどのような職業・産業であり、位置にいるか考えるとわかりやすい。この段階では、それを職業としてみておく。

江戸時代の穢多・非人身分の職業を「キヨメ役」と言ったが、その内容と理由を考えたい。

江戸時代の穢多・非人身分の職業・仕事は「役目」とか「御用」と呼ばれていた。その主なものは江戸の穢多頭・弾左衛門が幕府に提出したといわれる「御役目相勤候覚」（一七二五年〈享保十〉）がほぼ集約している。その主なものは（カッコ内は筆者の意訳）

一、御陣太鼓、御用次第張上候（太鼓は御用しだい作ります）

一、皮類御用の節も、何にても差上相勤申上候（皮革なども、どんな物でも差しあげます）

一、御尋もの御用、在邊に不限　被仰付次第相勤申候（犯罪者も、どこまでも追いかけます）

一、御牢屋敷焼失の節（略）昼夜番人加勢差出申候（牢屋が焼けた時番人を出します〈普通の牢番もあった〉）

一、御仕置物一件御役相勤申候（刑場の仕事も勤めます）（『近世被差別部落関係法集』）（前掲書）

これらの他に鎌倉など各地で神社・仏閣のキヨメの仕事をしており、これらは神事芸能としての祝福芸・門付芸として展開しているのがみられる（『神奈川県民俗芸能誌』永田衡吉、神奈川県教育委員会編　錦正社、一九八七年）。

これら全国的な職業・仕事を社会的機能としてまとめると①警察機構②「死穢」など具体的ケガレのキヨメ（「死穢」に触れて毛皮など作る）。③宗教的ケガレのキヨメ（象徴的行為で〈聖〉なる空間を造る。この行為が芸能に繋がる）とまとめられる。この詳細な内容は本書で追々記述することになる。【参考文献『部落差別の謎を解く』（前掲書）】

ここにみる部落史の社会的機能は、第一次から第三次産業まですべてに関連するもので、農山漁村町の分類ではどこに適応するかわからないが、これらを独自のカテゴリーでまとめることができる。そのカテゴリーは「ケガレのキヨメ」という観念である。②と③についてはすぐわかるが、①については少し説明する必要があるだろう。といっても難しいことではない。古代の警察機構である検非違使は、その現場で追捕、刑吏を行った者を職業的呼称としてキヨメと呼び、犯罪や犯罪者を「ケガレたもの」とした（『検非違使』丹生谷哲一・平凡社・一九八六年）。この観念が近世江戸時代に連続したと考えられる。また天皇制、神道のイデオロギーとしての祝詞でも「罪・穢を祓え清め」と唱え「罪・穢」を一体として「祓え」の対象にし「罪穢」ともいった。

このようにみると、江戸時代の穢多・非人身分が担った社会的機能のすべてがケガレのキヨメだったのがわかる。そしてこの場合のキヨメは、祝詞のように言葉で唱えるだけでなく「死穢」や「罪穢」に具体的に触れて捕獲、処理してケガレではない「ケ」＝日常性に再生する機能なのもわかるはずだ。例えば死んだ牛を解体して毛皮や肥料、食肉などに再生すること。犯罪者を捕まえて更生させること。あるいは神事の象徴的行為＝神事芸能としての門付芸などで人々の長生や幸せを願うことなど。

以上の内容と意味をもって江戸時代の穢多・非人身分の職業を「キヨメ役」と呼んでいる。

なお、古代・中世の検非違使における職業呼称「キヨメ」との違いは、中世はこれらの職業に古代の名残と仏教的価値観による「貴賤・浄穢」観があって賤業視され蔑視されてはいるが、身分制度は確立していなくて、世襲的な蔑視・差別はなかった。一方江戸時代は職業と身分、居住地が一体的に固定していた。こうした違いを示すため江戸時代のキヨメを「キヨメ役」とする。

五　キヨメ役の専業化と代償

先の引用文でこれらの職業・仕事が「役目」「御用」と呼ばれたのがわかるし、それらすべてが公的な職業なのもわかってくる。もっとも、江戸時代のキヨメ役の職業・仕事として、生業もふくめて史料にあるものをすべて平板に並べると、他に農業や竹細工、わら細工、商売などがあり、生きるためになんでもやったかにみえるし、ケガレのキヨメの仕事だけでないようにみえる。しかしこれらは慎重に分析した方がよい。

例えば江戸の弾左衛門は灯心（行燈の芯）の製造販売を特権としていた。彼にとって重要な仕事なのだ。しかも灯心は藺草《いぐさ》で作る。だからこれは「死穢」「罪穢」ではない。そのためその仕事はキヨメではない。とはいえここには幕府との間の「労使関係」がある。弾左衛門が自ら書いて幕府に提出した「由緒書」では「燈心商之義、御仕置もの御役仕候由緒に而（略）商仕候」（『近世被差別部落関係法集』前掲書）としている。その意味は、「役目」としての「御仕置もの御役」、つまり警察機能を果たすために、その労働力を継続する賃金としての代償が灯心製造販売の特権だったと認識できる。【この由緒書は鎌倉幕府まで遡って出自を語っており一定の疑問があるものの、その職業・仕事については現実的だったと考えられる】

農業の例をみると、中世戦国大名に「かわた」「かわや」として把握された皮革業者が検地で土地持ちであるケースが関西では結構多い。一五九四年、摂津川辺郡の木津村検地帳では「〈かわた〉百姓」が四名記載されている（『近世部落史の研究　上』「関係地図・近世近畿部落史年表」・有山閣）。つまり農業をやりながらの皮革業者がいた。これより六十八年前の一五二六年、「かわた」が初めて文献に登場する駿府今川領では今川氏が「かわた」を皮革業に専念させるため土地を与えた例がある。「府中西のつらかハた彦八新屋敷壱町五段之分。（略）其時のことく永かれらか可為屋敷（屋敷になすべき・筆者）。然者。毎年皮のやく（役・筆者）等申付」とするものだ（『編年差別史資料集成　第五巻』三一書房・一九八四年）。屋敷地であるが農地に開墾している。

徳島藩の例では江戸時代初期「わずか二年の間に（一六二一〈元和七〉～一六二三。筆者）農業をしていた「かわや」という皮革職人または皮革商の名称が、「えった」という名称に変更されたことが判明する」（『被差別部落の形成と展開』三好昭一郎・柏書房・一九八〇年）といわれるのである。

このようにケガレに触れない職業・仕事は公的職業としての「役目」「御用」を続けるための代償である場合がほとんどだ。つまりここにはキヨメ役の労働形態があるといえる。

六　職業から文化・文明が生まれる

江戸時代の穢多・非人身分の職業「役目」「御用」がケガレをキヨメる〈ケガレに触れてそれをケ＝日常性に再生する〉職業に集約できるのがわかったと思う。そしてこの「ケガレのキヨメ」から「部落文化」「部落文明」が生まれる。

文明に絞ってみよう。農山漁村町が文明的装置であるなら、それらの間に点在する部落もまた文明的装置である。それは農山漁村町の間にあって「夜廻り」「見廻り」の警備役、あるいは農村などで動力として飼っていた牛馬が斃れて働けなくなった場合の処理、解体、皮革などへの再生役として、あるいは宗教的機能としての祝福芸・門付芸によって人々の精神を癒すために、そこに存在・点在する文明的装置群である。また、斃牛馬処理や皮細工は自然に直接触れる第一次的文明でもある。私はそれらを農村文明、漁村文明、山村文明、都市文明などと同じ意味で「部落文明」と命名する。

次に「部落文化」の内容と意味はどうだろうか。梅棹忠夫は文化が文明から生まれるとし「文化はその中からうまれ、価値をあらわす」とする。

ここでいう価値について少し説明する必要があるだろうか。私は「文化は価値」をすぐには呑み込めなかったのを覚えている。二〇〇二年日韓共同開催サッカーワールドカップの前年、ワールドカップ会場の一つ、新横浜にある横浜スタジアム（現・日産スタジアム）に最も近い鉄道駅近辺で、私はたまたま聞き取り調査をしていた。中世の城跡なので駅周辺の道が非常に狭かった。住民の心配はワールドカップで世界中の人が、近道であるこの駅前を歩いたら、混雑で喧嘩が絶えないのではないかというものだった。日本人は「袖触れ合うも多少の縁」といった価値観を持つが、世界には「体が触れるのを敵意」とする民族もある、というものだ。道路が多少整備されたし、心配も無用だったが、私は遅まきながらハッとした。体が触れることへの価値観がここにあり、それは「文化の違い」として語られていた。「文化は価値」とはこのことだ。

あらためて説明することではなかったかも知れないが、いうまでもなく文化はさまざまな価値を持つ。精神的価値、使用価値、交換価値など。こうした価値を江戸時代のキヨメ役も作り、生んできた。それは部落文明といってもよい大きな枠から生まれた。

農山漁村町もそれぞれ文化を生んできた。米穀の文化や魚の文化、山の文化や都市文化などなど。部落は「キヨメの文化」とでもいえるものを生んだ。歴史的にみるとそれは「役目」「御用」としての職業から生まれた。その文化は次のようにまとめられる。

①皮革文化
②肉食文化

③人体解剖技術
④危機管理
⑤伝統芸能

これらを私は「部落文化」と呼ぶ。文化群ともいえるだろう。そして「文化は価値」とするならこれらはかなり多様な価値群である。少なくとも、江戸時代に「純粋培養」されたといわれる農山漁村、商業や手工業とはかなり異なった文化群であるが、こうした多様性を一つに括るのが「ケガレのキヨメ」という政治的宗教的観念である。【私は「キヨメ」と「清め」を使い分けている。「清め」は天皇制や神道で宗教的、抽象的に使われる。これに対して「キヨメ役」の「キヨメ」は具体的であり、実効的な技術をともなっている。そのためより多様で豊かな文化・文明を生んでいると考える。その違いを示したいからである】

これら文化群を現代的にみるとどうだろうか。危機管理機構と人体解剖技術は部落から完全に消えている。またこれら文化群全体も、いまでは部落の文化とはいえない状態がある。そのこと自体は時代の変転として仕方ない部分があるものの、危機管理機構については明治政府による欧米模倣と、部落史への無理解と偏見・差別観によって、江戸時代の「警備役」など警察機構の現場で働いたキヨメ役が一方的に廃業とされた。そのうえで町人や農民などから巡査が採用されたのである（『日本の警察』警察制度調査会編）。

日本の近代警察の形成は一八七一年（明治四）の「賤民解放令」以降、一八七五年（明治八）まで混乱期をむかえるが、その原因は、解放令によって旧警備役（穢多・非人身分）を切り捨てて新体制にするためだった。細かい事情は後で述べる〔Iの第一部・第三章〕として、ここで要約すると、明治維新以降旧警備役を「番人」と呼んでいたが、解放令以後この「番人」を町人などによる新体制にするため要員を募集する。が、「番人」は旧警備役（穢多・非人身分）にまちがわれるとして要員が整わなかったのである。ここには社会一般の差別観がある。政府はこの差別観を克服するのではなく、それを認めて「羅卒」「捕亡」などと呼び替え、最後に「巡査」として落ち着く。このときの論議は「是迄穢多番非人等ノ賤称有之候地方ニ於テハ自ラ番人ノ称呼嫌忌シ随テ取締番人の職ヲ奉スル者少ク自然地方ノ取締向ニモ致関係」といったものだ（『法規分類大全・一篇』）。このようにして江戸時代のキヨメ役の危機管理機構、その現場の歴史、文化と文明が消されていく（『部落差別を克服する思想』拙書・解放出版社・二〇〇一年参照）。

人体解剖技術も近代になってその歴史や功績が消される。江戸時代の『蔵志』（山脇東洋著）や『蘭学事始』（杉田玄白著）にはキヨメ役（穢多身分）が人体解剖技術を持っていて、近代医学の発展に貢献したのがわかるように書かれているが、明治維新以降は欧米の模倣によってこうした貢献が無視されるようになった。伝統芸能もよく似た経過をたどる。江戸時代に禁止されていた肉食文化・文明も、それまで斃牛馬処理に使われた技術と場所が活用されることで、一八七二年（明治五）の肉食解禁以後急速に肉食文化が広がった。しかし多くの日本人は、一八五八年（安政五）の日米通商条約と開港以降の欧米の影響だったと思っていることが多い。（これらは〔Ｉの第一部〕で詳しく書くので、この段階では詳述を避ける。）

近・現代の部落問題におけるこうした傾向の最も顕著な原因は、危機管理機構でみたのと同じ一八七一年（明治四）の「賤民解放令」である。「自今穢多非人ノ称ヲ廃シ身分職業共に平民同等」とし、前年の「四民平等」に続いて最後の身分を解いた。それは良かったのであるが、ここでいう「職業」の「平民同等」はそれまで「役目」「御用」としてキヨメ役の専業的職業だった多くのものを農民や町人に解放することになり、それで多くの部落民が職業を失い経済的困窮に陥ったのである。これが近・現代部落の特徴であり、近・現代的傾向の主要な原因である。解放令で職業を失う様子は『近代部落史資料集成　第二巻』（三一書房・一九八五年）にたくさん掲載されているので参考にしてもらいたい。ここでは東京・多摩地方の連光寺という農村にある部落の史料を一つの例として示しておく。

「数年來御当村様之奉承御憐愍、数代永続仕冥加至極難有仕合奉存候、偖而去未年九月平民ニ被成下候ニ就而者、是迄之勤を難相成存候得者、活計相立不申」（『武州多摩群連光寺村富沢家文書』）〈数年來本村（連光寺村）からありがたくいただく憐憫、長年の加護（冥加銭）有難く幸せに存じます。さて、昨年九月（解放令がこの部落につたえられた月）平民にしていただきましたが、是までの勤めが成りがたく生計が成り立ちません〉と本村に訴え、商売などをする元金を提供するよう願ったのである。ここにある「是迄之勤」が「役目」に相当し（警役などと思われる）「冥加」はその代償と考えられる。

この例のように、近代の部落は歴史的・基本的な職業を失い、多くのところで経済的困窮に陥って、本来持っていた文化・文明も見えないものとなり、あるいは肉食文化、人体解剖技術のように、欧米から伝播したかのように思われる傾向が生じる。皮革文化は高度な技術が必要なのでかろうじて残ったが、それも、明治政府による富国強兵政策の中で、権力に結びついた旧藩商や政商が乗り出し欧米の技術を導入して軍靴などを大量生産をした。

このようにして、先にみた文化群、価値群を失っていくのである。外国との交流、外来文化との接触は大切なことだ。とはいえ、そのことで自分達の歴史にある文化・文明を無視したり、忘れてはいけない。そのことは文化・文明の最初で最後の砦、精神的価値を失うことになるはずだ。

ともあれ、これらの歴史的前提は部落史の中に確固として存在するのであって、その歴史を新しい視点として文化・文明から見直していく。すると、これまで論じられなかった認識が生まれてくるだろう。それは最初に言ったとおり、時代の制約としての政治的イデオロギーや宗教的観念、あるいは制度やシステムを超えた、より普遍的で、人類史に共通な概念、あるいは価値観に接近しながら、それらと並列した視点・認識を獲得することである。

Ⅰ

部落文化——差異のエネルギー発見

第一部　解放の文化・思想

第一章　解放の武器と目的——文化の意味

一　自立と抵抗の思想

二〇世紀は戦争の世紀といわれた。一方で、植民地解放、民族解放の世紀でもあった。その解放闘争には微妙な違いはあるものの底流に常に共通した思想・言葉があったと思う。それは「われわれの歴史と文化を認めろ」ではないだろうか。

私がまだ若かったころ、南アフリカ解放戦線として文学活動をしていた詩人マジシ・クネーネ（一九三〇〜〇六年・代表作『偉大なる帝王シャカ』）の二度目の来日の時（一九八三年三月）、面会する機会があった。その時彼は、日本の友人であり、私の友人でもある作家の竹内泰宏の家に泊っていた。川崎市北部の閑静な住宅地にあるその家では、竹内のつれあいで詩人の高良留美子も同居していた。私は竹内から要望されて、日本の部落問題を彼に話したのだった。出来たら東京近辺の部落（被差別部落）を案内しようという話もしていた。そんな話の中で「解放とは何か」という話題になり、私は的確な言葉が思いつかないのを感じながら「自由であること」と言った。彼は「黒人の歴史と文化を認めること」といった。この言葉が印象的だった。自由という抽象的な言葉より実感的で新鮮だった。

クネーネと同じような発想は二十世紀半ば世界各地の民族解放、植民地解放闘争の中でたくさん語られたと思う。

在日韓国・朝鮮人からも同じ言葉が聞かれる。彼らが「祖国」というとき、物理的意味の朝鮮半島を示すだけではない。その言葉は韓国・朝鮮の風土、言葉・民族性など生活全般を含んでいる。それを彼らの文化ということができる。「在日文化」という新しい言葉はそのことだ。つまり彼らは日本にいて「祖国」を生きた。彼らの解放は植民地だった祖国の解放、その「歴史と文化をまるごと認めること」であるとともに、日本にいてその「祖国」を生きることから始まる。

韓国・朝鮮の歴史の中でも、屠畜・食肉生産者は「白丁」と呼ばれて差別された。もっとも、そこでは肉食そのものは禁止でもタブーでもなかった。屠畜解体の行為が「不浄」と考えられたという（『衡平運動』金仲燮・解放出版社・二〇〇三年）。一九二三年に差別からの解放をもとめた白丁の運動団体・衡平社が結成される。この衡平社が結成された地・晋州地域の歴史と闘いを書いた前掲書（『衡平運動』）で著者・金仲燮は「晋州地域の文化と歴史を後世に伝えるため」と同書の意図を書いている。

一九九七年五月八日、アイヌ民族が北海道の先住民なのを不十分ながら認めた「アイヌ文化振興法」が成立。そのとき「アイヌの歴史と生活・文化がやっと認められた」という声がテレビニュースで伝えられた。この法の成立をうけて北海道ウタリ協会副理事の秋辺得平氏は「アイヌ文化を理解するということは、アイヌだけを理解するということではなく、さまざまな関係について理解することに直結し、それは必ずみなさんの利益になることです」と語る（『部落解放』二〇〇六年六月号）。

八〇年代後半であるが、そのころ結構活動をしていた「新日本文学会」の民衆運動の企画のために、アイヌ文化の継承者チカップ美恵子に会いに行ったことがある。その頃は早稲田にあるキリスト教教会の一室でアイヌ文化のイカラカラ（刺繡模様）の研究と実践をされていた。このイカラカラに彼女は強い愛着を持っていて、アイヌ民族にとって代表的文化であると共に心であると話した。彼女は大阪の部落（被差別部落）の人に会った経験も話してくれた。大阪で彼女が会った人は「部落に文化はない」といったらしい。この言葉を彼女は悲しんでいた。「そんなはずはないと思うけど」ともいった。私自身、文化に関心があったとはいえ、自分でも部落問題に理解できないものがたくさんあって、部落の文化としては歌舞伎の歴史とか能楽の歴史、銀閣寺の庭師などのイメージからあまり脱していなかった。文化観が狭かったと思う。しかも歌舞伎や能楽への歴史的軽視・蔑視と、江戸時代のキヨメ役・穢多非人身分への差別観に落差があるのを感じていた頃だった。そんな私にチカップ美恵子のアイヌ文化への愛着は非常に強い刺激になった。私の中で文化観が広がり、皮革文化、その技術などを考える動機になったのだった。

チカップ美恵子は著書『風のめぐみ――アイヌ民族の文化と人権』（御茶の水書房・一九九八年）で次のようにいう。「私はウポポ（歌舞）やイカラカラ（刺繍模様）はすばらしいアイヌの文化だと思っている。しかしこれらの文化を知らないということは、アイヌとしての誇りをもてないということである」。この言葉は日本人の和人が「日本単一民族国家」説によってアイヌ文化や沖縄・琉球文化を軽視・否定することへの抗議として語られるものであり、アイヌの文化を認識し認めることが解放であることを示している。

沖縄・琉球の歴史と文化もほぼ同じことがいえる。和人による琉球国への一方的な干渉、植民地化は豊臣秀吉の朝鮮侵略（一五九二年）から始まるが、現代にあっても、和人のほとんどが直視しようとしない戦争犠牲と、日米安全保障条約による米軍軍事基地が沖縄に七五％集中する現状を、日本人・和人に潜在する「植民地主義」と抗議する声が強い説得力をもつ状況だ。そうした一人、野村浩也は次のようにいう。「植民地主義は、被植民者の文化を破壊することによって、被植民者自身の〈道徳的、倫理的、美的な価値〉ひいては〈精神的めがね〉を奪い、現実を的確に認識して行動する能力を奪う。その結果、被植民者は、〈自分たちの能力〉や〈自分自身への信頼をなきもの〉

にされ、〈自分たちの過去を何の達成もない一つの荒野〉だと思いこまされる」（『無意識の植民地主義』野村浩也・御茶の水書房・二〇〇五年）。

〈精神的めがね〉とは現実を直視し、蔑視や差別を見抜く目力であるが、この言葉は植民地主義が何かということと、それとの闘いが何かというのを非常に鋭く指摘している。チカップ美恵子が聞いた「部落に文化はない」という言葉も、こうした指摘に通底しているだろうことを考えなくてはならない。

このように文化は、そしてそれを育む歴史は、そこで暮らす人々の自立、自由、自尊心などにとって欠くことのできない、大切なものなのがわかる。ことに植民地解放、民族解放あるいは差別との闘いにおいて文化は、それを育んだ人々の精神的武器であり、しかもそれを回復すること自体が、闘いの目的なのがわかってくる。

二　部落差別と文化

こうした意味をもつ文化であるが、部落の場合その文化がどのように語られるだろうか。チカップ美智子が大阪で聞いた話のように「部落に文化はない」と言われた時期がたしかにあった。私自身、少年の頃はそんな感想を自分の生活にもっていたと思う。小学校や中学校に通い、他の農村や町を通って自分の村に帰ると、その村がやたらとすさんでおり、民家のたたずまいや人の表情がなぜか荒涼としたものに感じられた。そこには近代部落の経済的破綻があるが、そのうえでさらに野村浩也のいう〈自分たちの過去を何の達成もない一つの荒野〉にする、そうした歴史的状況があっただろうことを想定しなくてはならない。部落問題と民族問題、植民地問題は異なる基盤、本来の意味の差異をもつが、差別の現実とか結果としては非常に似たものがあるともいえるだろう。チカップ美恵子が出会ったように「部落に文化はない」と言われた背景に、そうした状況が重なっている可能性は高い。特に大都市のスラム化した部落の生活では、もっと極端にそうしたことが実感されたのではないか。

その後一九七〇年代になると部落解放運動の中で「差別で奪われた文化」という言葉が使われるようになった。部落に文化はあったが差別によって失った、という意味だ。

これは一定の説得力をもっていたが、その文化的内容や奪われた状況が丁寧に語られなかったと思う。かってあった文化の内容も、能の大成者・世阿弥親子が被差別者だったとか、初期の歌舞伎役者も差別された、といったものだった。しかしこれらの歴史と部落差別の歴史は必ずしも整然と語られたわけではない。また今や歌舞伎も能も日本文化の代表的位置にあって、漠然と「差別によって奪われた」というだけでは乱暴すぎる印象があった。

その後部落解放同盟は「奪われた文化」を取り戻そうと「闘いの祭り」や資料館作りを企画し、門付芸などの発掘と生活文化史資材の収集を行った。これは現実の部落の歴史が前提になるので大きな役割を果たした。しかし文化観が芸能に偏りがちだったのと、そうでない場合は現実の資材に片寄ったきらいがあって、歴史と現実の全体像を意識した文化的活動が少ないような印象を私はもった。また、部落はほぼ全国で、農山漁村町の間にあるが、それら地域全体を巻き込んだ文化活動、あるいはそれぞれの自立性・独自性を認識した文化活動は私の知る限り今後の課題と思われる。

また、農山漁村町・部落を新たな視点で並列し、それぞれの自立性・独自性を認めた文化活動の場合は、現実の政治勢力や制度を語る運動としてだけでなく、それぞれ自立しながらも関係性を見出す新しい文化体系や思想性を構築し、国家や権力とは異なった次元で民衆主体の文化運動として展開・発展する構想が必要と考える。私はそうした文化運動、民衆主体の文化基軸の一つとして「部落文化」を考える。そのことで、侵略主義やそれを正当化する同化、融和の思想を批判し、被侵略者や被差別者の歴史と文化を認めながら並列、共存する新しい社会観、世界観、しいては政治観を構築する基軸としたい。

三　近現代の部落の特徴

「部落に文化はない」とか「差別で奪われた文化」というのが一定の状況を示し、説得力をもっていたのは、部落史の中で、近現代の中から生まれる問題意識だ。

江戸時代は差別が制度的だったし、生活の場面でも「平民の家の軒から入ってはならない」「釣銭を手渡してはならない」など多くの厳しい規制があったが、一方でしっかりした専業的な職業・社会的「役目」があり、いうまでもなくこの「役目」の労働の代償・給付などもあった。そして、そこから人々の生活に必要な生活文化が生まれているのを人々は認識していた。それは最低でも「差別的認識」として人々の生活の中で「不認識」を許さないものだった。したがってこの場合逆説的ではあるが、認識はしっかりしていた。

近現代になってこれらが失われ、見えなくなるのは、「脱亜入欧」など多くの要因があるものの、その決定的原因は一八七一年の「賤民解放令」（以後・解放令）でありその条文「身分職業共に平民同等」としたものからだ。身分・職業・居住地が一体化した江戸時代の身分制度がなくなったし、そのため生活にある様々な規制「平民の家の軒から入ってはいけない」などを部落の方から破っていった。しかし一方で、条文の「職業」が「平民同等」というのは、多くの場合、それまでのキヨメ役の専業的職業・社会的「役目」が、それまでの平民に移ることだった。

『近代部落史資料集成　第二巻』（三一書房・一九八五年）からそうした歴史史料の一部をみておく。なお、明治時代になって、解放令の前と直後、警察業務の現場で働く旧キヨメ役（旧穢多・非人身分）を番人・捕亡・羅卒と呼んだ時期があるのを認識しておくとわかりやすい。

一八七四年（明治七）、山形県は警察業務の現場の人員の変更について「管内警保向之儀、是迄捕亡等ヲ以テ夫々取締相立置候処、非人称号御廃止以来、従前ノ番非人ト申ス者モ無之、（略）自今一般ニ番人ヲ設候仕度」（『山形県史料』一二）とする。同年京都でも「官下各郡従前置ク所ノ村番人（旧キヨメ役・筆者）ヲ廃シ、本年三月以往更ニ番人（新設の番人・筆者）ヲ布設シ」とする（『京都府史（料）』政治部警保類一）。

芸能関係も例外ではない。一八七三年（明治六）和歌山県は「路傍若クハ他人ノ門戸ニ彳（佇む・筆者）ミ、三弦ヲ弾シ、或ハ浄瑠璃・昔噺等ヲ演シ、往来者ニ銭米ヲ乞フヲ禁ス」とする（『和歌山県史料』一三）。

ここで指摘される芸は門付芸の一種で、このケースは浄瑠璃的なものであるが、他の多くの場合、神観念をもっていて、人々の幸せや家業の繁栄を願うものが多い。また娯楽的であっても、それは新年など節季を祝う意味があり、その意味があってこそ人々が「ご祝儀」を払ったのである。和歌山の例は、そうした意味を理解しないまま、「乞食」として廃止しているのである。

埼玉県でも一八七六年（明治九）「唄祭文読、所々ニ徘徊シ、金銭ヲ丐乞スル醜風ヲ禁ス」（『埼玉県史料』一七）としている。唄祭文読もまた門付芸の一つだった。この芸をして金銭を貰うので「乞食」のように解釈され「醜風」とするが、この解釈も和人の伝統的芸能、あるいは民衆の間の神観念をまったく理解していないものだ。こうした無理解が全国にあり、門付芸全般が蔑まれ禁止、および廃業にいたるケースが多い。なお門付芸の本来の神観念は基本的にアニミズム的であり、天皇制祭祀、国家祭祀から「異神」などと排除されてきた。この歴史は拙書『和人文化論』（御茶の水書房・二〇〇五年）に詳しいので参考にしていただきたい。

高度な技術を必要とする屠畜・皮革も決して安泰ではなかった。これらの職業は直接「死穢」に触れるので明治になっても「賤業」「醜業」とされるケースが多く、差別による被害も甚大だった。

一八七三年（明治六）岡山県の私の母方の家は「屠牛」を家業としていたため数百人にのぼる周辺の農民に襲われ打毀しにあい、結局家業を廃業している。その後の裁判証言で打毀しの理由がわかる。「何分形次郎・力蔵ハ、屠牛懸リニ付、是非共放火可致旨申聞ケ候」とする加害者の証言である。つづいて「屠牛」を「醜業」とする証言も述べられる。ここでいわれる力蔵が母の先祖で、私は父が早世したためこの家で育った。証言は続いており、放火すると類焼の恐れがあるので、打毀しになったのである（『大岡家文書』岡山県文化センター郷土資料室蔵・I第二部第一章五参照）。

屠畜・解体・食肉生産は世界的にみると文明発生の主要な要素であるが、和人社会では「醜業」とされた。その観念は、古代の肉食禁止、六七五年の天武天皇による禁令「牛・馬・犬・猿・鶏の宍を食ふこと莫（なかれ・筆者）」（『日本書紀　下』日本古典文学大系・岩波書店一九六五年）から一八七二年（明治五）の肉食解禁までの約一千年間根深く続き、偏見・差別も厳しかった。江戸時代のキヨメ役はそれでも「御用」「役目」として続けてきたが「解放令」によって身分・職業の世襲的束縛から解放され、その家業を自ら廃業するところも多かった。その事例が静岡県の例として示されている。

明治初期その部落は「浜名湖岸に接し、現在戸数六十戸余、旧幕末の頃に於いて人民の営める皮細工・草履細工を全廃し、足洗ひと称し、従来の細工道具を村社に奉納す」（『民族と歴史第二巻第一号』）。

このような歴史経過をもって近代部落は経済的破綻をきたし、近現代的特徴が生まれた。個性的な職業と文化・文明が見えないものになっていく経過でもある。

現代の日本社会からすると、部落史の職業的特徴としてみてきた警察機構や皮革、肉食文化、あるいは伝統芸能にしても、それらはほとんどの場合、部落の歴史に関連することを認識しないまま氾濫し、人々はそれらを充分活用、享受している。

こうした現状には多様な要因がある。外国との交流や、一定の自由があるなかでの人々の発想・努力など。そうしたことを承認したうえで、それでも問題なのは、そうした自由と多様性の中にあって、部落の歴史的特徴の多くが、日本人の間でほとんど忘れられていることだ。あるいは意識的に、つまり従来の偏見・差別観のうえに立って、排除している場面も少なくないだろう。人体解剖技術などが典型的だ。杉田玄白の『蘭学事始』（一八一五年）では『ターヘルアナトミア』の翻訳のきっかけとなった日本人の解剖について「腑分（解剖・筆者）のことは、えたの虎松といえるもの、このことに功者のよしにて」「その日より前迄の腑分といへるは、えたに任せ」と書き残している（岩波文庫）。

山脇東洋の『蔵志』（一七五九年）でも日本人の解剖について「令屠者解之」（京都大学附属図書館HP・マイクロフィルム版富士川文庫）〈屠者に命じてこれを解く〉と書き残している。しかし現代、例えば杉田玄白たちが日本人の解剖を観察した場所、南千住の小塚原回向院にある「蘭学を生んだ解体の記念に」の銅版では、それが日本医師会などによって設置され、杉田玄白、前野良沢を顕彰しているにもかかわらず、「穢多身分」のことは一言も書かれていないし、顕彰もされていない。こうした現象の中に近現代の、消された歴史・文化としての部落の特徴の例をみることができる。そしてまた、こうした現象を克服しない限り日本人・和人の文化・文明は全体像を失うし、和人そのものが自らの文化を失っていることが想定出来る事例といえるだろう。こうした現象に早く気づき、国民がそれを自らの手と闘いで克服するために「部落文化・文明」の視点が重要な位置にあると考える。

第二章　新しい文化基軸――民衆の星座を描く

はじめに

異なる文化を結んで新しい星座を描く。殊にこれまで排除され差別されて無視されがちだった人々の歴史と文化を結び、国家とか権威とは別の次元から、つまり民衆の視点に立ってそれらを結んで新しい価値、文化基軸を見出し、これまでになかった星座、新しい物語を作る。こうした文化的作業が必要だと痛感する。

私は『和人文化論』（二〇〇五年・御茶の水書房）のなかで、「新しい星座」という言葉を一つの部章として使った。それは、この国・和人社会の農民、漁民などが伝承する儀礼（農耕儀礼、漁労儀礼など）と江戸時代のキヨメ役（穢多・非人身分）が新年などの祝福芸・門付芸として演じた「春駒」や「鳥追」などの芸能に共通性があり、それらを繋ぐことで、これまで気づかなかった文化的体系、国家や天皇制とは異なったものが見えてくるもので、その体系を夜空に描く新しい星座になぞらえた。

その後、宇波彰の著作『記号的理性批判』によってヴァルター・ベンヤミンが星座という概念を提唱したことに気づいた。それは「思考像・断片・屑をつないでそこに意味を発見する」というものだ。そうした概念に共通するものがあり、力強いものを感じている。私たちが見上げる夜空の星座は、質も量も距離も異なる星を繋いで人間の物語りを創っている。その星座の概念を活用し、新しい星座を見出すことで、有機的な創造的批判、変革の原動力にしたい。

一　幽霊の左翼人

私たちの国は、産業的二重構造だけでなく、文化的二重構造をなしており、精神的作用としての価値観に大きな影響をきたしていると考える。しかも、それらは、全体像としてまともに対象化されたことがなく、長く放置されているため、いまや酸化状態となり、劣化と腐食の現象がいろいろなところに現れていると私は思う。たびたび指摘される精神の劣化、空洞化。政治の劣化。想像力の欠落。コミュニケーションの欠落。若者の孤立。少年のいじめ、そのための自殺。高齢者の孤独死などなど。こうした言葉で伝えられる現象は毎日毎日テレビや新聞など、マスメデアの画面・紙面で絶えることがない。それだけでなく、それらマスメデアが精神の劣化、空洞化などを生む元凶とする指摘が説得力を持つ現状だ。

これまで何回か引用したのであるが、大江健三郎が指摘した現状「開国以降、百二十年の近代化に続く現在の日本は、根本的に、あいまいさの二極に引き裂かれている」といえる現状。さらに大江は経済的発展を把握して「現在の異様な繁栄の底から身体をもたげようとする、先行きの巨大な不安」(『あいまいな日本と私』岩波新書)とする指摘が非常に的確と考える。この指摘は、日本近代の出発にあたって、明治政府がとった欧米模倣と日本の伝統的文化の乖離、日本人の精神的二極分解を意味するものであり、そのために彼の内に起こる巨大な不安を言ったものだ。

そうした現状につながる精神状態が、文化の二重構造を意味するし、彼の予感する巨大な不安が、今では精神の劣化など諸現象に現れていると考える。

このような現状を憂う右翼的動きがある。彼らは劣化した精神を立て直そうとして「国家」を軸にしようとしている。そして、彼らには国家と一体に見える天皇・天皇制を前面に押し出そうとしている。「奉仕の精神」などが議論されたのはそのためだ。「愛国心」「日の丸・君が代」「天皇を敬愛する精神」などなど。これらは日本近代化の一方の軸としての絶対的天皇制と、富国強兵、侵略、戦争の歴史の中で使われたものであって、現代多くの日本人の間で共感を得ているとは思えないが、文化の二重構造の結果としての「あいまいさ」や、劣化の揚げ足をとるような論法で、自民党政権を動かし、一定の部分を法制化した。

この間の動きを具体的な事例で見てみよう。この時期、右翼が具体的な攻撃の標的としたのが戦後教育であった。私の直感的観察によると、戦後教育は一定の弱点をもっていたと思う。勿論、教育の現場の人は、戦後民主主義を手掛かりに、その実現のため大きな力をそそいできたし、その意味で尊敬するが、その現場の背景にある人々の生活の、そこにある文化、ことに伝統的文化をどのように把握し、教育に反映したか考えると、一定の空洞があったと思う。

ここで伝統的文化といっても「あいまい」であるが、例えば秋祭りや新年の行事。そこにある神観念や神事芸能など。これらは大江健三郎が指摘した伝統的文化の分野であるが、戦後の教育はこれらを対象化しなかったのではないか。一方、右翼的動きはこうした文化を見ていた。そして、これらの文化を天皇制信仰の一貫とし、再興しようとした。「日の丸・君が代」論議の中で「伝統的楽器を学校教育へ」としたのは、その一つの現れと観察する。

私もここ十数年、非常勤講師として学校関係者と話す機会がある。そのような私のまわりの人に「伝統的楽器」の教育について尋ねてみると「そんなの決めても、教えられる人はいないよ」と、にべもない返答が多い。それは右翼的運動への批判でもある。その気持ちはわかるが、これは笑ってはいられない。教育の現場で「伝統的楽器」を教える人がいないというのは、右翼が批判し対立する左翼的な人の弱点だと思うからだ。右翼は左翼のこの弱点につけこんだ、と言ってもいい。このまま伝統的なものへの無関心を続けると、その教育は確実に、右翼の裾野を広げることになるだろう、このように言っても過言ではない。

ここで細かいことをいう紙数はないが、端的にいうなら〈歴史的、現実的に生活の中に存在するものを無視してはならない〉ということだ。思想・文化・教育などで、この思想・哲学は不可欠と言いたい。「伝統的楽器」を教える教育者がいない現状を、左翼の側も憂う。そうした姿勢が必要と思う。それがどんなに「右翼的」に見えてもだ。〈存在するものを無視〉する傾向は、部落問題にもある。これは右翼が逃げて、左翼が少し関心をもっている。が、ほんの一部の人だ。そして、こうした現象が文化の二重構造を現わしている。私がいう文化の二重構造はこのような事柄だ。

精神の二極分解とも言える文化の二重構造を克服するため、右翼が主張するような形で、日本の伝統的文化が再興されてよいと言っているのではない。それがどんなにしんどいものであっても、生活の中に存在するものは直視し、苦闘し、新しいものを発見する。あるいは変革する。そうしたことを考えよう。そうでないと、教育の現場でいくら立派な人であっても、その人は足のない幽霊に等しい。

ここでは戦後教育を例にとったが、他の分野でも、私がこれまで触れてきた左翼人に、同じような傾向が強い。しかも彼らは自分の専門分野では非常に勤勉な、優秀な人だ。が、少し視点を変えると、頭デッカチの幽霊に見える。

この幽霊が、自分の専門分野だけでなく、足元にある生活、例えば衣食住の文化や行事など、あるいは他者との繋がりや違いなど、そしてそれらが常に二重の価値観に引き裂かれていること、その断面の痛々しさに気づくことがあれば、大きな可能性が生まれると私は確信する。

そうした可能性について、この国、日本の中の伝統的文化が、天皇制とは異なる展開をなしうる可能性について、一つの例を挙げておきたい。その可能性は難しくない。視点を置き変えるだけで、誰でも簡単に見分けられるし、可能性を感じることができると思われる。

例えば日本文化を列島文化と言ってみよう。すると北海道、本州、沖縄が大別できる。そしてこれらは本来、異なった文化圏だった。主には近代になって（沖縄では近世初期から始まっているが）、本州の和人が、そしてその天皇制が、北海道のアイヌ文化、沖縄の琉球文化を侵略・同化しようとした。しかし、それでもそこには現在、「同化」の箍（たが）をはずし、本来の姿を取り戻す動きがあり、動きを支える文化がある。

日本近代の軍国主義、植民地主義によって生まれた「在日」も同じだ。天皇制の「同化」を拒否しながら、彼らは日本にいて「祖国」を生きた。「在日文化」とはその証しだ。こうした事例を考え、そこから学びながら、先に言った可能性の手掛かりをつかむことが出来る。

二　新しい星座

日本社会にあって、在日、アイヌ、沖縄の文化を糸で結んでみよう。その形をどのように呼ぶか後で考えるとして、それはかって、遠い夜空の、異なった質や距離をもつ星を、人間の想像力が結び、人間の側の物語を創ったと同じに、これまで語られなかった文化的ドラマがあるのに気づく。このドラマは、天皇制によって個性を否定された歴史を持つがゆえに、天皇制に結びつくことなく、日本列島の上空で輝く、新しい文化・星座だ。

同じ意味で、私たちは、私たちの歴史や生活がある和人社会の中に、これまで思いつかなかった星座、新しい文化を発見することが出来る。その可能性を、私たちの生活の現場、その土壌、あるいは伝統的文化から考えてみる。そのために、そして方法はたくさんあるものの、これまで排除され、結ばれることがなかったがゆえに、ここでは最も分かりやすいであろう事例、各地の部落（被差別部落・同和地区・以下同）を起点に考えたい。この起点からは、農山漁村、町（商業や工業）などを取入れても、部落を含める限り同じ星座が描ける。

【私は同和地区を単に部落と言う。他の共同体は農山漁村・町と言う。普通名詞としては村、集落とする。部落の歴史的呼称として「穢多・非人」身分とは別に、職業的カテゴリーとして「キヨメ役」と呼ぶ。【詳細は拙書『部落差別の謎を解く』（にんげん出版・二〇〇九年）参照】

農山漁村・町・部落を結ぶ

全国に六千部落といわれた村、江戸時代のキヨメ役（穢多・非人身分）の村は、農山漁村・町に点在するが、そこにある理由は、単に「分断政策」として差別されるためではない。結果として、地域の中で、差別分断された事例は多いが、本来の理由は、一定の職業、当時「役目」「御用」などといわれた「公務」を行うためである。この職業に天皇制・神道的観念・偏見があって、「公務」であるにもかかわらず差別・排除された。ここにある「公務」と差別の対立・矛盾が一つの体制内で成り立つのが、和人社会の特徴であり、これは世界に五六ケ国しかないと考えられている。アイヌ、琉球社会にはなかった。

この職業を史料にみると、典型的なのは江戸の穢多頭・弾左衛門が幕府と契約する形で提出した「御役目相勤候覚」（享保十年（一七二六））だ（『近世被差別部落関係法令集』小林茂編・明石書店・一九八一年）。その「役目」の主なものは次のようだ。（　）内は筆者。

一、御陣太鼓、御用次第張上候
一、皮類御用の節も、何にても差上相勤申上候
一、御尋者御用、在邊に不限（限らず）被仰付次第（おうせつけられ次第）相勤申候
一、御牢屋敷焼失の節（略）昼夜番人加勢差出申候
一、御仕置物一件御役相勤申候

この他にも刑場の諸事など十一項目が書き上げられている。

私は現代の時点で、全国各地の部落のルポをしながらそこにあった歴史的職業を「水番、山番、牢番、街道守，警備役、斃牛馬処理、皮細工、刑場の労役、神社仏閣のキヨメ」とまとめてきた。水番・山番は主に農村の農業用水路の見廻りや、田畑を荒らす野獣の見廻りなど。牢番、警備役、街道守は今の巡査の役だ。斃牛馬処理は農村で働いていた牛馬が死んだら解体処理して毛皮や脂などを再生する。肉や血は肥料になった。また骨を含めて薬品にもなった。毛皮はキヨメ役の村で鞣（なめし）て腐らない革にする。革で鎧や馬具などを作った。これが皮細工だ。今も革靴や革カバンが腐らないのは鞣（なめし）の工程を経ているためなのだ。宗教的キヨメは地域の祭りでの神輿の先導などだった。この宗教的キヨメから芸能（門付芸など）が派生したと考える。

これらの職業を分類すると①危機管理・警察業務。②動物の「死穢」をキヨメる（再生して日常性に戻す）。③宗教

的ケガレのキヨメ（日常のケガレを象徴的行為によってキヨメ、聖なる時空をつくる。この象徴的行為が芸能に結びつく）である。

天皇制で犯罪をケガレとした典型的例は古代の危機管理機構としての検非違使である。『検非違使』（丹生谷哲一・平凡社選書）ではそれを「罪・犯罪・ケガレの国家管理」としながら「ケガレに対するキヨメが中世非人身分の基本的機能であった」「神と天皇が穢を最も忌避さるべきものとされていた」とする。こうした指摘で警察業務の現場がキヨメと呼ばれたのがわかる。こうした事例を前提に、つまり犯罪の具体的な管理としてのキヨメ、動物の「死穢」の再生・キヨメ（皮革など）、宗教的キヨメの全体を把握し、江戸時代の穢多・非人身分の身分呼称とは別に、職業的カテゴリーとして「キヨメ役」と呼ぶことができる。

これら職業の社会的性格は、天皇制・神道の宗教性「罪・穢を祓え清め」から始まりながら、その観念を社会的規範に広げた江戸時代・徳川綱吉の時代（一六八〇～一七〇九）に差別制度として定着した（『近世服忌令の研究』林由紀子・清文堂）。つまりこの時代に、職業を世襲する身分制度と、天皇制・神道の観念「忌穢」「触穢」が制度的に結合し、部落差別が成立したと私は考える。後で詳しくみるが、江戸時代の身分制度は、綱吉の時代にあっても厳しく続くキリシタン禁止とそのための宗旨人別改帳による全民衆の戸籍制度が根幹にあり、「忌穢」「触穢」は同じ綱吉の時代に厳しく大衆化された人の死をケガレとする「服忌令」がきっかけと考える（『部落差別の謎を解く』前掲書）。なお、検非違使などに現れる古代、中世的キヨメは、江戸時代のような社会全体の身分制度に縛られることがなかったので、私は単にキヨメと呼んでいる。

ともあれ、こうした職業を農山漁村・町の地域社会で考えると、それは地域社会にとって、あるいは人の生存・生活にとって、必要不可欠なものであるのがわかるだろう。特に水番、山番、牢番、警備役などは、本来、農村など地域社会の自主管理として行ってよいものであるが、それが分離し、権力側の身分制度とその支配に括られたのが、私たちの社会の歴史的真相だ。そしてこれら「死穢」や警察業務の現場が農山漁村・町の生活から切り離され、彼らとは別の身分として差別的、体制的に統制されたとき、それらは「公の指示」として「御用」「公務」として作動し、地域にありながら地域の自主管理でなく、権力の末端支配機関として作動してくる。「キヨメ役」が警察業務として「追捕」をし、しばしば農民一揆の取り締まりをした事例は、そうした構造によるものと考える。その意味で「キヨメ役」は被害者だけでなく、加害者でもあった。

このような部落の歴史、あるいは同時に地域社会の歴史であるが、この構造を私たちは、自分達の社会の構造として考えてきただろうか。最近は、政治的言葉として「地域の自治」「地方行政の確立」などという言葉が聞かれるが、こうした構造をぬきにするとどこか遠い国の言葉のように聞こえる。

というのは、特に警察業務は近代になって、大江のいう二極分解をはるかに越え、パリやニュヨークのそれを国家の仕事として模倣しながら、伝統的なもの、部落史にある地域社会の警備や牢番・水番などの「公務」、つまりその職業や文化の歴史を差別観によって抹殺してきたのだ（拙書『部落差別を克服する思想』解放出版社）。これを民衆の立場でいうと、その近代警察業務は民衆自体の歴史や伝統に関係なく一方的に押し付けられた。さらには、こうした事情で近代部落は経済的破綻をきたし、生活困窮に陥った。そうした経過、自主管理を失った民衆史と仕事を失なった部落史をもって、この国の近代警察業務は、常に、遠い国からの、あるいは国家、「お上」の一方的支配になっていった。

本当に地域社会の自立、自治を考えるなら、ここにある歴史的経過を分析し、共有し、新しいシステムを創造しなくてはならない。そうでないと、自分達で闘いとった自治とはいえない。危機管理だけみても、今の地域社会の現状は、精神的な二極分解、あるいは外から、あるいは上からの支配の構造にあると思うが、そこで自立や自治を考えるには歴史的前提、なかでも部落問題をぬきにできないのがわかるはずだ。

このような歴史を直視しながら、私たちがどのような地域社会を構想できるのか。そこに、どのような思想・哲学、文化を育てることができるのか。そのようなことを考えなければ、歴史を学ぶ意味がない。「歴史は未来の指針」という誰かの名言は、多くの知識人が知っていると思う。それを知りながら、自分たちの地域の真相、そこにある部落の歴史を知ろうとしなかった。それが現実ではないか。

〈私の村、町には部落がないので関係ない〉という人がたまにいる。悲しいかな甘い人だ。危機意識が無さ過ぎる。江戸時代の権力者は、それ以前もそうであるが、全国隈なく検地をした。つまり権力側の危機管理、警察業務はぬけめなく、目こぼしもない。ＡＢＣの村や町があったとして、キヨメ役の村がＢにだけあったとして、キヨメ役の仕事「公務」としての「警備」「見回り」は、ＡもＣもきちんとやる。差別観があって「乞食が廻っている」くらいに思っている間にだ。これを日常的に言うと、この見回りによって地域の安全が保証された。一面で地域住民の安心も保証された。

こうした歴史を前に、理想的な自治や自立を考えるのは、それほど難しいことではないと思う。地域社会にあるいくつかの農村、あるいは漁村、あるいは地方都市、大都市も含めて、そこにある部落を取り込んで糸で結んでみよう。そこに自治の基本が生まれているとはいえないか。あるいは危機管理だけでなく、生活の豊かさを考えて、都市と農村、漁村、部落を糸で結んでみよう。皮革にみられるような自立した流通構造が生まれるではないか。さらにいうなら、精神的文化的豊かさのために、在日文化、部落文化（キヨメ役の仕事から生まれた文化。知られている例は皮革、太鼓、肉食文化など。）農村文化、都市文化、あるいはニューカマーとしての「異民族文化」を糸で結んでみよう。そこに新しい星座が生まれてくる。こうした星座を共有することで、新しい地域社会を構築する糸口を見だすことが可能と考える。

「自警団」の反省

地域の自治、特に危機管理を考えるとき、私たちには、目をつぶってはならない歴史がある。比較的近い時代、一九二三年（大正一二）九月一日におこった関東大震災の直後、在日朝鮮人への偏見・差別によって流言蜚語が神奈川・東京から関東地方全域に広がった。「朝鮮人が放火する」「強盗をする」「井戸に毒薬を投げ込む」といったものだ。これらは、何ら根拠のないものだった。

このような、根拠のない流言蜚語が短時間に広く広がる原因に、日本人の偏見・差別観、あるいはその内的反映としての「被差別者」への恐れがあったのが、早くから指摘されている。差別者は被差別者の反撃を心理的に恐れているとする次のような指摘がある。「庶民がそのような朝鮮人への恐れを抱いている理由は、朝鮮人が日頃から日本人に対して敵対的、攻撃的であったからではない。日本人庶民がそのような恐れを抱く社会的心理は、後にみるわが国の朝鮮政策が生み出した」（『関東大震災と朝鮮人虐殺』山岸秀・早稲田出版）。その政策は、植民地主義者の偏見・差別政策だ。

このような恐れがあるため、根も葉もない流言蜚語が流れ、それに対応する「自警団」が各地に作られる。そして当時「朝鮮人狩」と言われた朝鮮人虐殺が各地で行われ、五千人とも六千人ともいわれる人が虐殺された。

日本人・和人民衆が自分達で何らかの危機管理システムを持つのはめずらしいと思うが、たまたま見られるこうした危機管理システムは、自治とか自主の名にふさわしくない。この「自警団」が官憲の指示で作られたという話しもある。とはいえ、それがどこから発信されたとしても、民衆による虐殺は事実であり、この歴史を忘れてはならない。目をつぶってもいけない。私たちは、この歴史を直視し、なぜこのような残虐なことが出来たのか、塾考し、反省することで、新しい危機管理、自治を、多文化・多民族共存の思想・哲学として築くことが必要だ。先に私が描いた新しい星座、文化は、そうした多文化・多民族共存の糸口を掴むための、これまでになかった試みである。

ところで、ここで見られる日本人・和人の残虐さを、どう考えたらよいだろうか。心理的な動きからすると、差別観があり、日頃差別しているがゆえに、その逆作用として、被差別者からの何らかの反撃を恐れる心理を読みとることは出来ると思う。

これは、部落差別にもみられる心理と私は思う。部落民が怖い、というのは、差別観の裏返しであるのを、私は度々感じ、考えてきた。

そのことからすると、部落差別と朝鮮人差別は、日本人・和人の心理に同じ作用を起していると想定できるだろう。とはいえ、先に部落差別の発生を少しみてきたように、差別の原因は、それぞれ異なっている。

私は、朝鮮人差別は、日本近代の軍国主義、植民地主義からと思い、部落差別の方が歴史的に古く、それゆえ差別的心理の体質は部落差別から見たいと思っていた。しかし、最近は必ずしもそうではないと思っている。朝鮮人差別の方が古くて、深いものがあるかも知れないと考える。そしてそこにある差別者の心理は、朝鮮国あるいは朝鮮・韓国という固有の国、あるいは民族が問題なのではなく、日本人・和人の侵略的発想に原因があると思うので、次章でそのことに論及しておく。

なお、部落問題をマイノリテーの問題と考える人も多い。しかし、これも観点を間違っている。部落問題にある差別は、先に少し書いたように、天皇制信仰とその価値観、そしてそこに武士社会の身分制度が結合したことによるものだ。そこにある武士社会の身分制度とは何か、このこともしっかり考察しなくてはならないが、実はこの両者、朝鮮への侵略と近世身分制度はコインの表裏の関係にある。これも次章の課題である。

先にマイノリテーについてい言うが、部落問題をマイノリテーの問題とするのは、ステレオタイプとしてその観点が先にあり、現象的な側面だけをみて言ったのではないか。その観点は、部落差別をするマジョリテーが自分達の現実を考察した結果の観点ではないのではないか。そのように考えてきた。

マイノリテーの問題ではないのを証明することは簡単だ。典型的なのは結婚差別。一九九三年政府が実施した意識調査によると、子が被差別者と結婚すると言った時の親の態度として①「絶対に結婚を認めない」五％。②「家族の者や親戚の反対があれば結婚を認めない」七・七％、③「親としては反対するが、子どもの意志が強ければしかたがない」四一％である（『転換期を迎えた同和問題』総務庁長官官房地域改善対策室・監修）。③は親として部落民との結婚を反対している。そうすると、①②③を合わせて五三・七％が反対、もしくは消極的である。部落問題として問題なのは、こうした民衆、少なくともこの五三・七％がもつ社会観、価値観である。

三　侵略者の心理、裏と表——侵略戦争のための序列・評価

部落差別の社会的構造として、江戸時代の身分序列が問題になるが、その時代に、身分序列を実証する史料がない。そのため、その根拠を秀吉の身分統制令に求めた論考が続いている。そうした状況であるが、江戸時代は秀吉の時代とは異なった形で固定される。その江戸時代の身分序列は、徳川家光の時代（一六二三〜一六五一）に本格的となるキリシタン禁止のための戸籍調査「宗旨改帳」「宗旨人別改帳」「別帳」作成による全民衆・個人の把握と身分

の序列と固定化にあることを指摘したい。その作成は、武士は特権階級として「武家諸法度」で規定され、平民（農工商）は宗旨人別改帳、そして賤民は「別帳」で規定され、それぞれが区別された。しかもその「別帳」は、「穢多非人おんぼう人別之儀は、人別帳別帳に仕立候て、本村名主え差出、名主組頭奥印致し支配領主地頭役所役場え差出候、尤支配より人別取集取調高書上候節は、穢多非人人別は朱書ニ致シ、可書上、尤平民ニ紛敷無之様との事なり」（『政譜集』『近世被差別部落関係法令集』小林茂編、明石書店、一九八一年）と規定されて差別され、これが身分を表す戸籍として世襲的に固定するのである。

このような近世的身分序列の背景に秀吉による身分統制令があるが、それは、秀吉による朝鮮への侵略戦争が直接的に関連している。その侵略戦争によって近世身分制度のイデオロギーが出来、原形が出来たといってよい。秀吉の身分統制令と、その前の検地、刀狩が、朝鮮侵略の軍事態勢作りだったのは多くの歴史家が指摘している。家永三郎は次のようにいう。「朝鮮侵略は豊臣政権のいのちとりになったが、封建制身分制は、この戦争によって、いっそうかためられていった」（『改定新版　日本の歴史　3』ほるぷ出版）。

このときの身分統制令（一五九一年「天正十九年令」などの複合）は「兵農分離」といわれ、戦争遂行における直接的兵力と、兵糧米を確保するための農民の固定と評価付けを行った。

「兵農」以外に、商人、雑業者、芸能者、宗教者などがいた。彼らはこの時身分統制に入っていない。その理由は「兵力にならず兵粮米などの物も作らない者」とする発想だ（『日本の近世7　身分と格式』朝尾直弘編　中央公論社）。これは侵略戦争を前提とし、それに「役立たず」とする発想であり、そのための評価と序列化である。

この評価・序列化が江戸時代に繋がるのである。江戸時代は、侵略戦争や戦はなかった。だから身分制度とそれらは関係ない、と考えられるだろう。私もそのように考えていた。しかし、もう少し慎重に、時代背景を考える必要がある。

キリシタン禁止と鎖国令（一六三九年）が発令されたのは徳川三代将軍・家光の時代だ。とはいえ、家康の時代から、キリスト教布教を武器にして、主にはポルトガルが、日本を侵略・占領すると言う情報や発想が続いており、そのためにキリシタン禁止と、同時に鎖国をした。

これは、日本史の、ほとんど常識ではないだろうか。一方、外国との交易による利益が多いことも、秀吉をはじめ家康も家光も知っていた。秀吉はポルトガルに軍艦二艘を発注し、朝鮮侵略に用いた。そうしたことがわかっていたため、徳川はオランダと中国を残して、他を入国禁止とした。

秀吉の朝鮮侵略、結果としての敗走を家康は少し距離を置いたところで見ていた。秀吉の領地拡大の野望と、その敗走のみじめさも当然わかっていたと思う。そうした家康の立場にあって、また家康の遺志を継ぐ家光にとっても、ポルトガルの侵略・占領という情報（主にオランダからの情報だったといわれる）は、目の前にしていた秀吉の姿とダブルイメージとしてあったと考えてよいだろう。だからこそ、交易の利を知りながら、キリシタン禁止と鎖国を断行したと言える。そして、こうした状況のなかに、侵略者あるいはその体質をもつ者の、心理の表裏を見る思いがする。秀吉が表なら家康・家光がその裏側ではないか。

こうした時代的状況に、一定の脈略があるのは否定できないと私は考える。そして、その脈略をたどると、部落差別を形成する社会構造としての近世身分制度が、朝鮮侵略戦争と、被侵略を恐れる心理の表裏として実現した。このように想定することが出来る。

もう一つ考えることがある。関東大震災直後の「自警団」による朝鮮人虐殺の和人の心理として、差別者が抱く被差別者の反撃、その恐怖があるのを先にみた。部落差別の中にも同じ心理があると言った。この心理を、侵略されるのを恐れた者、秀吉の侵略の逆作用としての裏側、家康や家光の心理に重ねてみることが出来るのではないか。

実は、こうした心理は、私の勝手な想像ではない。秀吉の朝鮮侵略に抵抗し恨みをもつ朝鮮の人物が設定され、江戸時代末期、妖怪になって日本にやってきて復習するという物語「天竺徳兵衛韓噺」が鶴屋南北によって創られ、歌舞伎で上演された（一八〇四年）。この妖怪を「反逆者」とし、これを日本人が征伐するという物語だ（千葉大学文学部ホームページ）。

この物語には、秀吉の時代を背景にした侵略者の裏側の心理としての恐れがある。そして、先の設定による「妖怪を征伐する」という、本来の正義から逆立ちした、自己中心的な発想がある。このような一方的な逆作用の心理（差別しながら被差別者の反撃を恐れて行動するといった自律性を失った心理）に、日本人・和人の過大な残虐さの要素があるのではないか。そんなことを想定してみる。そしてこれは先にみた「自警団」の心理にも通じているように私には思える。

この歌舞伎は、江戸時代末期から明治時代にかけて大衆的人気があり、度々上演された。歌舞伎が明治政府によって一度禁止され、再び復興したことを考えると、そして三河万歳などが「神道」を取り入れることで認可されたことなど考えると、この歌舞伎が日本近代の侵略戦争、植民地政策に都合よく利用されたとする論考（『文禄・慶長の役』上垣憲一・講談社学術文庫）がうなずける。

こうしたところに、秀吉の朝鮮侵略と江戸時代の身分制度のあいだに一定の脈略をみることができる。

なおまたそれ以上に、秀吉の侵略は、近代日本の侵略主義、植民地主義に繋がった。一九二四年（大正十三）、日本軍隊の参謀本部が編纂した『朝鮮の役』（徳間文庫）は、秀吉の朝鮮侵略を軍事的に分析したものであるが、その本の最後に「朝鮮の役の評」として山鹿素行（一六二二～一六八五）の『武家事紀』の一文を引用し、何の論評もなく突然終わる。その一文は「秀吉が晩年になってから朝鮮を経略した勇気と胆力は、古今に抜きん出たものである。およそ朝鮮は本朝の属国であった。（略）その功は完全とはならなかったが、本朝の武威が異国に輝いたのは、神功皇后以来、秀吉の世が初めてのことである」というものだ。これらによって、秀吉の朝鮮侵略が近代初期の、東アジアでの戦争と、朝鮮国・韓国への植民地政策をすすめるためのイデオロギーとして利用されたのもわかってくる。

さらに加筆しなくてはならないことがある。記紀に書かれた神功皇后の「三韓征伐」は、戦後の研究で神話と考えられるようになった。しかし秀吉も素行も、この神話を基に自説を正当化した（『朝鮮の役』前掲書）。そして、その秀吉の侵略が、近代日本の侵略主義、植民地主義に脈略を持った。幕末から明治時代に、原始的新聞とかメデアの役割をもったとされる錦絵は神話としての「三韓征伐」をはじめ秀吉の朝鮮侵略、明治時代の「征韓論」、日清・日露戦争などを積極的に取り上げ、侵略や「征伐」を正当化するものだった。錦絵を研究する姜徳相は次のようにいう。「私には一つのこだわりがあった。それは、日本の歴史は幕末・明治の天皇制国家の都合に合わせて作り変えられたこと。とりわけ朝鮮との関係を歪曲、または隠蔽したのではないかということであるが、幕末・明治の錦絵師の描いた絵物語は、まさにその疑問への一つの解答のように見えた」（『錦絵の中の朝鮮と中国』姜徳相編著・岩波書店）。この錦絵の中には「三韓征伐」、秀吉の朝鮮侵略を正当化し近代軍国主義・侵略主義を煽動する意図があったのだ。

こうした歴史をもつ私たちは、侵略戦争による身分統制、その逆作用としてのキリシタン禁止の歴史を含め、その深層で近代にまで流れるもの。それを批判するだけにとどめず、それを反転する、新しい観点・文化軸をもって、もう一度洗い直す必要があると痛感する。

初出　『アソシエ』22号（最終号）二〇〇九年三月「運動としての星座」を加筆・改名

第二部　部落文化・五つの柱

はじめに

これまで私は、部落文化について①皮革文化　②肉食文化　③人体解剖技術　④危機管理　⑤伝統芸能と分析し分類してきた。これらは日本列島における文明的構成としての第一次、第二次、第三次産業の歴史からの差異化であり、分析である。そしてそこにある産業的、職業的特徴を和人社会の農山漁村町のそれぞれの共同体の間にあって「ケガレのキヨメ」（具体的ケガレ、例えば「死穢」などの状態に触れて、それを〈ケ〉日常性に回復、再生する職業）を担う独自の共同体と認識し、その職業から生まれた文明を文化的に分類したものである。

ここにある五つの文化的要素を、部落の歴史の中で職業的特徴といえる「御用」「役目」としての社会的機能から生まれた文化の基本、五つの柱として詳細にみていく。

とはいえその前に整理しておかなくてはならないことが二つあると思われる。一つは、「ケガレのキヨメ」という時の「ケガレ」とは何か「キヨメ」とは何かということである。これらを認識しておくことで、その職業から生まれた文化の特徴と、その文化が本来もっている農山漁村町との間にある関係性をよりよく描き出せると思われるので、この後の文節の最初に取りあげることとする。

もう一つは「ケガレのキヨメ」から生まれた文化の五つの柱というものが、他の文化とどう違うか概念規定する必要があるだろうということ。

江戸時代の職業的カテゴリーとしてのキヨメ役（穢多・非人身分）が行った職業・仕事は他にも結構たくさんある。たとえば農業や商業、竹細工、わら細工などだ。そして当然これらの職業・仕事からも文化が生まれている。だからこれらの内にも、部落文化に入れるべきものがあると思っている。しかしその場合でも、一定の整理分類が必要と考える。

整理分類する第一の課題は、農業や商業、竹細工、わら細工などであるが、これらについて［序説・四］において「御用」「役目」としての社会的機能の諸々の労働に対する給付・代償であるのを指摘してきた。［序説・四］の例でみた一五九四年、摂津・木津村検地帳の「〈かわた〉百姓」も皮革業と農業をやっているのであるが、ここでの皮革業と農業が賤民と百姓の職業として身分的規制をうけていたかどうかの事情は明確でないものの、こうした「かわた」が農業をしていた例を含め、多くのものは江戸時代のキヨメ役（穢多・非人身分）として先の「御用」「役目」と呼ばれる職業をしていた。つまり彼らは賤民とされ、その職業としての皮革業は「賤業」視されたのである。そのために、今川氏の例にみられるように、農業は皮革生産の労働を継続再生産するための給付（現代の給料）代償に相当するものといえる。

このように現代からみれば対等な意味の職業・仕事にみえるものも、時代的制約の中では単純に並列できないものがあり、時代的規制のうえで労働＝義務と給付＝権利の関係があるのを認識する必要がある。とはいえ、それが職業であり仕事である以上そこから文化・文明が生まれるのは確かだ。この場合「部落文化」としてどのように整理分類するか課題が残るのである。というのは、給付・代償としての職業・仕事が地域によって異なるケースが多く、全国的類型を抽出するのが難しいからだ。そのため、まず第一歩として「御用」「役目」と呼ばれたものを基準にするのが妥当と私は考える。

例えば、江戸時代のキヨメ役（穢多・非人身分）に直接繋がると考えられている中世・戦国時代の皮革職人「かわた」が土地を持ち農業をしていた事例であるが、この場合、彼の職業を文化的に農業とみるか皮革製造とみるか難しいのである。これを身分制度の歴史でみると「かわた」は江戸時代の戸籍・宗旨人別帳による規制によって「百姓」

から分離される。しかしそれでもその「かわた」は「穢多・非人身分」として農業文化と皮革文化を築いたことになる。こうした場合私は、農業文化は農民文化の延長にあるものとし、皮革文化を部落の職業的特徴にあるものとして把握しようと考える。

また、農業について、群馬県前橋市の部落には次のような由緒が残されている。「秋元越中守様御用水并堰水番并水番屋敷ニ同州惣社屋馬塚村壱丁ト植野村御林付キニて壱丁ト合弐丁を私先祖（略）え被仰付候」（『東日本の近世部落の具体像』東日本部落解放研究所編・明石書店・一九九二年）。一六〇二年に秋元越中守の命でこの地に農業用水が掘削されるが、この時からこの部落は用水路の水番をしていた。そしてそのために居住地も含めて二町分の土地が与えられている。部落の人は当然その土地を開墾して農業をし、現代に至っている。だからこの部落も農業文化をもっている。しかしこの部落の場合も、社会的機能としての「水番」が職業的、あるいは文化的特徴を示すと考える。〔序説・四〕では穢多頭・弾左衛門が江戸で警察業務を遂行する労働＝義務の代償として燈心製造販売の権利を持つ史料を示したが、この労働形態、労使関係からも推定できるように商業、竹細工、わら細工も多くの場合同じことがいえると思われる。

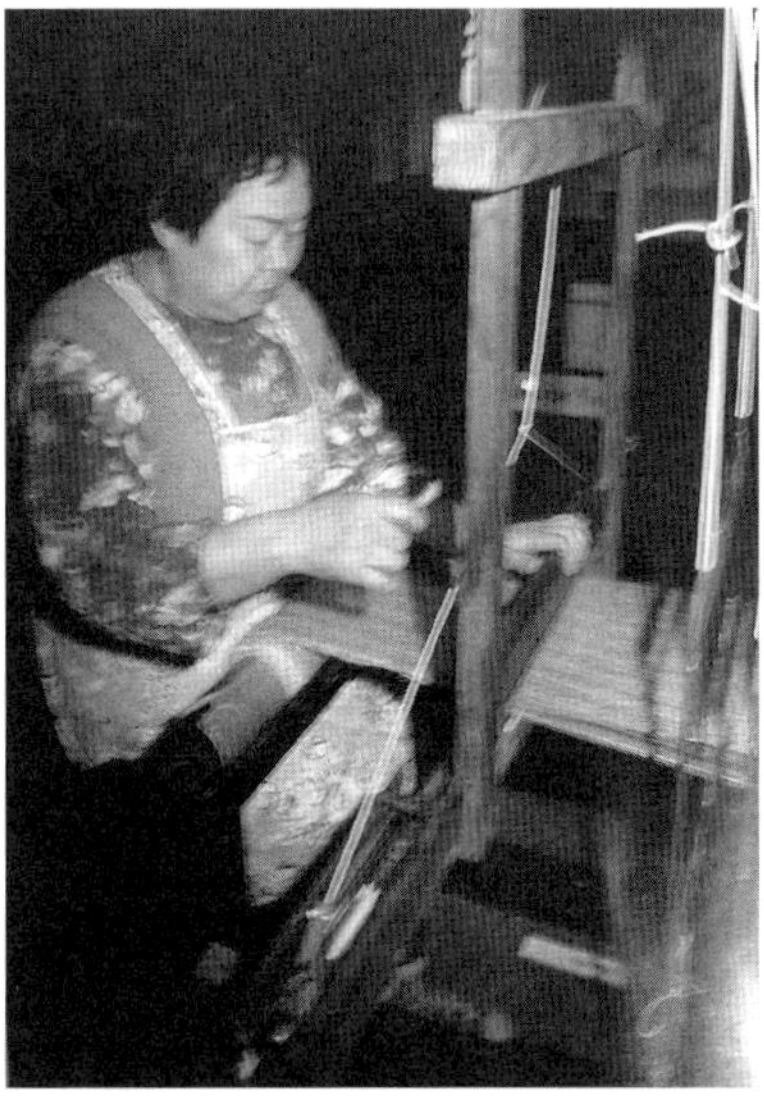
織機・女性の左手が掛かっているのが筬

このように考えているものの、代償としての職業からも「部落文化」といえるものが結構たくさんある。例えば竹細工の一つ「竹筬作り」である。これは古くから織機の心

弾左衛門が発行した「筬」の鑑札・左が表、右が裏

臓部といわれているもので、これがないと織物としての反物は出来ない〔写真参照〕。この「竹筬」を関東地方では部落が製造販売していたことが分かっている。群馬県の尾島町（現・太田市）の部落にいて解放運動をしながら筬の研究をしている松島一心氏は各地の筬を二百固くらい収集しており、「金属性の筬は近代になって金属加工業者が作ったけど、江戸時代に作られた竹筬は全部部落にあったものだよ」と私に話した。彼が編集にかかわった尾島町（現・太田市）教育委員会発行の『人権のまちづくりをめざして』（二〇〇四年）は「織機の心臓部である筬（竹筬）はほとんど部落で作られました。世良田でも足利の被差別部落から技術を導入して、竹筬作りがされていました」としながら、こうした筬の販売にあたって江戸浅草の弾左衛門が鑑札を発行したことを示している。写真左（表）の「役所」は弾左衛門の役所であり、写真右（裏）にある「八日市場村」は平人・農村であるが、江戸時代に弾左衛門が農民に筬作りの認可を与えたのがわかるのである。

　広島県三良町（現・三次市）では現代も竹細工を営む部落がある。ここは明治時代になって竹細工が盛んになったようであるが、江戸時代の「役目」「御用」と無関係ではない。次のような記述がある。「江戸時代、広島県北において革田（広島藩は明治までこの呼称であった）は、主

松島一心氏が手に持つ二枚の筬。（松島氏所蔵）

要な街道の警備が主な〈役〉であった。街道は大きな江（ごう）の川との交差も多く、（略）川の渡し場には必ず部落が配置されており、川の渡しは部落の「役」でもあり権利でもあった。（略）人々は、川や山を利用した仕事、例えば鵜飼などの川漁の仕事を始めた。（略）川筋には必ず竹が植えられており、竹細工の材料に事欠かない」（『人権教育内地留学研究報告書』宇都宮大学教育学部　二〇〇六年）。ここでは「役」の労働と給付・代償との関係が明らかでないが、近代の竹細工隆盛の背景が想定される環境が示されている。こうした状況の竹細工も部落文化として掌握したいのであるが、「部落文化・文明」という概念そのものが生まれてまもないもので全国的な共通概念とはいえない現状なので、ここではまずその概念の原理・原則のようなものをしっかり規定しておきたい。その原理・原則というのは、広島県三良町の部落の例でいうなら、江戸時代に明確だった「役」、警備役と、「川の渡し場には必ず」ある部落の「役」と想定できる街道守としての職業を原点とする。それを全国にひろげると、全国的にみられるキヨメ役の職業的特徴、先の「御用」「役目」から生まれた文化・文明と規定する。全国の部落に通じるこうした概念をしっかり固めたうえで、各地で異なる場合が多く、また農民、商人なども行った例がある農業や商業、竹細工、わら細工などを、今後細かい分析のうえで整理分類したいと考える。

　もう一つ今後の課題として大切なことがある。キヨメ役の職業的特徴、あるいは社会的機能としてみてきた「水番、山番、牢番、街道守、警備役、斃牛馬処理、皮細工、刑場の労役、神社仏閣のキヨメ」などの「御用」「役目」であるが、一つの部落がこれら全ての「御用」「役目」をやったのではない。全国的に約六千部落といわれてきたのであるが、農村部にある部落は水番、山番、斃牛馬処理等が主で、都市部では警備役や刑場の労役、皮細工等が主だった。その他地域性によって主要な職業的特徴としての「御用」「役目」があったし、職業の呼び名も異なっている。職業的カテゴリーとしては同じであっても、身分的呼称が「茶筅」とか「鉦打」と呼ばれた地域もある。一言に部落問題といっても、結構多彩な存在だった。

こうした多彩性を積極的な意味として生かしたい。そしてその場合、その地域にある部落の歴史的職業的特徴を主軸とし、地域独特の文化・文明を描き出したいが、本稿では今後の課題となる。本稿ではそうした部落の多彩性と、農・山・漁村・町・部落を並列した地域社会の新しい視点の原点に加わるものとして、全国的にみられる部落の「御用」「役目」としての職業を基に基本的と思われるものを描き出すこととする。

序　「生と死」の再生——ケガレとキヨメ

一　キヨメとは

部落の歴史的職業としての「御用」「役目」をキヨメ役とし、その内容を「ケガレのキヨメ」（ケガレに触れてそれを〈ケ〉＝日常性に再生する）といってきた。ここにあるケガレやキヨメを考える。

先にキヨメについて考えるのが文化論としてはわかりやすいと思う。

キヨメについて『日本国語大辞典』（小学館・一九七三年）は三つの要素を示す。「①清めること。けがれやよごれを取り除くこと。②不浄を取り除くもの。水、火、塩など。③不浄のもの、特に動物の死体などをとりかたずけることを業とした者を指していた」。

辞典の限界を考えるとキヨメの要素はかなり把握されている。③はこれまで述べた江戸時代のキヨメ役（穢多・非人身分）の職業が視野に入っているだろう。これに古代検非違使の現場で働いたキヨメ（放免・下部・非人）が加えられるとおおまかな総体といえるだろう。

民俗学者・宮田登はキヨメを述べるにあたって、民俗のケ・ハレ・ケガレの循環を取上げ「ケの日常が、それを維持する力の衰退によって、死滅を免れない状態となる。それをケ枯レと説明する段階において、ケに回復させる手段が講じられる」と言い、回復の手段として祭礼があり、具体的にはハラエ、ミソギ、キヨメの行事があるとする。（『ケガレの民俗誌』人文書院・一九九六年）。これら三つの行事、行為はそれぞれ異なるが、キヨメがそれらの機能を果たすことが確かめられる。

ケガレからの回復・再生がキヨメであり、主に祭礼として行われると思われていることから、祭礼のキヨメについて私の考えを簡略に述べる。それは、神官（歴史的には天皇も）が言葉の霊力として「祓え清め」の祝詞を唱えるのが中心であり、その周りで、祭礼への参加者が水などで身体をミソギ、あるいはオハライをうける。あるいは祭礼の場を清潔にしておく。（もっとも、ここでは「清潔」とは何か問われなくてはいけない。祭礼の場合、「清潔」はケガレをキヨメた結果であり、今述べようとしている再生に関する課題なのだ）祭礼でのキヨメはこのようなものといえるだろう。しかし現実の生活の場ではもっと多くの、もっと具体的で不可避なキヨメの作業・行為があった。そしてこの現実的・具体的キヨメを、歴史的には主に賤民、検非違使では放免・下部・非人が、江戸時代はキヨメ役（穢多・非人身分）が行ってきた。しかしこの具体的作業を行う者が、「ケガレに触れてもケガレ」とする触穢意識によって「忌穢」の対象になったのである。これが部落差別の観念的原理だ。

とはいえ生きとし生けるものすべて死を迎え、病気や怪我も避け難い。天変地異や社会的システムの破壊も残念ながらつきない。これらは現実的・具体的なケガレであり、人々の生活にとってこれらのキヨメは欠かせない。検非違使の放免たちはこうした現実に対応したために「キヨメ」と呼ばれたのである（『検非違使』前掲書）。キヨメという概念ではこのような世界を包含すべきと私は主張する。

二 ケガレとは

ケガレについて文化人類学の波平恵美子は、「特殊で異常なもの」「不浄・穢れたもの」「邪悪・罪」「不幸・不運（死・病気・怪我・災難など）」「神聖」と分類している（『ケガレの構造』前掲書）。最後の「神聖」は江戸時代のキヨメ役の「御用」「役目」でみた「神社・仏閣のキヨメ」などに通じるもので「聖なる時空」を作る機能などがはいる。なお、歴史のうえで天皇が大祓で唱えてきた祝詞では「罪」と「穢」が別記されるが、民俗学では波平の指摘のように、両者は、ケガレという一つの概念に包摂される。こうした把握が民間の民俗信仰としては的確と考える。

なお、古代の祝詞では「天津罪・国津罪」として現われることが多く、農業を主にして「畔放（田の畦を崩す）、溝埋（水路の溝を埋める）」「生け剥ぎ・逆剥ぎ」（生きた馬の皮を剥ぐ。これは天候の暴風雨の象徴でもある）」等が天津罪であり、人間や動物の「生膚断（生きた肌を切る）、死膚断（死んだ肌を切る）」等が国津罪とされる（『古事記祝詞』（日本古典文学体系・岩波書店）。

祝詞でこれらに対して「祓う」というのは「掃う」のであり、そこに質的な変化はない。「祓う」の思想・手法は、これらの罪を「科戸の風の天の八重雲を吹き放つ事の如く、朝の御霧・夕べの御霧を朝風・夕風の吹き掃ふ事の如く」「風が雲を掃う」ごとくに「罪・穢」を排除し、遠くへ離そうとする発想・思想なのである（『古事記祝詞』（前掲書）。豊田国夫はこうした思想を「このようにありたい」と願う類感呪術（類似の法則・筆者）としており、こうしたとらえ方が的確だ。

古代の「穢」は『延喜式』が規定している。カッコ内は筆者。「人死限三十日。産（出産）七日。六畜（牛・馬・羊・犬・猪・鶏）死三日。其喫肉（その肉を食う）三日」である。しかもこれらの現象のそばにいた者、例えば親が死亡したとき傍にいた家族も「穢」に触れたとして「穢」とみなされた。これを「触穢意識」という。そしてこれらの当事者は朝廷の儀式に参加できなかった。これを「忌穢」という（巻三・神祇『国史大系』吉川弘文巻・一九八九年）。

このように古代的「罪・穢」と、現代的な民俗学でいう「ケガレ」はかなり異なるのであるが、本稿にあっては波平恵美子等が指摘する現代的なケガレを対象として考察する。

とはいえ、そうした考察とは別に、江戸時代のキヨメ役の形成史、あるいは部落差別の構造をみると、それらは古代的な宗教的思想・観念が前提としてあり、この観念が具体的な「キヨメ」の職業に適応され（この段階は中世社会に現れる）、その観念と職業が世襲的な身分制度と一体化した時（江戸時代）に社会全般におよぶ固定的な制度として現れる。その観念が社会一般に浸透するきっかけは、五代将軍綱吉の時代（一六八〇〜〇九）に延喜式の「忌穢」「触穢」を一般家族に適応する「服忌令」として再編し（延喜式も貴族の服忌令として用いられた）、強化確立したところにあると考える。つまり職業、身分（世襲が基本）、居住地の三位一体と「忌穢」「触穢」の観念としての服忌令が一体化することで、現代にみられる世襲的な差別が固定したと考える。

話しを元に戻そう。こうした経過があるものの、江戸時代から現代に続く部落問題としてみてきた具体的な「ケガレのキヨメ」と、祝詞の思想、天皇制イデオロギーとしての宗教的・儀式的「祓え清め」が、現象的な面においてかなり異なっているのが分かってくる。こうした違いを区別、差異化することが部落文化・文明分類の重要な課題となる。

三　ケ・ハレ・ケガレの循環とキヨメ

天皇制イデオロギーとしての「罪・穢を祓え清め」が具体性をもたず、観念的に、あるいは単に象徴的意味において、たとえば「罪」を「風が雲を掃う」ように払い自分が居る場を「清くする」ものだった。しかし現実の「罪」はそんなに甘くはない。古代天皇の直属機関だった検非違使を見ればすぐわかる。「罪」を防ぐには、犯罪者を直接捕捉しなくてはならない。天皇制イデオロギーとして「罪」を「祓う」には、この具体的作業が必須であり、その現実的・具体的作業を古代・中世の賤民としての「放免」「下部」「非人」が行った。この検非違使の構造は、「罪・穢を祓え清め」と祝詞を唱える天皇を「聖」なる存在とするためのシステムでもあり、その必須条件は、先の祝詞を唱える天皇が現実の「罪・穢」に触れないことと共に、それに触れた者にも触れない「忌穢」「触穢」が成立することだ。これを天皇直属の機関としての検非違使における「絶対的対立構造」と呼んでおく。丹生谷哲一が『検非違使』(平凡社、一九八六年)の中で検非違使について「神と天皇が穢を最も忌避さるべきものとされていた」とし、「放免」「下部」「非人」について「ケガレに触れると触れた人もケガレ」とする触穢意識があったのを指摘しながら「まさに彼らは、ケガレのキヨメという、中世における社会秩序を維持してゆく上で欠くことのできない身分的集団であった」とするのはこうした絶対的対立構造が成立していたことを示している。

とはいえ、このような絶対的対立構造・関係は天皇直属の検非違使の内部のものであって、民間では本来絶対的対立というのはなくて、ケガレはさまざまな人の間にみられるもので、〈ケ〉〈ハレ〉の世界と融通し交換もしていた。

宮田登はこうした融通を「ケガレた状態といのは、本来人間が共通して持つものだということになった」としながら「ハレ、ケ、ケガレの循環構造という中で、例えば年中行事とか祭りとか通過儀礼などの儀礼を説明するのに有効に使える」とする(『ケガレの民俗誌』人文書院・一九九六年)。

宮田はここで非常に重要なことを言っている。つまりケガレは本来誰でももっているものであるが、それはまた祭りや通過儀礼などハレの世界を有効にするものであって、つまりハレの世界を通してケガレではなく日常のケの世界に循環する。そうした民俗的構造を示している。

この民俗的構造、ケ、ハレ、ケガレの循環構造は、検非違使にみた絶対的対立構造の反対側のものであるが、宮田登は同書のなかで、民俗的構造が循環構造を失ない対立関係を持ってケガレが被差別者に特定される過程もみている。「友引といった死霊とのつながりを示す習慣などは、死への禁忌と深い関係をもっているだろう。遺体処理を中心とする死の儀礼を、それを超越できる人々に任せてしまおうとする。こうしたところから、ケガレの仕事を被差別民に委ねる関係が生じて、それがやがて固定化して文化的意味での差別の構造が生じた」とする。

この構造は天皇制イデオロギーと武家社会による身分制度との関係としてこれまで述べてきたのであるが、私がここで注目したいのは、民俗的構造としての「ハレ、ケ、ケガレの循環」である。

これは「ケガレのキヨメ」が、職業・身分・居住地の一体化として固定される前に、本来的姿としてケガレをすべての人が共有し、ハレの行事(祭りや通過儀礼)を通してケ・日常性を取り戻す、そうした民俗であり、自然観、世界観なのである。これまでみてきた「キヨメ」とは、ここでのハレの世界を成り立たせる観念的、あるいは具体的行為なのもわかる。こうした「キヨメ」を含めた自然観、世界観は、差別的対立を克服するためにも、そしてまた現代世界的課題となっている自然と人間の共生の哲学のためにも、非常に大切なものと考える。自然と人間の共生については唐突に思う人がいるかも知れないが、自然の法則としてのエコシステムは、生物の生と死の循環といってもよいものである。これに対して、人間もまた生と死の循環を、この民俗的構造で再発見し再起動させることができる。そしてそのことで、大きな可能性を持つといえるだろう。こうした意味からも、日本人・和人が天皇制イデオロギーの一つとしての検非違使的「絶対的対立構造」、あるいは差別的対立によって失ってきた循環世界、「ハレ、ケ、ケガレの循環構造」＝民俗的構造の復元を、部落文化の発見、再生によって誰もが認識、共有出来るものとし、差別の解消と自然との共生を、誰もが自分の目で見、考えることのできるものに成長させることが出来ると思う。

しかもなお重要なことは、現代ここでみる部落文化は、それを認めることで、宮田登が指摘した民俗的構造としてのハレの行事、祭りや通過儀礼だけを通さなくても、すでに人々の間に循環している文化であり、文明的装置、道具ということだ。ケガレに触れて製造した太鼓やカバンなど皮革製品がすべての人に行き渡っているのを考えるとすぐわかる。これら具体的「ケガレのキヨメ」を、本来民間にある循環構造として把握し、人々の間で有機的に認識すれば、民俗的構造をさらに現代的、科学的に補強する、これまで気づかなかった新しい認識、しいては自然観、世界観、哲学を成長させることが出来る強力な要素になり得ると考える。

第一章　肉食文化――禁制の中の文化

一　肉食禁制

徳川幕府は慶長一七年（一六一二）「牛を殺すこと禁制也、自然死するものは一切不可売事（売ることかなわず・筆者）」という屠牛と斃牛の売買禁止令をだす（『近世被差別部落関係法令集』前掲書）。これで農民は斃牛をキヨメ役に売ることができなくなった。

そのため農民は決められた「捨て場」に斃牛馬を捨てキヨメ役が「拾って」解体処理し皮革にする。キヨメ役はこの後商品にするが、その前に年貢として上納する。

上納の一例をみると、江戸時代初期、弾左衛門による幕府への皮革の上納「役目」は、馬を繋ぐ「絆綱」だけだった。中期の正徳五年（一七一五）から皮革そのものや太鼓など細工品を上納するようになる。このことを中尾健次は、キヨメ役としての「かわた」の労働や商売が統制され幕府が強制する「役目」の拡大強化と考えている（『江戸社会と弾左衛門』中尾健次・解放出版社・一九九二年）。

皮革に関していえば、先のような禁止令や統制が解かれ、再び自由になるのは明治四年（一八七一）三月太政官がだした「斃牛馬勝手処置令」からである。肉食の解放は明治五年（一八七二）である。こうしたところにも徳川政権、この国の封建社会の特徴がある。

現代では信じがたい感じだろうし、知らない人が多いのであるが、肉食禁制は古代から明治初期まで約千年続き、この国（アイヌ、沖縄文化をのぞく和人社会。以下同）の食文化、ならびに文化全体の質に少なからず影響を与えた。アイヌや沖縄文化と和人社会の違いもそこに大きな原因の一つがあると考えられる。

とはいえ、その禁制令が古代から度々発令されたことからわかるとおり、人々は禁制のなかで肉食した。そしていうまでもなく肉食文化があった。陰の文化とでもいえるものであるが、当然そのための精肉、食肉製品を生産した人々、技術者がいた。肉食文化の担い手だ。古代・中世は政治的中心都市において屠畜や肉食が賤業視され浄穢観によって排外的にあつかわれる事例はあるが、周縁地や猟師は一定の自由があった。江戸時代になるとこの生産・文化が、地域差をもちながらもキヨメ役に固定される。そしてそこに、今も昔も人々の生活と健康に欠く事のできない文化としての部落文化が生まれる。

差別観をもたれた職業・身分の固定からすると食肉生産と皮革関連業はほとんど同じようにあつかわれるが、人々の生活文化としてみると、これらはかなり違った個性をもっている。本稿はまず江戸時代の肉食文化からみる。

六七五年（天武天皇期）に「牛馬犬猿鶏の宍（肉）を食らうこと禁じる」が発令される。しかしこれは四月一日から九月三〇日までの半年間である（『日本書紀』（巻第二九）。

七二一年元正天皇によっても屠畜の禁止令がだされる。ここでは目的がはっきりする。当時旱魃で農民が苦しんでいた。そのため天皇の国家祭祀として奉幣などの雨乞いが行われる。しかし効果がない。そこで「恩赦」をし「冤罪者などの審議をやり直し」「路上の動物の骨や死体を土に埋め」「酒を禁じ」動物の「屠を断ち」「高齢者をいたわれ」という意味の禁令をだす（『続日本紀』（上）講談社学術文庫・一九九二年）。ここにある「屠を断ち」は天武期の禁止令をうけて屠畜を禁じその肉を食べるのを年間をとおして禁じたと解釈される。

それから六〇年後の七三二年も、聖武天皇によって同じ目的をもつてほとんど同じ禁止令がだされる（『続日本紀』前掲書）。これらは天皇の「詔」（みことのり）として発令され、目的は雨乞いなど天変地異を防ごうとする祈願である。シャーマンとしての天皇の祭祀、呪術的宗教なのがわかる。

この後も、数年か数十年に一度、あるいは政権が変わるたびに、同じような禁止令がだされる。なぜこれほど度々なのか不思議に思うが、逆に言えば、呪術的効果がないので、度々だされたのだろうし、現実の生活で人々が禁止を破っていたことが想像できる。少なくとも動物の肉が滋養や体力作りに効果的なのは誰もが知っていた。社会的上位の者はよりよく知っていたようで「薬肉」といった名目で食べていた事例が多い。

二　江戸時代の屠畜場と文化

こうした歴史の中で、江戸時代に幕府や藩から公認された牛馬の屠畜場が二カ所あった。一つは長崎の出島。外国人居留地の中だ。オランダを中心とした外国人が肉を主食とし肉食文化をもっていたので、それに応える社会的機能として幕府が公認した。このような必然性を参考にすると、他の仕事を含めて、キヨメ役・部落の仕事が社会的機能としてどれほど大切だったか理解できるだろう。

もう一つ公認の生牛馬の屠畜場は、伊井直弼で知られる彦根藩（現・滋賀県）の屠畜場だ。ここでは食肉製品が彦根藩の外交政策に使われており、藩営屠畜場ともいわれるものが二ヶ所あった。しかも二ヶ所とも、キヨメ役の村であった。江戸時代後期にはもう一ケ所のキヨメ役の村にも増設される。最初の屠畜場がいつできたか明らかでないが、元禄期（一六八八〜一七〇四）には地元の牛「黄（あめ）牛」を解いて精肉にしているのがわかるし、この精肉に「反本丸」［写真参照］という薬品名前がついていたのもわかっている（『彦根市史』中冊・臨川書店・一九八七年）。こうした屠畜場の歴史を調べ、聞き取りをした『屠場文化』（反差別国際連帯解放研究所しが編・創土社・二〇〇一年）という本が発行されているので参考にしていただきたい。私も一九九九年、それらの村を取材してきた。

【ちなみに「屠殺場」という名称は明治になって政府の官僚がつけたものだ。官僚の即物的で冷たい視線があらわれている。江戸時代に部落内にあった斃牛馬処理場が近代の屠畜場になるが、生牛を解く場合でも部落の人は「殺す」といわなかった。「解く」「つぶす」「屠（ほう）る」といった。ここにも部落文化とその思想がある】

彦根藩の屠畜場で作られた肉製品は「干し肉」の類として「さいぼし・燻製」「寒日干し」があった。また調理の仕方によって「酒煎（さかいり）牛肉」「味噌漬」「粕漬」「炊いた肉」などがあった。しかも藩主・伊井家ではその製造方法を把握していた。「伊井家御用留」では干し肉の一つと思われるものを「寒中に肉を裂き筋を去り清水に浸し、臭穢をさり蒸して糸に繋ぐ」などとある（『彦根市史』前掲書）。

これら肉製品は人々に重宝され「薬肉」「薬食い」として食べられた。これらの呼称はカムフラージュであるが、実際に病気の回復などにも使われた。「炊いた肉」はキヨメ役の村で売られていて周辺住民が買いにきた。

彦根牛肉の「味噌漬」「粕漬」は今も販売されていて高価であるが、当時から全国に知られており、将軍をはじめ徳川御三家、大名、貴族などに彦根牛肉として藩から献上、贈呈された。主な例をみると「寛政四年一二月五日・松平越中守（老中）・牛肉二樋」「寛政五年二月・細川越中守・牛胆一〇個」「寛政五年四月・幕府薬法方・牛肉」「文政八年七月二〇日・将軍・干牛肉」などなどだ（『彦根市史』前掲書）。「将軍に干し肉を贈って喜ばれた」とする老中・牧野家の書状が彦根城博物館に展示されてもいる。

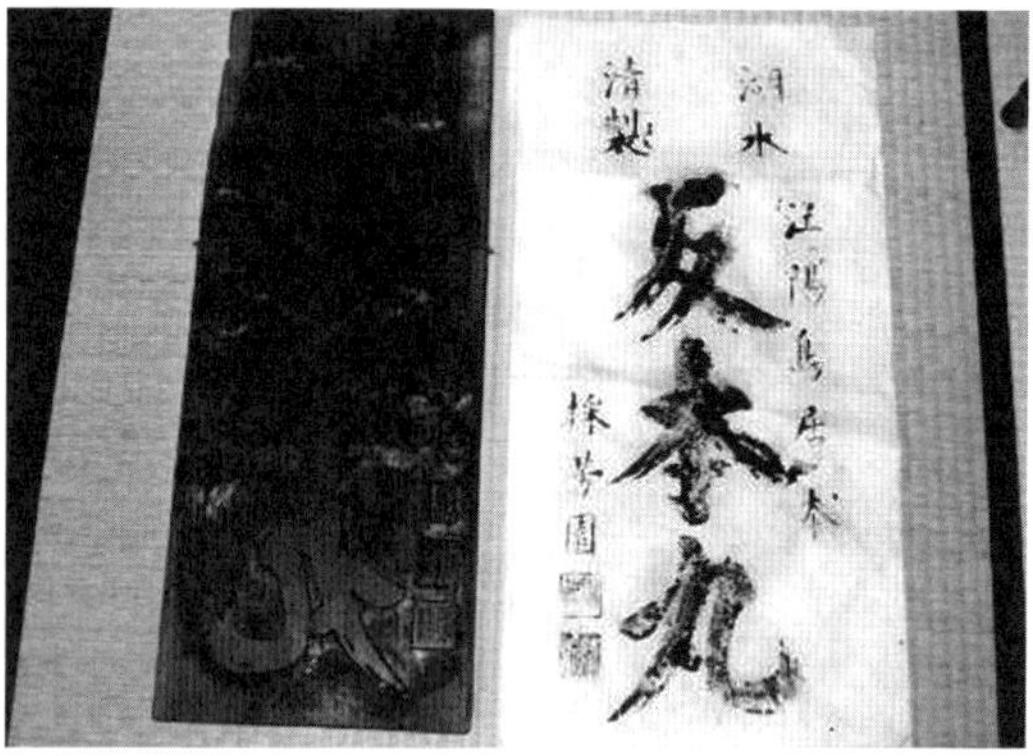

反本玉の版木と印紙。肉を包んだ油紙にこの印紙を貼って将軍などに贈った。

全国的に屠牛や肉食が禁じられていた時代でのこのような肉食文化は、日本文化として貴重なものである。そしてこれを部落文化として論じるのを反対する人はいないだろう。彦根牛肉の「味噌漬」「粕漬」は新幹線の米原駅をはじめ東京のデパートでも売られている。とても美味しくて人気がある。

三　彦根の牛肉とケガレ観

藩が公認し、幕府や他藩との外交に有効に利用した彦根藩の屠畜場経営であり、肉食文化であるが、キヨメ役の人々への偏見と差別は全国的な様子とほとんど変わらなかった。また、生牛の屠畜や、そこから作られる精肉への観念も、世間一般にあるケガレ観を免れることはなかった。

将軍や各地大名などに送った肉製品を「反本丸」と呼んだが、この名前は薬を装った名前である。精肉を「薬肉」「薬食い」とカムフラージュして食べるのと同じであるが、そこには、有効で有用と知りながら禁止している制度と、ケガレを隠す厳しい現実が反映している。「返本丸」と書いた包み紙の版木を現代持っている家で聞いた話では、一般的に肉食が禁じられていたので、将軍などに送るとき公然とは運べなかった。そこでこの包装紙でカムフラージュして運んだという。干し肉を送ってもらって喜んだ将軍ではあるが、その将軍へ運ぶ時は、肉製品としては運べなかったのである。

ここにある二律背反が制度の厳しさを示す。同時にこの制度の背景にある呪術的観念による肉食への偏見、しいては差別観の観念的原理としてのケガレを避ける「忌穢」「触穢」の厳しさがうかがえる。

だが、そうした厳しい状況にあっても、部落文化・肉食文化は民衆の中に広がり、禁制そのものを破り、それを解放して時代を変革する一つの原動力となる。それは、徳川政権の内部からその体制や価値観をくつがえし、新しい文化、価値観をつくったといってよいと私は考える。

安政五年（一八五九）の日米通商条約以後横浜や神戸などに外国人の屠畜場が開設され日本人社会に肉食が広がる一つの原因になったが、その前から江戸、大阪、京などで「牛鍋」が広がっていた。安政二年（一八五七）の江戸に彦根牛肉を売る店が四件あった（『彦根市史』前掲書）。福沢諭吉が大阪で「牛鍋」を食べたのもこの時期だ。彦根牛肉が京や大阪にたくさん流れていた。文久三年（一八六三）相模国厚木宿を写した外国人の写真に「江州彦根・生製牛肉漬」という看板が写っているのを見たことがある。

こうした情勢に押されて明治政府が正式に肉食を解禁するのは明治五年（一八七二）一月である。天皇が肉を試食して差障りがなかったという儀式を行った。この後肉食が公然となるが、この時期の屠畜の技術と、全国にある多くの屠畜場は、江戸時代のキヨメ役の村にあった斃牛馬処理場であり、技術であった。

四　近代社会を築いた肉食文化

江戸時代末期の京の様子を書いた次のような文章がある。「四條の橋から河上へ二町ばかりの間に、色々の飲食店が小屋掛けして（略）。其の末端に（略）牛鍋屋三、四軒あった。（略）牛の本場となっている江州彦根在のえた村で、

解体した牛の枝肉と毛皮。東京・お肉の情報館にて

皮の必要上から屠牛盛んに行われ、えた共其の肉を四條河原に運びて鬻（ひさぐ・筆者）のだ」（『日本畜産史』加茂儀一・法政大学出版局・一九八三年）。

よく知られる京都祇園神社の前あたりの情景であるが、江戸時代末期に、当時のキヨメ役（穢多身分）が牛鍋屋を経営しているのがわかる。これだけみると、たまたま見られる情景と思われるかも知れないが、こうした情景が横浜、神戸、江戸などにたくさんあった。そして、この情景が明治五年の肉食解禁につながり、日本（和人）の肉食文化を一変させた。牛鍋は現代の牛丼、牛皿などに具を入れたもの。

最近の大学生に、現代の肉食文化がどのように始まったか尋ねると、横浜や神戸の開港期に欧米の肉食文化が入ってきてからと答える者が多い。確かにそれは大きなきっかけの一つである。とはいえ、その状況に対応して国内で食肉を生産したのは各地の屠場で働く、主には部落出身者だ。

そしてまた、もう一つ大切なことを忘れてはならない。それは幕末開港期以前から、牛鍋をはじめぼたん（猪）鍋などが京、大阪、江戸で大流行しており、そこで用いる肉の生産は、これまたほとんど当時のキヨメ役だった。こうした内なる状況に欧米文化が重なり、幕末に大流行。幕府の統制が効かなくなって、明治政府が肉食解禁を決行したのである。

五　厳しい差別の中にあった

屠畜・肉食文化への差別は厳しかった。私の姓の川元は江戸時代の屋号で「皮の屋」だったのをお寺の住職に聞いたことがある。皮革産業をしていたのだ。一方母方の家（私はこの家で育った）は「屠牛」を家業としていた。と言っても、私が育った頃はその面影がまったくなかった。私が成長して部落史やその文化に関心を持つようになってからわかったのであるが、そこには厳しい差別があり、私の母方の家は屠畜・肉食への差別で経済破綻していた。

一八七一（明治四）年に「賤民解放令」が発布される。その前後、明治政府が次々と発布した新制度「学制制定」（一八七二）「徴兵令」（一八七三）「地租改定」（一八七三）などに反対する一揆が各地に起こる。その中に「解放令」反対もあった。「えたは元のままにしておけ」といった要求だ。この部分の要求が特別強かったものを後に「解放令反対一揆」と呼ぶ。当時は「えた狩り」とも言われた。

「解放令反対一揆」が最も広く厳しく行われたのは私が育った地域、当時美作国（現・岡山県津山市）だった（一八七三年）。三千人とも六千人ともいわれる農民や士族などが新制度に反対して一揆を起すが官憲に阻止され、その動きは、農村や町に点在する旧キヨメ役村に向かい、「元のえたでようござんす」という念書を竹槍などで脅し、多数の力で強制的に書かせてまわった。拒むと打壊しや一部では竹槍などを使った殺戮があった。

私が育った村は念書を書いたが、私の家ともう一軒が屠畜業をやっていたので「醜業」だとして廃業を迫られ、それを拒んだので打壊しにあった。当時の裁判記録（『近代部落史資料集成　第二巻』三一書房・一九八五年）で次のように証言されている。カッコ内は筆者。両家は「屠牛ノ醜業ヲ致スに依リ、是非トモ家屋可及放火（ほうかにおよぶべき）」と言われた。しかし類焼を恐れて打壊しを行う。その結果母の家は屠畜業を廃業するまでに追い込まれた。

（拙書『もうひとつの現代』三一書房参照）。

私の家がやっていた「屠牛」は、当時の神戸、大阪などで大流行していた牛鍋など肉食文化に対応した家業だったと思うし、当然全国の部落でもこうした家業があり、日本近代の肉食文化を支えたと思われる。しかし一方で、それを「醜業」として廃業を迫る偏見・差別観が根強く存在したのがわかるのである。

六　飢饉の時農民を助けた肉食文化

西播磨（現・兵庫県西部）の部落に一九一七年に生まれ、そこで育った稲田耕一は、その地域で発見された古文書の専門家による解読と出版事業に参加しながら、自分の部落に関する古文書に基づいて、聞き取り調査と民俗調査を加えながら『わが部落の歴史――粂五郎の一生――』（部落問題研究所・一九七二年）を著している。この本は江戸時代のキヨメ役（穢多・非人身分）の歴史と文化を、その生活の中から知るには非常に優れたものと私は思っている。

その本から肉食文化に関する一部を紹介しておく。一八三八年（天保九）頃のキヨメ役（穢多身分・文中は皮多）の生活について「皮多村の猟師は、その獲物を自分の家で解体し、毛皮は母屋の忠左衛門の家か、新家の与三兵衛の家へ持ち込み、買い取ってもらい、肉のうち売れる所、熱取り用の膽（きも）、それぞれ妻のまさが売り歩いた。（略）兎の膽から、時には熊の膽までつるして干し上げ、町の薬屋へ売込んだ。骨は全部水炊き（いまのスープ）にして、その汁で食べ物の味つけにした。天保六年という大飢饉にもかかわらず、また付近の村々で飢餓と栄養不足でバタバタと死んだにもかかわらず、この村の人が、わけても猟師稼ぎの人たちが、餓死もせずに生きながらえたのは、これらの食物による所が多かった。」としながら、さらに同じ時期の農民について「当時の百姓、殊に、小前、水呑と言われた人々は、それこそ食えるというものは、木の根、草の根は言うにおよばず、ネズミ、蛇の類、虫まで食った。それでなお餓死したのである。木谷の村（キヨメ役の村・筆者）へもよそ村から毎月のように乞食が入り込み、家々の戸口に立って食べ物をねだり、ニラや木の芽の雑炊を涙を流してむさぼり食った」とするのである。

一方、天保の大飢饉として知られるこの時期、ここにある木谷村の近所の農民が領主に飢を救う救米を求める嘆願書も同書に紹介されている。「小前、水呑の者の内、手足動ける者は皆、毎日山々を廻り、木や草の根を掘り咽を通る物は残らず取り寄せ、種々家内を養って居ります。又老人、子供は、其れぞれ杖をつき、手を引いて、村々を、袖乞、乞食に廻る者も多くあります」という。ここでいわれる・老人子供の「袖乞、乞食」は、木谷村に毎月のように来る「乞食」と同じなのである。つまり飢饉になると農民が食べ物を失い、部落・キヨメ役の村に来て、豊富な動物性の食べ物、あるいは骨のスープで味つけした雑炊などを食べて命を長らえたのである。

こうした事例からも部落文化が、部落だけでなく農山漁村町の生活にとっていかに大切だったか認識できるだろう。

私はここにある動物の骨のスープを「山の粥」と名づけ、同名の児童向け物語『山の粥――部落の伝承十話』（解放出版社・一九九〇年）を刊行した。その中の「山の粥」は、飢饉に苦しむ農民を救う創作物語であるが、関西方面での同和教育の副教材として用いている教師、町村が結構多い。そんな教育関係者から要請があって「山の粥」を実際に作ってみたことがある。その時は、彦根藩の肉食文化の一つとしてあった「干し肉」の一つ「さいぼし（棹干し）」も作ったので、部落文化の一つとしてそれらのつくり方を紹介しておく。

「山の粥」は牛の骨を七時間くらい炊き込む。骨の髄を煮出すのが肝要だ。その後、根菜類の野菜を入れて醤油か味噌で味付けする。これで雑炊になる。用意できる鍋の大きさによって骨の量が異なってくるが、ラーメンの

さいぼし〈竿干し〉の風景。うっかりするとカラスやトンビにさらわれる。

スープを作る要領で三キロ四キロの牛の骨を煮込とよい。しかしラーメンで使う豚の骨だと二時間くらいで髄が出るが、牛の骨は三倍くらい時間がかかる。ここが大いに違う。

現代ではガスコンロを使うしかないが、ガスコンロで使える範囲でできるだけ大きな鍋を用意し、骨を鍋に入れ、その一・五倍くらい水を入れる。水が沸騰したら、沸騰の状態でできるだけ火を小さくする。後は時々あくを取るだけだ。七時間くらい炊き込むと、味をつけなくてもスープに心地よい味とこくが出てくる。この状態で骨を取り出し、その後に、骨の半分くらいの量の精肉を入れる。親しみやすい味になる。ひと炊きしたら玉葱や人参、好みによってにんにくなどを刻んで入れ、醤油、味噌で味付けする。コラーゲンたっぷりの健康食品そのものだ。女性は美しくなる。男は、体力増強間違いなし。

「さいぼし」は肉を天日に干すものだ。煙でいぶした燻製もあるが、天日で干すのが原点ではないかと思う。肉の天然の味が凝縮して残り、燻製とは違う味になる。天気がよければ一日干すと出来上がる。

「さいぼし」とは肉を棹で干すことからきたと考えられている。つまり肉の「竿干し」だ。

二キロとか三キロの肉塊を薄切りにするが、大きさはすき焼肉くらいで、厚みはすき焼肉の三倍くらい。これに塩を揉み込む。塩加減は、自分で焼肉にして食べるくらい。それより少し多い目がよいかも知れない。揉み込むのも、軽く満遍なく、繊維を崩さないように揉み込む。

この肉片を荒縄の縄目に差し込む。一メートル半くらいの荒縄を用意し、一箇所の縄目を逆によじると穴が開く。そこに一つの肉片を差込み縄目を戻す。三十センチ置きくらいに肉片を挟み、肉片のついた縄を物干し竿に掛ける。カラスなど野鳥に取られないよう網などを掛けておくとよい。私が子供の頃は鎌を逆さに立てていたものだ。つまり「鳥追」なのだ。

雨や霜は避ける。その時は取り込んで風通しのよい室内に置く。今は冷蔵庫で保管する。天気がよければ八時間くらい干すと肉片が強張り、黒くなる。これで出来上りだ。

出来上がった「さいぼし」は適当な大きさに切り、火にあぶって食べる。黒い肉片に脂が浮き、うすく焦げるくらいが美味しい。酒やビールの肴に最適だ。完成品は、新聞紙に包んで冷蔵庫に保管すると一年たっても美味しく食べられる。

これは江戸時代のキヨメ役が発見した非常に有効な保存食なのだ。アメリカから輸入されるビーフジャーキーより美味しいと私は思う。しかし多くの日本人が、ビーフジャーキーを知っていても「さいぼし」を知らない。ましてや作り方を知っている者は牛骨のスープ「山の粥」を含めてほとんど居ないだろう。この現状が日本社会（和人）独特の食文化の歴史と、差別の歴史を示している。つまり日本の和人は自分達の歴史にある大切な文化を失っている。この文化を再発見し、自らの文化を取り戻すと共に、部落へのイメージを新しいものにしていく必要がある。

第二章　皮革文化

一　皮から革へ――腐らない革

革カバンはなぜ腐らないだろうか？　動物の皮を剥いだだけの生皮なら二、三日で腐れてしまう。

ここ数年、五、六十人の大学生を前に「君たちが履いている革靴や手に持つハンドバックは牛などの皮で作ったものが多い。その皮は生のままだと腐れます。その革靴や革カバンが腐らない理由を知ってますか？」と尋ねてきた。この質問にきっちり答えた大学生は今まで一人もいない。「このことを高校生までに学ばなかったの？」と尋ねると、みんな首を縦に振る。

私には予想できる状態ではあるが、私の予想も含めて、この状態は恐ろしいことではないか。そんな感じがするので私はさらに尋ねる。「自分で革靴や革カバンを使っていて、どうして腐らないか考えたことはない？」と。これまで三人の学生が考えたと答えた。その結論は「わからない」が一人、「何か薬を塗っているのか」が二人。

日常的に触れている生活道具や生活文化について、そこにある歴史や技術に何の関心もなく、既成の事実としてやり過ごす若者の姿の一端を見る思いであるが、これはある意味社会の風潮であり、非常に不幸なことではないか。

そして、そうした状態をつくつた主な原因に部落問題があると考えられ、学問だけでなく、日本人・和人社会が部落問題を直視しなかったのが大きな原因だろうと私は思う。

世界中の生活文化として肉食や皮革の文化は大昔から今日まで、欠くことができない。いうまでもなく生命維持に不可欠な蛋白質としての肉。そして防寒具や、古代の水袋、履物などの皮革。今ではカバン・靴・ブラシ、薬品、化粧品などなどに使われている。

日本の和人社会では奈良時代から明治維新まで屠畜、肉食が公然とは出来ず文化としては陰のものとなり、屠畜解体と、そこから派生する皮革生産を公然と行う専業者は「忌穢」と「触穢意識」によって偏見をもたれ、賤視された。江戸時代になるとその専業者が世襲的な身分制度に縛られ、身分的出自をもとにした頑強な制度的差別となり、制度がなくなった今日まで世襲的に続いている。そうした差別を克服するため「部落文化」全体、この章で触れる皮革文化を含めて、それらが社会一般にとって必要不可欠であり、それらによってすべての人の生活が成り立つのを直視し、しっかり認識すべきだ。和人社会全般と、偏見にとらわれた個人個人の心からの解放は、そうした姿勢と認識から始まると確信する。

二　鞣（なめし）の技術と文化

この章で取り上げる皮革文化は皮革の生産から始まるが、その生産の中心軸にあるのが皮の鞣（なめし）である。この技術があるから「革」は腐らない。

気づいた人もいると思うが、ここで私は皮と革を言い分けた。これが大切なのだ。解体した時「原皮」といい、毛や脂を取ったものを皮または「生皮」という。これらは放置すれば腐る。これを防ぐために塩漬けにして保存する。これで一年くらい保存できるが、そのままでは使用価値がない。使用価値がないものは文化と言わない。これに「鞣＝なめし」の技術を加えることで使用価値が生まれる。その状態を「革」という。

革という字は「あらためる」（『増補　字源』角川書店・一九五五年）という意味だ。皮から革へあらためて生まれ変わる。「革新」とか「革命」という言葉に革が使われるのはそのためだ。「鞣」という字は「柔らかい革を作る」という意味。革を柔らかくすることで加工できる。これでさまざまな皮革製品・生活道具が加工され、使用価値、つまり文化が生まれる。江戸時代のキヨメ役はこのような技術を持ち、文化を作ってきた。

江戸時代は弾左衛門の囲内で太鼓や馬具、乗馬の靬綱（ともづな）などを作り、主には幕府に献上した。同時に歌舞伎や能楽の楽器としての小太鼓（つつみ）や三味線、雪駄の裏打、袋物などを商品化した。

幕末になって弾左衛門はヨーロッパの技術を導入して王子・滝野川に皮革工場を設立する。明治維新の動乱期と、以降の富国強兵政策によって皮革・製靴業は兵隊の軍靴など軍事用品、武具として需要が急騰し、旧キヨメ役だけでなく、旧幕府や藩の財力を利用した政商も欧米の技術に頼って皮革、主に軍靴としての製靴業に進出、かってない隆盛をみた。

こうした状況に見られるとおり、江戸時代も含め古代、中世も皮革の需要は主に軍事・兵器であり、近代になると日清戦争以降から敗戦までの「帝国主義戦争五十一年」を支える主要な要素だったのを見過ごしてはならない。「わが国の皮革産業は、富国強兵策のため兵制改革を基として発達した。（明治維新後・筆者）約十年ごとに起きた動乱、事変、戦役でも皮革産業は著しくのびた」（『日本の皮革』武本力・東洋経済新報社・一九六九年）といわれる。これは日本だけでなく当時の世界の帝国主義、軍国主義にあてはまる。

弾左衛門の囲内にあった部落民衆の皮革工場は一八九二年（明治二五）当時、郊外の湿地帯である木下川地域や荒川地域に強制的に移転を命じられる。反対運動があったものの、結果として移転した。この強制的移転には皮革工場への偏見があったが、時代的背景としては日清戦争の二年前であり、当時軍部（特に陸軍）を支配していた山県有朋などは清国（中国）をめぐってヨーロッパ列強に負けない軍隊作りに必死だった（『山県有朋』岩波新書）。そのために皮革工場の規模拡大を急いだと私は考える。移転の直接的理由は「魚獣化製場取締規則」であるが、これは表向きであって、軍国主義的発想が動いていただろう。

ともあれこのようにして木下川は東日本では唯一の皮革の町となり、王子・滝野川にあった弾左衛門の工場を継承した東京製皮と、旧佐野藩（佐倉藩の支藩）西村勝三の桜組が合併した日本皮革、明治製靴などがここに設立された。

三　鞣に使うタンニンとクロム

軍需として大量生産が求められるようになって、鞣に使う化学薬品・クロムがドイツで開発されて世界に広がった。約百年前のことである。それまでは世界中どこでも自然の中の植物性タンニンが使われた。そして最近では環境問題を考えて、クロムから植物性タンニンに取り替える動きも盛んである。またタンニンは昔も今も染色剤やインキの製造に使われている。用いる植物は世界各地で違うが、日本・和人は柿渋、菜種脂、動物の脳味噌、あるいは煙蒸などの方法が使われた。

剥いだばかりの原皮を水漬け、石灰漬け、脱毛、石灰抜きなど十日くらいの工程を経て原皮が皮（生皮）になる。その後タンニンを皮に塗り込み二三日保管、それから水絞りなどして革になる。

中世時代に各地にいた「革作り」「皮多」「かわた」は、伝統的技術としてこれらの植物性タンニンを使った。そして江戸時代に世襲的身分制度に組み込まれたキヨメ役（穢多・非人身分）はそれを世襲的専業としたのである。

四　斃牛馬処理と細工

町人がやった皮剥ぎ

江戸時代の斃牛馬の処理とその後の工程、解体・皮剥ぎ・原皮・鞣（なめし）・皮細工などの作業・仕事をキヨメ役が行っていたのはよく知られており、常識のように語られるが、そうした歴史を相対化するため、これまであまり知られていない歴史をとりあげる。

金山で知られ幕府直轄地だった佐渡では、江戸時代を通して明治二年まで皮剥ぎや皮細工を町人がやった。明治維新後政府高官が佐渡に入った時これを知り「皮剥ぎはエタの仕事」として島のキヨメ役（非人）をわざわざ穢多身分にして実施させた。それまで佐渡には穢多身分がなかった。

『佐渡国略記　上巻』（新潟県立佐渡高校同窓会・一九八六年）の文政一〇年（一八二七）に「御用皮細工人坂下町久五郎儀、常々出精ニ付」というものがある。この久五郎が町人である。明治維新になって政府高官が佐渡に入る。明治二年（一八六九）正月に次のような御触れをだす。「川原田相川両所町人之内皮剥又は生皮買取皮細工を職業といたし居る者有之由（略）全く穢□□（□□は欠字であるが『佐渡相川の歴史』などで〈穢多の〉と読んでいる。筆者）所為にて而良民之渡世には無之（略）以来右躰之職業は非人共へ引渡百姓町人一切手携り申す間敷事」（『佐渡相川の歴史資料集六』相川町史編纂委・一九七五年）というものである。皮剥・皮細工は穢多身分の職業だから町人がやってはいけない。

今後非人身分の職業とするように、というものだ。つづいて「仍而向後皮剥皮細工差許間、右を職業といたし、穢多之銘目相唱可申民政御役所」（『佐渡年代記』中巻・佐渡郡教育委・一九七四年）。（したがって今後皮剥ぎと皮細工を〈非人に・筆者〉許す、これを職業とし、エタの名称を唱えるべし）と命じるのである。さらに翌年一八七〇年は「牛馬の皮の義は当今武備必要の品」として斃牛馬を野山に埋葬しないよう命じる。

三味線用の猫の皮をなめす工程。

鹿の皮をなめす工程。

絶対的でない差別観

ここにみる佐渡の部落史や皮革関連業から、多くの課題を見出すことができる。①ケガレを避ける「忌穢」「触穢」観念が職業・身分と一体化することで皮剥・皮細工がキヨメ役（穢多・非人身分）に固定された江戸時代であるが、佐渡の歴史はこれらの観念を相対化する。②同じキヨメ役であるが穢多・非人身分の役分担の認識が政府高官にある③権力者が斃牛馬や皮革を武具に必要とみていた④「賤民解放令」以前とはいえ、政治的革命を遂行した近代政権によって穢多身分をつくった、などだ。これら総体については別に考察するが、この章では①と③に注目したい。

部落形成や差別観は地域的な違いがある。特に皮革関連業務の身分的固定の時期がそうだ。佐渡の特徴は北陸や東北地方の山村や農村に通低するところがある。東北地方のキヨメ役は戦国時代末期や江戸初期に移封した大名が「皮作り」を同行し城下町に集住させた例が多いが、原材料としての斃牛馬がどう調達されたか明確ではない。また一般的に「忌穢」や「触穢」による差別観がやわらかいと感じられるところもある。

そうした違いがあるものの、東北を含めた全国の戦国大名が「皮作り」を同行した第一儀は「武具」としての皮細工のためだ。そしてそこに技術が生まれ文化が生まれた。

佐渡では金山の坑道にたまる水を汲み出す皮袋や、鞴（ふいご）として使う皮革製品が第一義だったが、江戸時代に作られた皮革製品の兜が相川金山博物館に保管されている。これらを町人の皮細工人が作ったと推測されている。これを全国的にみると、戦国時代の「革多」や江戸時代の「キヨメ役」が作ったのである。戦が少なくなるにしたがって武具だけでなく、鎧や乗馬の鞍、馬を繋ぐ絆綱や防寒具、敷物、下駄の鼻緒や雨の日の爪先皮など、あるいは三味線など民間の生活を豊かにする生活用品・生活文化に用いられた。

太鼓、三味線の文化

皮細工として作られる製品として今も大きな存在であり、日本人の文化の中で重要な位置にあるのが太鼓と小鼓（つつみ）、三味線である。これらは部落文化を代表するとともに日本の伝統文化・芸能になくてはならないものだ。特に太鼓は和太鼓として様々な行事で使われており、日本人が何かの祭り・行事をするとき、なくてはならないものになっている。

私の友人に江戸時代からの太鼓屋がいる。その仕事は新しい太鼓を作るだけではない。修理も大切だ。修理は原則としてその太鼓を作った太鼓屋に戻ってくる。つまり昔からの得意先なのだ。五〇年とか一〇〇年といった周期で戻ってくる。自分の先祖が作った太鼓ということだ。二〇〇年くらい前の太鼓が修理にくることがある。二回目三回目の修理なのだ。「そんなのきたら感動するよ」という。先祖がどんな技術をもっていたかよくわかる。勉強になる。自分の代で技術が劣ってはいけないので常に技術を磨かなくてはならない。「修理が廻ってこなくなったらおしまいなんだ」ともいう。

新しく作る太鼓も修理する太鼓も同じであるが、お客から音質が注文されることが多い。高い音とか低い音とか遠くへとどく音など。そうした注文に応じて作るのである。音質は原皮（牛の皮を使う）の質、鞣（なめし）の技術、そしてなによりも鞣革を欅の胴（和太鼓は欅の木を使う）に張るときの張りぐあいで決まる。

小鼓や三味線は日本の三大伝統芸能としての能楽・歌舞伎・文楽に欠かせない。そうした業界からは音に特別厳しい注文がつく。どんなに厳しい注文にも応じなくてはならない。完成してから作り直すこともある。そうして作った小鼓・三味線を使う舞台に招待されることもある。良い音がでると涙が出るほどうれしい。

三味線の胴には猫か犬の皮が使われる。猫の方が高級とされる。三味線の原型は沖縄の三線（さんしん）である。

室町時代末期、大阪近辺で使われていた三線が壊れて修理しようとした。しかし三線に使っている大蛇の皮がなかった。そこでいろいろ工夫し猫と犬の皮が良いのを発見した。三味線の誕生である。

猫と犬の皮の裏にはビー玉をぶつけたような窪みがたくさんある。この窪みに音が複雑に反響してあの音がでる。勿論皮の質と張り具合でも音質がきまる。こうしたことに気づいて猫と犬の皮を最初に使ったのは大阪・堺に住んで斃牛馬や小動物を解体していた人だろうと音楽界でも推測されている。

死んだ動物をケガレとし、それに触れた人もケガレと考える「触穢」とケガレを排除する「忌穢」の観念によって差別されながらも、このような高度な技術と文化を作り伝統を維持してきたのである。

こうした技術・文化を差別の対象としてだけ見るのでなく、私たちにとって大切な文化の作り手・担い手として評価し、共有することができるだろう。

捨てるもののない牛馬

「牛が死んで捨てるのは最後の泣き声だけ」。博労をしていた私の親戚の小父さんがこんなことをいうのを聞いた。子どものころは意味がよくわからなかったが、屠畜場や皮革工場をたくさんみてきた今は、非常によくわかる。

十数年前、山口県の部落の人に会ったとき、部落内にある江戸時代の古文書で、牛の骨を大量に鹿児島へ送った記録があるけれど、これは何を意味するだろうか、と尋ねられたことがある。牛馬の皮なら他藩とのあいだで売買したが、骨の売買はその頃の私は聞いたことがなかった。何を意味するだろうかと、私も頭をひねった。それからだいぶたった後『鹿児島県の部落史』（鹿児島県部落史編さん委員会・一九九二年）を読んでいて「骨粉肥料」にであった。同書によると江戸時代の鹿児島藩では牛馬の骨だけでなく鮪、鰹の骨が菜種の肥料に使われた。菜種から搾る菜種油が鹿児島藩の特産であり、菜種の生産を奨励し年貢を徴収した。その肥料に牛馬の骨粉が一番適していた。しかしこれは他藩から買い入れていた、と書かれている。

こうした記述には鹿児島藩の斃牛馬への考え方、政策が反映している。鹿児島藩が斃牛馬処理をキヨメ役（穢多身分）に特定するのは幕末の文政四年（一八二一）である（『鹿児島県の部落史』前掲書）。それまで斃牛馬を海や川に捨て、皮革は沖縄や奄美から買い入れた。こうした事情があって牛馬の骨粉を他藩のキヨメ役から買い付けていたのがわかる（前掲書）。

山口県の部落（江戸時代のキヨメ役）が大量に売った牛の骨とはこのことだろう。そしてそれは部落文化が鹿児島藩の農民や商人、藩の産業・財政を支えていたことになる。差別されながらも、ケガレに触れ、それを再生処理（キヨメ）することで新しい生活材、文化を作り、社会を支えている。ちなみに菜種油は今も鹿児島県の特産物だ。

皮革、骨粉以外に斃牛馬から再生されたものは次のようだ。骨↓にかわ・傘の柄・算盤の桁。爪↓櫛・かんざし。毛↓筆・製紙のすの子。脂肪↓油。血液や内臓↓薬品。その他頭蓋骨など残ったものはすべて熱処理して粉にし肥料とする。骨粉と同じであるが、現代ＢＳＥ問題で話題になる「肉骨粉」なのだ。これを肥料として使っているかぎり悪性プリオンは発生しない。共食いの飼料にしたからＢＳＥが発生した。結果論かも知れないが部落文化はこの国でこの原理を守ってきた。なお、にかわは日本画の色の定着や筆墨につかう墨の固形、木工の接着剤として伝統的に用いられている。

第三章　危機管理機構

一　今の巡査の役目と同じ

『日本の警察』（警察制度調査会・文生書院・一九六九年）という本には江戸時代の警察・奉行機関の現場のことを次のように書いている。「領内の安寧を保持する警保の組織は（略）現代の巡査の役職を果たしているのは、主として各奉行の配下に属する同心・岡引・穢多等であって」としながら「この同心の指示に従って動くのは、岡引といわれるもので、あるいは、目明しともいわれ（略）犯人の捜査にこれつとめた。（略）さて、こうして捜査の結果犯人の逮捕の段階になると、これはもはや岡引の役職ではなく、当時これをとらえることは不浄なこととして極度に嫌い、捕縄をもって岡引に随行した穢多の仕事であった。（略）捕らえられた罪人は、上下の牢屋へ入れられ、これが看守もまた、穢多の役であり」とする。

この記述は近代のものであって史料ではないが、日本の警察史で常識的なものだ。このような記述に弾左衛門の「役目」「御尋もの御用、在辺に不限、被仰次第相勤申候」など（本稿・序説参照）をあわせると史料的に十分納得いくだろう。また各地の部落史研究で「追捕」「警備」などと書かれた史料は実に多い。引用文に書かれた「看守」にあたるものは江戸時代に「牢番」とも書かれており、これも部落史にたくさんでてくるものだ。キヨメ役の「御用」「役目」を全国的にみると、こうした警察業務が一番多いのである。

引用文でもう一つ注目すべきは、罪人逮捕のことを「不浄なこととして極度に嫌い」としているところだ。民俗学で「罪や犯罪」がケガレに含まれていたが（『ケガレの構造』前掲書）、ここに書かれた「不浄」がそのことを語っている。そして、部落の仕事、危機管理機構の現場の仕事がこうした犯罪者に対応するものであり、歴史的にはケガレに対応するキヨメの範疇にあるのがわかる。

この部分も近代の記述であって歴史史料ではないという人がいるかも知れないが、この史料的背景は、古代から中世にかけて警察業務を果たした検非違使を考えるとすぐわかる。検非違使の現場で働くのは当時の「放免」「下部」や「非人」であり、彼らは職業的呼称として「キヨメ」と呼ばれた（『検非違使』丹生谷哲一・前掲書）。こうした職業をしていたキヨメが「穢多」と呼ばれるようになるのが一二〇〇年代からである。『塵袋』という本で「キヨメをエタト云フハ何ナル詞ハソ」と表現される。（作者不明・一二七八年頃・日本古典全集）。このことは反対に本来「穢多」が職業的にキヨメと呼ばれていたのを証明する。

『近世被差別部落関係法令集』（前掲書）には警察業務に関する資料がたくさん掲載されているが、大阪では一八五三年の「摂津役人村（キヨメ役の村・筆者）文書」として「徳川氏の始メ（略）断罪等ノ御用ヲ命ゼラル」がある。京都では、一七九四年「悲田院年寄の書付」として「私共手下番人左に申上候（略）一、山城一国　一、近江」として断罪等の仕事をする史料などが示される。

「川巡査」と呼ばれた人

私が育ったのは岡山県津山市であるが、自転車で二時間くらい行ったところの美作町（現・美作市）にいとこがいて、よく遊びに行った。その部落のはずれに「川巡査」と呼ばれる小父さんがいた。私が一五才のころだ。当時は風変わりな呼ばれ方だと思うくらいで、特別な関心をもたなかったが、部落史や民俗学、社会科学などを勉強してきた後、この人のことが思いだされてならなかった。村人の話ではその小父さんの先祖は「非人」身分だった。いとこたちの先祖は「穢多」身分だった。

「川巡査」の小父さんは川魚の漁がうまくて、鰻や鯉、鮒などを捕って小売店やスーパーに売って（卸売り）生活していた。鮒は大小さまざまな形があって、小さい順に串刺して炭火で焼く。この串刺しを五本ほど横にならべて、小さい鮒のところを要に結ぶと扇方になる。この扇方を藁で作った小船に立てて宝船のようにして売るのである。飛ぶように売れたという。

どうして「川巡査」と呼ばれるのだろうか。今なら直接小父さんに聞くのだったが、残念ながら私が二〇歳頃亡くなっている。だから当時村人に聞いた話しかわからないが、それでも今思うと、非常に興味深い話だ。

その村の東を四国の大河と同じ名の吉野川が流れている。一級河川である。小父さんはこの川の一定の範囲で漁をした。その範囲を子供心に広いな、と思ったものだ。当時は、私達の村は差別され、社会的に軽視されているという観念が私の内にもあり、どうしてそんな広い範囲を「小父さんが漁をする場」にできるのか、不思議な感じだった。その部落を起点に、吉野川沿いの農村三つか四つの範囲だった記憶がある。

とはいえ、これには一定の根拠があった。残念ながらこの根拠について、当時の私の想像力がおよばなかったということになるが、小父さんの家は昔（非人身分を前提に村人が話すのだから江戸時代と考えてよい）、吉野川が氾濫した時いち早く庄屋に知らせた。水死人がでた時などは、ひと晩かがり火をつけてでも川でその人を探したという。今の巡査と同じだと思う。小父さんは、その代わりに、日ごろ川で漁が許されていたというのだ。

とはいえ史料があるという話は聞いていない。小父さんが村人に話したのだと思う。このような話はたいていの場合史料がない。だからこれまでは、差別されて貧しい者の根拠のない強がりのように思われたり語られた例が多いと思う。しかし私はこのような話を大切にして根拠を考えたい。類似のものは全国でよく聞かれるものでもある。

吉野川の氾濫を農村の庄屋に知らせたり、水死人を探すのは、江戸時代の「キヨメ役」(非人身分)としての公的性格をもった「役目」＝義務・労働と考えるのがふさわしいだろう。そして江戸時代の周辺農民がこの「役目」によって安全が保たれたのは確かだろうし、このような仕事が危機管理機構であるのもわかるだろう。

小父さんの「役目」義務・労働の代償として漁と魚の商品化が許されたという。これも注目すべきだ。この代償は義務(労働)にたいする権利(給与)といえる。そして、ここに労働形態と賃金形態が成り立つのが想定出来る。このような形態は世界中で封建的労働形態など社会的関係性として把握されてきたものと同質なのだ。なお、小父さんの家は「解放令」後「役目」＝警察業務を失い、生きる糧として権利だけを続けたと思われる。こうしたことを可能にするのは、近代社会の誰もが、部落の義務と権利を理解していなかったせいだと考える。すべての人が差別と偏見に塗り潰されていたともいえる。

歴史的な部落の「役目」とか、反対の特権と意識されたものは、基本的にこのような関係性によって成り立っている。これは現代の資本家が労働力の再生産のため、必要最低限の賃金を労働者に支払うのと同質である。時代によって形態が異なるが、この関係、構造がないと時代の体制は維持できない。

二　機能としての「役目」と文化

勧進場の義務と芸能・文化

徳島藩の部落史解明で先駆的な役割を果たした三好昭一郎の『被差別部落の形成と展開』（柏書房・一九八〇年）は藩の検地帳や棟付帳などを活用して「徳島城下周辺の部落には（略）すでに承応三年（一六五四）から、明確な穢多役を強制するようになり、除々にその役儀を遠隔地の部落に拡大する政策がとられている」とする。「穢多役」は私がいうキヨメ役とほぼ同じである。「役儀」は「御用」などといわれた役目と同じだ。初期の徳島藩での役目は大きくわけて三つある。戦国大名のころから阿波国城下に住んで「かわや」と呼ばれた皮革関連業と、それまで農民の夫役の一部だった城下の掃除が、この時期（承応年間）「穢多役」となる。もう一つ同じ時期に一部のキヨメ役に強制された牢番と行刑役がある。非人身分を含めて警備、犯人追捕役もあった。

農民の夫役の一部だった城下の掃除・雑務を「穢多役」に特定したのは、農民を農業に専念させるためと考えられている。こうした分離を分断政策とみることができる。三好はこの分断政策が部落形成の第一義としている。その上で経済的基盤の社会的分業や労働形態などにも視点をおいており、部落史の分析として重要な手掛かりを示している。農民の夫役の一部をキヨメ役（穢多）に特定したことについて「新たな役儀を申し付けたということは、穢多に藩の進めようとする、社会的分業の一端を強制的に担わせようとする政治的意図があったことを、明らかに示しているといってよいであろう。そうした意味において、この文書（仕置家老の文書〈夫役免除の覚〉・筆者注）は近世部落が確立させられるうえで、きわめて画期的な意義をもつ」と分析する。

私はここでいわれる社会的分業が部落形成の第一義的要素と考える。そしてこの職業・分業に世襲的身分制と

「忌穢」「触穢」の観念が結合、一体化する時、世襲的な差別が始まる。仮に権力者が分断政策をやろうとしても、背景に分業の発展段階がなければ政策は定着しないと思われる。したがって部落形成の原祖は、身分制度や差別観ではなく、職業・分業が第一義と私は考える。

キヨメ役としての「非人」の役目・職業も三好は指摘している。「番非人」と呼ばれる人であり「城下における警察的機能を負わされていた」（前掲書）。十手、突棒などもって警備・追捕をし、正月や祭り、節季の夜警、山番などをした。また、祝福芸・門付芸も行なったのが指摘される。

三好はこれら職業と身分について「非人というのは固定された身分であり、番非人・番太（番多）・山番・藪番などは、その機能を表現する機能的名称として使用された」とする。

美作の「川巡査」でキヨメ役（非人）の労働・義務と代償・権利を想定したように、穢多身分も含めてキヨメ役の職業・仕事には何らかの形で代償があった。「御用」とか「役目」と呼ばれたのはそれらが社会的機能である証拠であるし、その仕事が個人の選択の自由で選ばれたものといえない証拠でもある。しかしそうした形態や構造がこれまで解明されていないので三好が前掲書であげている史料を参考に徳島のようすをみていく。その労働の形態と構造が部落の社会的関係性と、そこから生まれた文化・文明をより明確にする。

三好によると徳島の穢多身分にみられる行刑役とは刑場の設定（竹

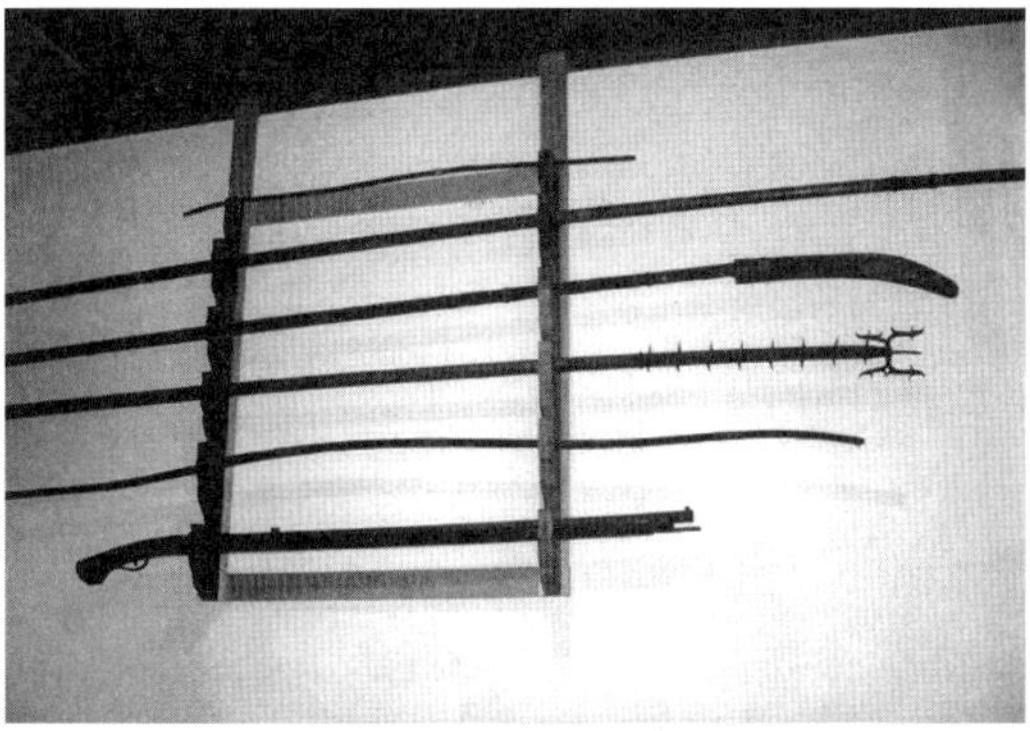

部落の家庭に常備されていた捕り物道具。上から小弓、六尺棒、なぎなた、袖がらみ、弓、鉄砲。鉄砲や弓は主に山番での動物を追い払うために使った。

矢来や磔つけ台など）や刑場の警備があった。処刑そのものは、下級武士がおこなっていたのであるが、延宝期（一六七三～八一）以後キヨメ役（穢多身分）がおこなうようになった。これらの仕事が藩行政の一端なのはすぐわかる。大阪などで部落が「役人村」と呼ばれる理由もここにある。こうした仕事の公的性格は行刑役だけでなく、他の仕事総体にいえる。

行刑役は物を生産するわけではない。だからこの仕事について、藩との関係にある労働を維持するには、何らかの収入源が必要だ。現代の公務員の労働と賃金の関係性と同質である。日本での封建社会の公的労働形態がどんなものか、という課題でもある。三好は同書で非人身分の警備について次の史料を示している。「節季と秋稲刈ノ時ハ夜警ス。又賊ヲ召捕等総テ庄屋ノ指シ図ニ従フ。同心目明ト同一ノ鉄ノ十手ヲ持チ居レリ。盗人ヲ捕マル時ハ十手ニテ撃チ掲ヘル。節季ニ至レバ相組ミノ女ニ三味線又ハ鼓弓ヲ弾節季候トテ謡ヒ且ツ踊ル。正月ハ於福其他種々ノ芸事ヲ為シ灸々《ママ》ノ民家ニテ餅米、銭ヲ貰フ」

これまではここにある関係性や仕事を立体的に見る視点が失われており、生活のために行商や新年の祝福芸・門付芸などを副業とし、細々と生活していたとする平板な解釈が主だった。しかし私はここにある「芸事」は、「夜警」の義務に対する権利・代償と考える。全国的にみて「芸事」をするテリトリーを「歓進場」というが、これは警備、追捕など義務をはたすテリトリーでもあり、それに応じて行商や芸事など稼ぎをする権利の場でもあるのだから。そうだとすると、労働の関係性から芸能という文化が生まれている。

江戸城下町の要所には木戸番があって「番太」と呼ばれる人が通行人の監視をした。江戸町内（府内）に限って「番太」は町人だったが、府下といわれた周辺の町は「番非人」だった。これら番人はその仕事だけでは収入源を得ることがない。そこで幕府は番小屋で駄菓子店を営業することを許すのである（『近世関東の被差別部落』石井良助編・明石書店・一九七八年）。この店は「番太駄菓子店」として人々の生活に定着した。東京の町角でよくみられた「駄菓子屋」文化はこれが原点なのである。

江戸にいたキヨメ役の頭（穢多頭）弾左衛門が行燈（あんどん）で明かりをともす灯心を作り、販売していたのは結構知られている。原料は畳表のい草だ。これらはケガレの事象ではない。だからキヨメ役の仕事を「ケガレに対処する」と規定すべきでないと主張する人がいる。しかしこれも仕事を平板にみていて、社会的関係性、あるいは労働形態として立体的にみる視点を失っている。

灯心作りと販売は、弾左衛門が幕府との関係で役目とした「御用」「役目」の代償だった。享保一〇年（一七二五）の「弾左衛門由緒書」に「灯心商之儀、御仕置物御役仕候由緒ニテ」『近世被差別部落関係法令集』（前掲書）（灯心販売は御仕置の仕事をしているため）となっている。これについて中尾健次は「灯心商が御仕置役との関係で免許された」（『江戸社会と弾左衛門』解放出版社・一九九二年）とする。こうした視点が正当だ。

行燈の火が、江戸の文化、学問や芸能、生活全般にとって欠くことの出来ない文化だったのはいうまでもない。これらは危機管理機構の現場の仕事から派生した文化といえるだろう。

佐渡では相川や佐和田のキヨメ役（非人）の歴史が比較的あきらかだ。その中で、危機管理の仕事として明確なのは金山

駄菓子屋のある風景。

のあった相川のキヨメ役（非人）である。給付として金銭の日当が支払われた。「番太」ともよばれた相川の非人は牢番・追捕・夜番・見回りなどを公用とした。また、新年の祝福芸・門付芸として春駒などを演じたことでもよく知られる。

この中で「夜番」に日当がでた。天明四年（一八三三）には「夜番之儀厳敷被仰付（略）毎夜非人四人宛相川中御回し被成候、此賃銭壱人ニ付一夜廿四文つつ被下候」（『佐渡国略記・上巻』前掲書）。（町の夜の番は（奉行所が・筆者注）厳しく命じている。毎夜非人が四人相川の町を見回る。その賃金は一夜一人につき二四文である）とされる。

江戸時代の給付に「賃銭」という言葉が使われるのは珍しいと思うが、キヨメ役の社会的関係、労働形態としては最も的確な表現だ。ただこの賃銭（賃金）は「夜番」だけだ。他の仕事の給付はどうだろうか。これを実証する史料は見出せないが、祝福芸・門付芸がそれらの代償としての特権的家業ではなかったかと私は仮定している。佐渡の祝福芸・門付芸としては相川の「春駒」が有名である。これは金山の繁栄と、島民の幸せや健康を願うもの。佐和田ではエビス信仰にもとずく「エビス図像」を印刷して島民に配った。これらについてはこの後「部落の伝統芸能」として具体的に述べるが、こうした文化が派生していると考えられる。

第四章　人体解剖技術——日本近代医学の「母」

一　山脇東洋、杉田玄白を支えた人

江戸時代の医者杉田玄白がオランダから入ってきた人体解剖書『ターヘル・アナトミア』を苦労して翻訳し『解体新書』（一七七四年）を表したことから「日本近代医学の父」と呼ばれるのはわかっていた。その後いろいろな本を読んでいるうちに「日本近代医学の父」が他にたくさんいるのに気づいた。例えばガーナで黄熱病の研究をしていて同病に感染し客死した野口英世（一八七六〜一九二八）。一八九四年ペスト菌を発見した北里柴三郎など。杉田玄白の業績に関連していえば、それより十五年前京都で『臓志』（一七五九年）を表した山脇東洋も「日本近代医学の父」といわれる。

こうした場合の「父」は先駆者という意味であって、それぞれの分野・技術で先駆者がたくさんいるのは別におかしくはない。しかし「父」がいて「母」がいないのはどうしてだろうか。少しひねくれた発想かも知れないが、私などはついそう思ってしまう。近代初期の医者が男ばかりだったせいか。しかしこの「日本近代医学の父」という言葉にはかなり強い象徴性・文化性がありそうだ。だからこそ多くの「父」がいておかしくない。そして、そうした象徴性からすると「父」と「母」がそろっていた方がより意味深いのではないか。

しかも、杉田玄白の例をとるなら、私がいう「日本近代医学の母」が想定できてくる。杉田が晩年書き残した『蘭学事始』（一八一五年）にその根拠をみることができる。

よく知られているとおり当時の医者・杉田玄白や前野良沢などはオランダ語の『ターヘル・アナトミア』が読めなかった。しかし精密な人体の解剖図が描かれており、しかもそれまで日本の医者が使っていた東洋医学の解剖図との違いが多かった。『蘭学事始』（岩波文庫）では「華夷人物違いありや」という発想もあった、としている。つまり、漢方医学の発生地中国人と、他の国（オランダなど）の人の身体構造が違うのか、といった発想だ。そうした状況にあるのを想定しながら、この時期から日本人の解剖にいたる経過を同書に見てみよう。カッコ内は筆者。

「かの国（オランダ）解剖の書（ターヘル・アナトミア）手にいれしことなれば、先づその図を実物に照し見たきと思ひし」と考えている時、ある町奉行から千住骨ケ原（現・荒川区南千住）の刑場で腑分（解剖）があると知らされ早速行くことにした。一七七一年（明和八）三月四日である。しかしこの時実際に解剖をしたのは杉田たちではないし、他の医者でもなかった。このことに私は関心があり、疑問もあったので、この時期人体解剖で名のある医者のことを気にしていたが、自分で執刀した医者はほとんどいなかった。では誰が執刀したのか。

杉田は次のように書いている。「これより各々打連れ立ちて骨ケ原の設け置きし観臓の場へ至れり。さて、腑分けのことは、えたの虎松といへるもの、このことに巧者のよしにて、かねて約し置きしよし。」しかしその日虎松が風邪をひいて出られなかったので「その祖父なりといふ老屠、齢九十歳なりといえる者、代わりとして出でたり。健やかなる老屠なりき。彼奴は、若きより腑分けは度々手にかけ、数人を解きたりと語りぬ。その日前迄の腑分けといへるは、えたに任せ、彼が某所をさして肺なりと教へ、これは肝なり、腎なりと切り分け示しとなり。」と。この時、杉田がいう老屠は、体内各部の名前などを教えているのである。そして次のように書く。「良沢と相ともに携へ行きし和蘭図（ターヘル・アナトミア）に照らし合わせ見しに、一つとしてその図に聊か違ふことなき品々なり」としている。つまり私がいうキヨメ役、当時の穢多身分のおじいさんが、タヘーヘル・アナトミアの正しいのを教えているのである。このことによって杉田たちはターヘル・アナトミアの翻訳が自分の国の医学の発展に必要と自覚し、翌日から翻訳に取り掛かるのである。

今日にあって、杉田玄白や前野良沢が賞賛されるのは当然と思うが、ここにいる穢多身分、そのおじいさんの技

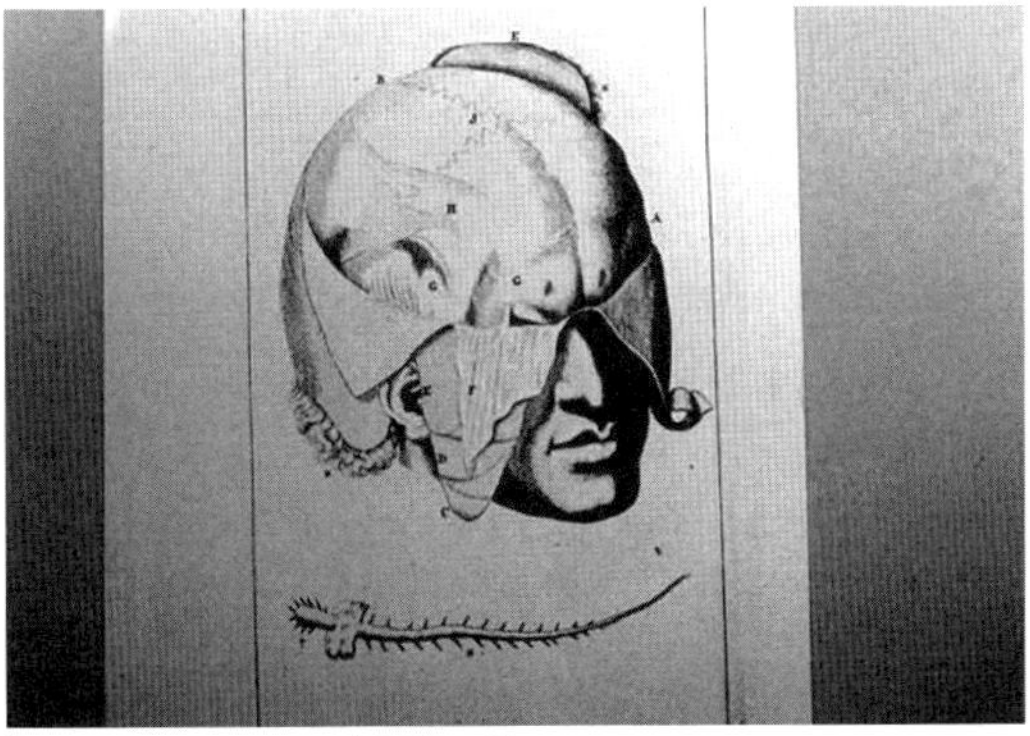

『ターヘルアナトミア』頭部の図。

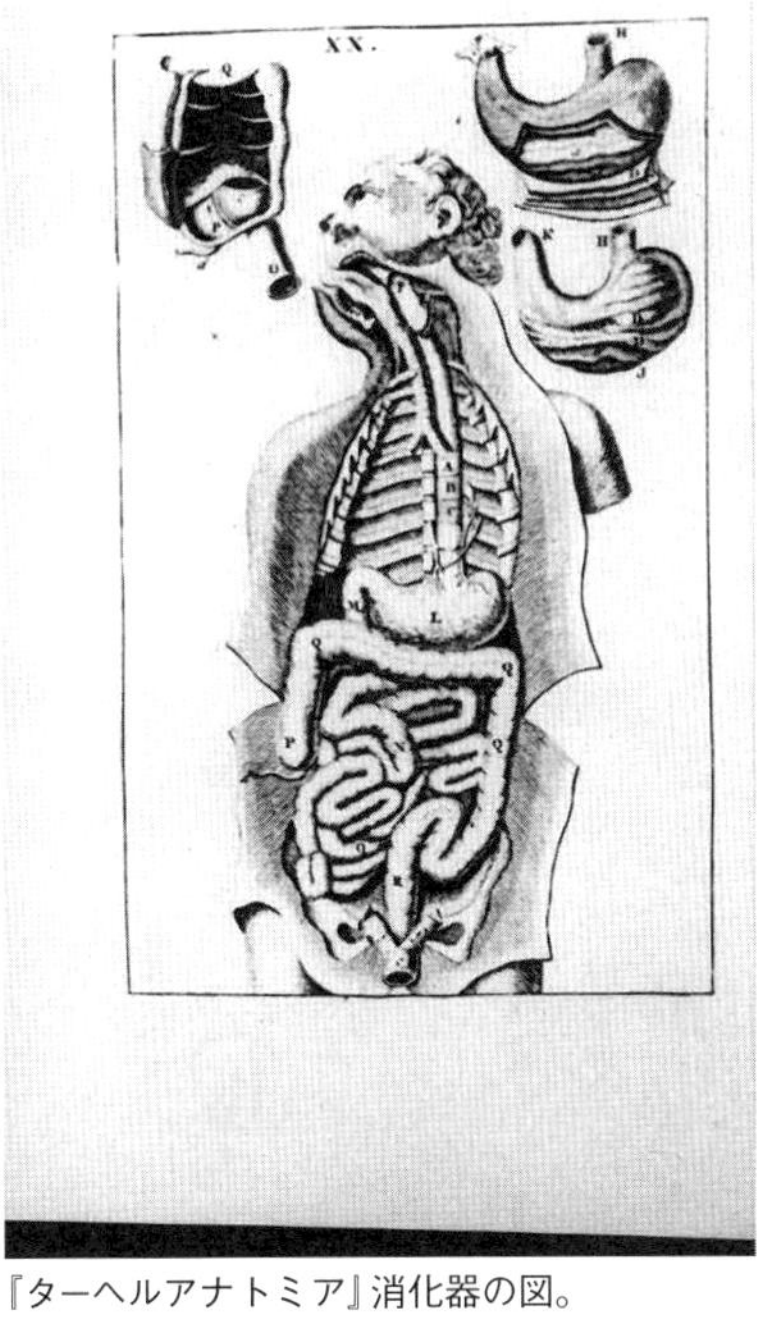

『ターヘルアナトミア』消化器の図。

術がなぜ評価、賞賛されないのだろうか。私の内にそうした疑問が続いていた。「その日前迄の腑分けといへるは、えたに任せ」とまでいっているのだ。しかし現在、南千住の刑場跡に建つ回向院に設置された「蘭学を生んだ解体の記念に」とする銅版においても、それが日本医師会などによって設置されたにもかかわらず、穢多身分の技術や文化、人名は一切書かれていない。

こうした疑問があったので私はまず「その日前迄の腑分けといへるは、えたに任せ」が正確なのかどうか調べることにした。結構時間がかかったのであるが、ここでは杉田玄白と並んで「日本近代医学の父」とされる山脇東洋が『臓志』（一七五九年）を表した時のようすから述べておく。

『臓志』（『復刻　日本科学古典全集　三』朝日新聞社・一九七八年）によると、一七五九年当時、医者たちの間で人体解剖への関心が高まっていた。主には東洋医学の解剖図を使っていたのであるが、直接体内を見たい関心があった。しかし解剖は幕府によって禁じられていた。これについて「解きて之を観るにしくはなし。而かるに官の制する所、得て犯すべからず」とする。杉田玄白も含め、当時の医者が直接解剖しなかった理由がわかってくる。また、天皇制イデオロギーとしての祝詞で、国津罪とされる「生膚断」「死膚断」の観念も無関係ではないと思う（第二部・序二を参照）。

そこで東洋は先輩医者と相談し「已むなくんば即ち獺（かわうそ・筆者）か」と考え、それを解剖するのである。それまで見てきた書籍上の人体図と多くの共通点を知るが、しかしやはり「人と獣と類を異にす。安んぞ其の蔵の類を同じうせざるを知らんや」とし、人体解剖に立ち会うこととする。一七五四年二月七日である。この日、奉行所の役として刑があった。「刑を西郊に行ふあり。斬に處する者五人。（略）屍を官に請ひ、獄中に於いて之を解き、余をして就いて観せしむ。屍を廳前の藁席の上に置き、屠者をして之を解かしむ。」死罪で刑死した屍を「屠者」が解剖しているのがわかる。この「屠者」は『蘭学事始』にある「老屠」と同じと考えられる。「屠者」と書いて「エタ」とか「エトリ」と読んだ事例は中世、あるいは江戸時代に多いのである（『中世賤民と雑芸の研究』盛田嘉徳・雄山閣・一九七四年）。京にいた東洋の場合、「屠者」は非人身分と考えられる。文中「刑を西郊に行ふあり。斬に処する者五人」というのは、京の非人集落・悲田院の牢舎と考えられており、その集落について「悲田院年寄り五人」が度々登場する代表者である（『新修　部落問題事典』解放出版社・一九九九年）。そうした意味での「五人」と推定する。本稿、第二部第三章の一で引用した「悲田院年寄書付」も「浅右衛門、浅次郎、忠次郎、吉右衛門、忠五郎」の五人の年寄書付なのである（『近世被差別部落関係法令集』前掲書）。この日「刑を行ふ」「屠者」は彼ら年寄りの手下と考えてよいだろう。

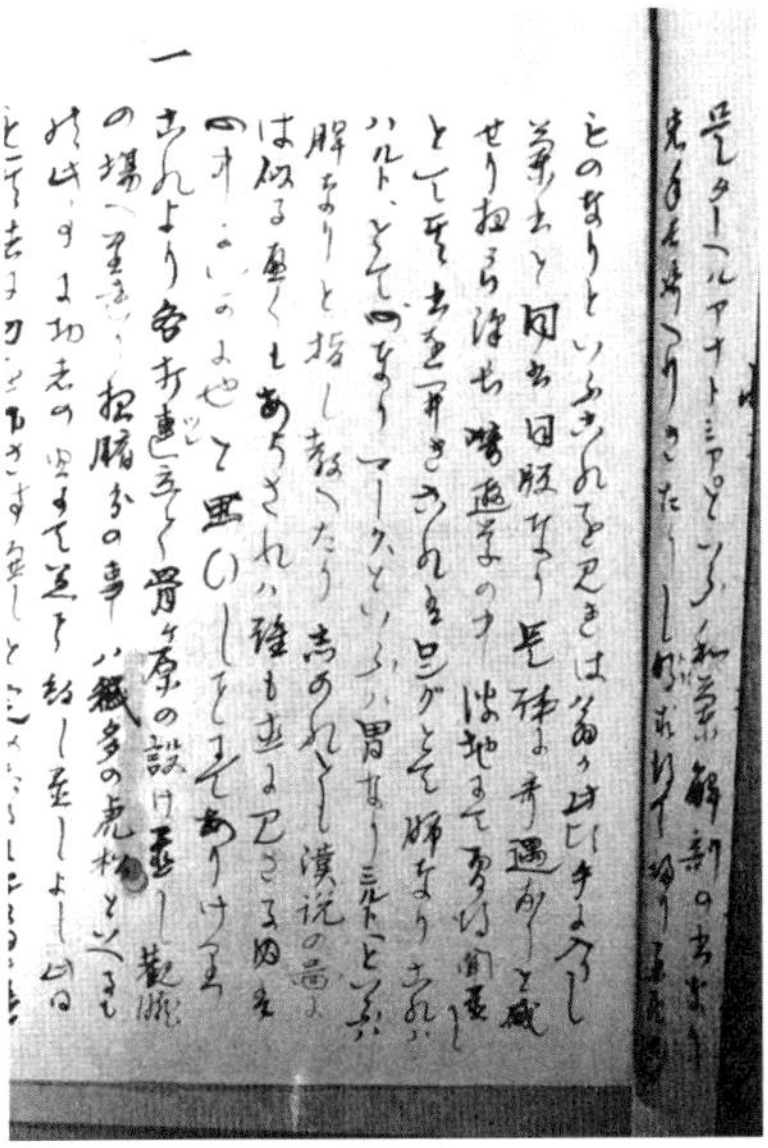

「蘭学事始」写本。後ろから三行目下部に「穢多の寅松」と書かれている。

参考までに『京医師の歴史』（森谷尅久・講談社現代新書・一九七八年）はこのときの東洋について「ついにかれみずからはメスを取ることはなかった。執刀の者は、奉行所の処刑に立ち会う卑しい身分の男であった」としている。「屠者」をこのようにいったと思われる。ともあれ東洋は執刀していない。

また同書『京医師の歴史』は一七五八年（宝暦八）に京・伏見で人体解剖に立ちあい「観蔵」した医者・伊良子光顕について「斬首者一人を与えられた（奉行所より／筆者）ので、光顕は持参した出刃包丁に鋸をえたに渡して、解剖させた」と書いている。ここでも穢多身分が執刀しているのである。

二　藩医がキヨメ役と相談――新発田藩

現代の新潟県新発田市は江戸時代に新発田藩だった。その藩の公式記録「月番日記」（新発田市立図書館所蔵）の一八三一年（天保二）に次のような記述がある。

「御城代江坂上昌元義医術為修業斬罪之御仕置者有之節解骸心見度旨伺出候付〇〇（不明・筆者）寺社奉行江評義申達候（中略）解骸聞済候義何之差支筋も有之間敷哉之評議申聞候付昌元江穢多相対ニ而勝手次第致候様可相達旨建候事」

坂上昌元は新発田藩の藩医であるが、この文章はつぎのように解釈できる。

「坂上昌元は医術の修業のため、斬首の死罪になった者がいたら死体を解剖して体内を見たい、と城代家老に申しでた。それを寺社奉行で評議した。寺社奉行は、解体について何の支障もないが、穢多身分とよく相談したうえで行うよう坂上昌元に通達した」。

こうした意味であるが、この通達によって坂上昌元と穢多身分がどのように話したか、実際に解剖が行われたかどうか、後の記述がないので結論がわからないのである。しかし少なくともこの古文書で、天保三年頃、新発田藩で刑死した屍を解剖するには、藩医といえども勝手にはできず、穢多身分と「相対」に相談することが必要だったのがわかる。

こうした事例と、杉田玄白が「それまでの腑分けはえたに任せ」と書いたのを考えあわせると、江戸時代における人体解剖において、穢多身分がどんな位置にあったか推定できるというものだ。

ちなみに、杉田玄白の祖父・杉田玄伯は武蔵国稲毛で生れたが、後に新発田藩主に仕え、玄白の父甫仙がここ新発田で生れた。祖父が壮年期に若狭国小浜藩に移って、玄白はこの小浜藩江戸屋敷で生れた。

三　長岡藩での人体解剖

新発田藩に近いところにある長岡藩（現・新潟県長岡市）では一八三二年（天保三）刑死した男性の解剖が藩医によって行われた。解剖された身体の内臓、いわゆる五臓六腑といわれた臓器が藩の絵師・辰巳教祇によってあざやかな絵巻物として残っている。絵巻物の巻頭には簡単な説明文があり「藩医新川俊篤自カラ刀ヲ執リ」（新川家所蔵・以下同）と記されている〔写真参照〕。この場合、医者である新川俊篤（順庵ともいわれた）が自分で執刀・解剖した。しかし長岡藩ではもう一つ、女性の解剖図が辰巳教祇とはあきらかに違う筆致で描かれた絵巻物が残っている。これら二つの絵巻物は藩医・新川俊篤の末裔の新川家に現代も残っており、私はそれら二つの絵巻物を新川家で見せてもらい、撮影もさせてもらった。

女性を解体した絵巻物には説明文がない。奥書もない。そのため解剖が行われた年代とか、絵巻物が描かれた時期が不明であるが、男性の解剖とあまり違わない時期と考えられている。新潟大学医学部などを主体とした新潟県内の白菊会機関紙『にいがた　しらぎく』十九号（白菊会は人体解剖を本人が生前に了解する現代の献体制度にもとづく全国的な民間の団体）は、長岡の藩医による人体解剖の先駆として一八三二年の男性の解剖を取上げながらも、女性の解剖について「長岡藩では、これと前後して時代は不詳ということでございますが、もう一回、女性の囚人の死

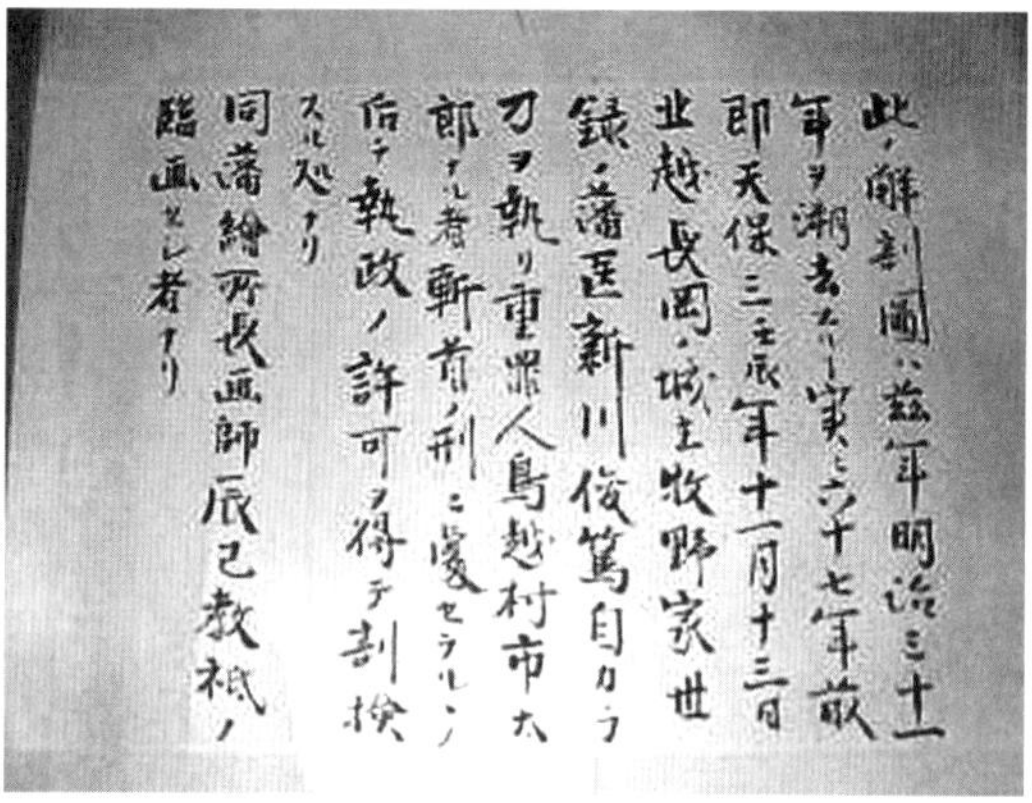

長岡・男性の図の巻頭。新川俊篤の名がある。

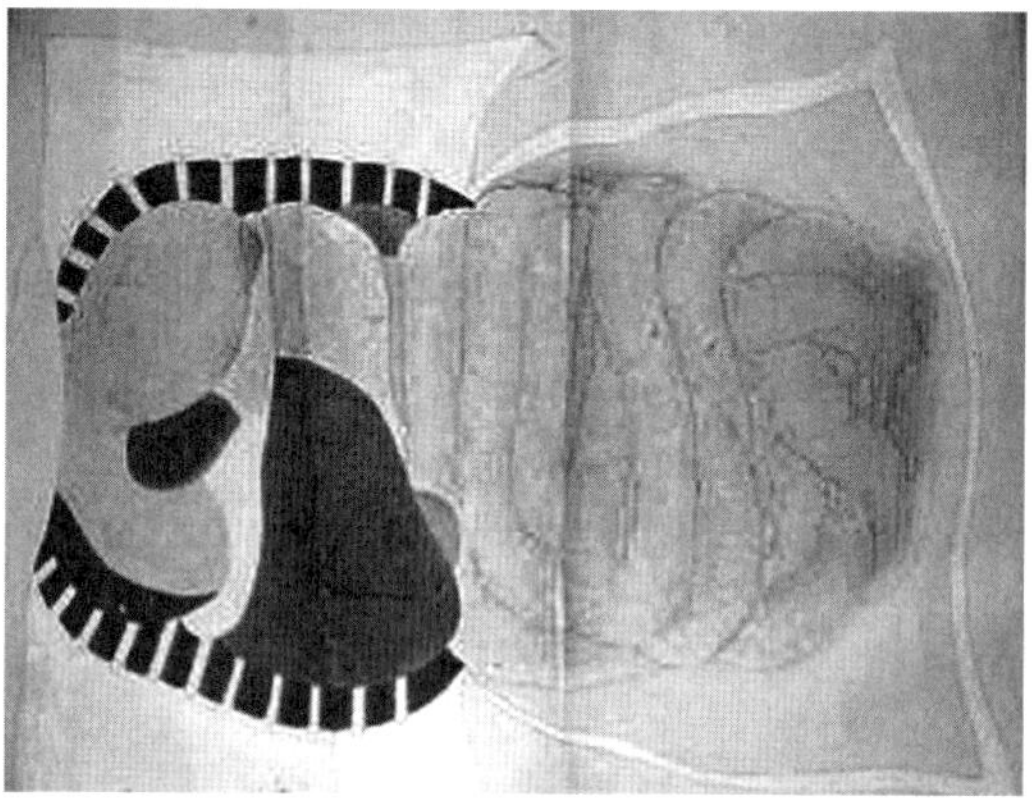
長岡・男性の内臓器の図

罪後の解剖が行われています」とする。

このように考えられている女性の解剖絵巻物であるが、その巻頭に解剖をした現場の人物や設備、道具などを描いた情景図がある「写真・現場情景の図」。そこには人名や設備の名などが書きこまれているが、残念ながら文字が判読しにくい部分がある。

人物の足元、図の真ん中に斬首された女性の屍が「柴ムシロ」と書かれた敷物に横たわっている。それを取り囲む七人。

左の机に座った二人が絵師。他の五人のうち名前が書かれてない人（正面の左側）は助手的な人と考えられている。その他の人は名前が書かれている。そのうち一番右側で、囚人籠の前に立ち、ムシロの外にいて巻物らしきものを持つ人は「穢多…小政」と書かれている。他に、名前が書かれタスキ掛けの正面右側の人と手前に立つ二人、合計三人が藩医である。この中に新川順庵（俊篤）がいたといわれる。

長岡・女性の解剖・現場情景の図

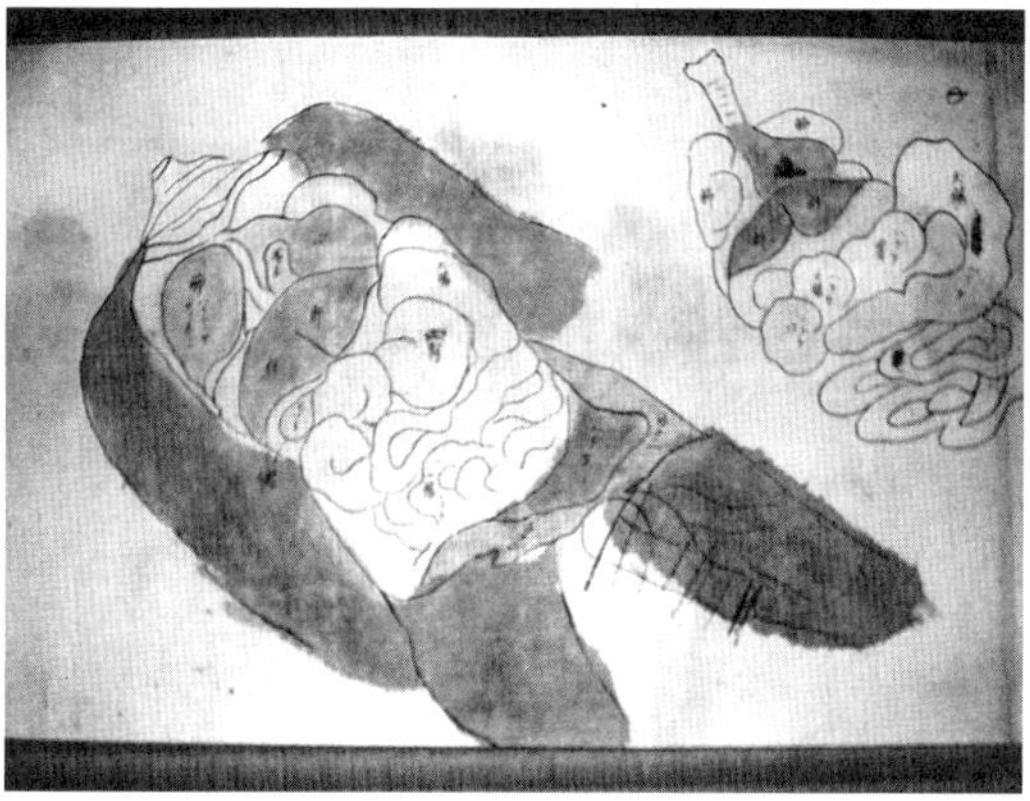
長岡・女性の内臓図

これ以上説明する文字はないが、この絵は本稿のテーマにとって重要な情報を伝えている。一番右側で巻物らしいものを手に持ち羽織を着た「穢多・小政」であるが、着物の裾をかざしているものの、この場面で中心的な位置にいるといえるだろう。少なくとも小政の前の三人の視線が彼に向いているのは確かだ。その表情から、三人が小政の指図か教示を待っていると推定できる。しかも彼らの足元に横たわる屍は、解剖の場としては何も手がついていない。だからこの絵は、今まさに人体解剖が始まろうとする、その直前の絵といってよい。

ちなみに、この絵に続く次の絵は、現代でも人体解剖の常套手段といわれる胸元から切り開き、さらに肋骨の内側へと切り開いたところが描かれる［写真・女性の内臓の図］。これにつづいて二十六図面の絵巻物である。

以上のような情報が読み取れる絵であるが、ここに立つ「穢多・小政」に、杉田玄白の言葉「それまでの腑分けはえたに任せ」というのと、新発田藩の寺社奉行が通達した「穢多相対ニ而」を重ねて考えると、その重要な意味・役割が読み取れると思うのである。

また私の推測するところであるが、男性の解剖を新川俊篤が行ったのが明らかなことからして、藩医が小政の指図を待っているかに見えるこの女性の解剖が、男性の解剖より先に行われ、そのことで人体解剖を見習った新川俊篤が、次に自分で男性を執刀したと考えるのが順当ではないだろうか。

四　米沢市の「解体供養碑」

山形県米沢市のＫ一丁目は江戸時代のキヨメ役（穢多・非人身分）の居住地だった。当時は皮革生産をはじめ町の警備役などをしたといわれるが、近代になると仕事がなくなり、生活困窮におちいった。松本治一郎が訪れた写真も残されている。

米沢市は一九六九年から二年間、都市整備事業のなかで国の同和対策事業費を使ってK一丁目の改善事業を行うが、地区の人には何も知らさず、地区の人を立ち退きさせて建設した市営住宅に一般市民を入居させている。元の住民は安作りの「改良住宅」一棟に集住させるといった、差別的な行政を行っている。このことは私のルポとして『部落解放』(一九九四年一二月号)などで告発してきたので参考にしてもらいたい。昨年(〇八年)品川、太田、港、目黒区の人権担当者のフィールドワークに参加し、久しぶりに行ったが、何も変わっていなかった。

米沢・「解體供養の碑」。江戸時代の刑場跡。

このK一丁目から八百メートルくらい離れた最上川沿いに小さな公園があり、その一角に「解體供養碑」が建っている。これは明治四年(一八七一年)に建てられた。その前年(一八七〇年)米沢の医師が明治政府に申請し、許可を得て刑死人の解剖を行った場所であり、そのときの被解剖者・刑死者の供養のために建てた。

江戸時代は「解體供養碑」が建つこの場所が刑場だった。そして、江戸時代中後期、同じ場所で米沢藩医による人体解剖が二回行われている。供養碑の裏には「米沢藩における解剖の歴史は古く、鷹山公の時代に死罪人を解剖した記録がある」と刻まれている。鷹山公とは九代米沢藩主・上杉鷹山だ。

米沢藩では堀内家が代々藩医を担った。この一族が書いた「堀内文書」

に解剖のことが書かれているらしい。しかし公開されておらず、部分的な研究が行われているだけだ。そうした状況で『米沢藩医史私撰』（北条元一・米沢市医師会・一九九二年）という本で、藩医堀内家三代目易庵忠智が二回の人体解剖をしたと書いている。

一回目は一七六四年（明和二）。この時は骨格と関節の観察だけだった。二回目は一七七九年（安永八）。内臓の観察を行った。「五臓六腑」の観察である。

米沢のこうした歴史であるが、人体解剖を直接行ったのは誰だったのか。易庵が行ったのか？。この疑問を解明する史料はなかなか見つからないものの『米沢藩医史私撰』（前掲書）はその現場について「易庵の他にも、藩医の誰かが共に解剖に立会い観察したのかもしれないが、これも明らかでない。この時代であるから自らメスをとって解剖したのではなく、刑場の死刑執行人―屠者が刑屍を解剖して、いわゆる腑分けを行い、それを観察したのであろう」とする。

明確でないが、ここに書かれた屠者は、山脇東洋が書いた「屠者」、杉田玄白が書いた「老屠」と同じと考える。

以上、こうした時代背景からして、杉田玄白の「その日前迄の腑分けといへるは、えたに任せ」が的確なのがわかる。つまり、当時のキヨメ役（穢多・非人身分）が人体解剖技術を持っていた。そして、奉行所の役、仕事の一環として多くの場合「刑執行人」であり、また執行後の屍を解剖する場合があった、といえるだろう。

キヨメ役（穢多・非人身分）がこうした技術をどうして持つことになったたか、歴史的資料・史料はまだ明確でない。しかし私は、古代・中世の検非違使の現場で働くキヨメ「放免」「下部」「非人」を含め、江戸時代のキヨメ役の職業としての「御用」「役目」から、特に斃牛馬処理の仕事から、人間の解剖技術を身につけたのではないかと推測している。

ともあれこのような「日本近代医学の父」の歴史をみていると、それらの業績の「縁の下の力持ち」として、人体解剖技術を持って近代解剖医学を導いた、といえるキヨメ役（穢多・非人身分）を「日本近代医学の母」と呼ぶのは決して無理ではないと考えるのである。

しかし、このような歴史が現代の医学や教育にほとんど生きていない。無視されているともいえる。どうしてだろうか。はたしてこんなことでよいのだろうか。

私が住んでいる相模原市に「国立相模原医院」（現・独立行政法人）がある。そこで解剖医として働き、二千体を解剖したという退職者とたまたま話をすることがあった。本章で引用した杉田玄白の記述について尋ねたが、その部分は知らなかった。「それを知らなくても解剖出来る」といわれた。そのとおりだろう。そしてその背景に、江戸末期の蘭学ブームがあり、近代日本の「脱亜入欧」と、旧キヨメ役への無関心があると私は考える。そしてそのことは、日本人の精神文化にとって、決してよい傾向とはいえないものと私は考える。

第五章　部落の伝統芸能――予祝とキヨメの信仰

私が部落の伝統芸能と呼んできた祝福芸・門付芸であるが、その具体的姿は各地の正月の風俗として知られる「万歳」「鳥追い」「春駒」「大黒舞」「エビス舞」などだ。他にも「春田打ち」「獅子舞」「俵ころがし」などたくさんある。関東地方では「三河万歳」がよく知られるが、これは徳川家康の指示で三河の農民が演じた。正月に関東地方を巡回することで、各地の政治・生活情況を偵察していた。また「春田打」「獅子舞」などは農民なども演じたが、江戸時代のキヨメ役（穢多・非人身分）の芸は「道の芸」ともいえるもので、民家の門先で演じるのが特徴である。一般的に民俗芸能とよばれるものの範疇にある。

「部落の伝統芸能」という概念そのものがこれまでなかったことなので、本稿ではその理論的把握から始める。この芸能の理論的な背景がわかってくると、全国各地、農・山・漁村・町の祭りなど、あるいは劇場やテレビでみる民俗芸能と、あるいはまたそれらと関連する舞台芸としての伝統芸能、歌舞伎・能楽・文楽などの背景や深い意味がわかってくるだろう。また各地の「田遊」や「鳥追行事」「神楽」など民俗芸能と呼ばれるものと部落文化、その伝統芸能との関連性やそれらが歌舞伎・能などに発展するプロセスなども見えてくるはずだ。

世界中どこでもそうであるが、民俗芸能など祭礼や神事の芸は、ある日突然誰かが創ったのではない。長い時間をかけ、いろいろな人、たとえば農村や漁村の人、町の人などが関連し、あるいはいろいろな身分や階層の人が関連してできるものだ。だからこそ長いあいだ生きつづける。祝福芸・門付芸としての部落の伝統芸能も同じである。それは主に賤民層によって表現され伝承されてきた。しかし、にもかかわらずそれは、賤民の中、あるいは部落の中だけで生まれたのではない。さまざまな地域や職業、あるいは身分や階層と関連しながら生まれている。そうしたことも、その理論的把握から理解できるだろう。

一　民俗芸能と神観念

私たちの周りに伝統的な民俗芸能といえるものはたくさんある。そしてそこには「神」という宗教的観念をもつものが非常に多い。神楽や獅子舞などはよく知られていると思う。これらの多くは農山漁村町の神社にある舞殿や舞台、小屋で演じられる場合が多いが、もう一つ、それらの共同体を結ぶ道を行き、一戸一戸の門先で演じる芸がある。道の芸といえるものであるが、古くから門付芸（祝福芸）といわれてきたものだ。この後すぐ見るように門付芸は「万葉集」にも登場すると考えられているので、非常に古くからあっただろう。そうした古い時代のすべてを部落・キヨメ役が演じたのではない。私は古代からの門付芸などを「潜勢文化」と呼ぶことにしている（拙書『和人文化論』御茶の水書房・二〇〇五年）が、主には賤民層、あるいは「賤業者」が演じた。そうした歴史の中で江戸時代以降を部落文化、あるいは穢多非人身分を含めたキヨメ役文化と呼んでいる。

門付芸を漠然と大道芸という人がいる。しかし大道芸自体が多彩だ。この国の伝統だけでなく外国から伝来したものも多い。外国のものを否定する気はまったくない。大歓迎だ。しかし歴史や伝統を考えるときは区別しないといけない。そうでないと、それぞれの個性や特徴がわからない。

しかも大道芸一般は神観念をもたないものが多い。軽技や曲芸、手品、たんか売など、人を楽しませる芸だ。したがって芸の娯楽性、芸術性で評価される。これとは別に各地の民俗芸能や門付芸など、部落の伝統芸能は神観念があって歓迎、評価される。したがって門付芸と大道芸は質的に違うのである。とはいえ両方が大切なので私は二つあわせて「道の芸」と呼んでいる。そして娯楽性のものを大道芸とし、神観念のあるものを門付芸・祝福芸と呼ぶ。

こうしたことを前提に、門付芸がなぜ神観念をもっているか、どんな「神」だったか、それを明らかにしていきたい。

キヨメ役の仕事を説明した時（第二部・はじめに・序）、神社の祝詞をとりあげ、それが「このようにありたい」という願いをもって「罪・穢を祓え浄め」と唱えるのをいった。そこには宗教的思想、あるいは手法といえるものがある。それを一般的に「言霊思想」という（『日本人の言霊思想』豊田国夫・講談社学術文庫・一九八〇年）。私は「言霊」という言葉ではなく「言寿」（ことほぎ）という言葉を使う。「言霊」は古くから国学や天皇制の中で使われており、しかも変化のないことを良しとする。部落文化や潜勢文化は同じ宗教的思想から始まりながら、それらを「神」としてだけでなく、人間の喜怒哀楽を表現する芸能・芸術に変革している。この違いを明確にするためである。天皇制や神道で「清め」と書かれるのを「キヨメ」とするのも同じ意味である。また漢字表現以前に「キヨメ」が音表現された可能性が高いからでもある。日本人は漢字伝来以前に口承文化として高い文化をもっていた。このことは拙書『和人文化論』（前掲書）に詳しく書いたので参考にしていただきたい。

さて、言寿＝言霊思想（以下同）であるが、これには一定の法則がある。豊田国夫はそれを類似の法則という（前掲書）。これだけだとわかりにくいが、よく知られる諺の「類は友を呼ぶ」に似ている。「このようにありたい」願いを類似の表現として唱えたり演じたりすると、それが実現するという信仰だ。ここまでいうとそれが非現実的で非合理なのがわかる。そのとおり、言寿＝言霊は呪術的思想であり呪術の中の「神」である。天皇や神職がそれを行なうとシャーマンの呪術だ。日本ではこのような非合理な呪術が変わりなく続くのが良いという文化的体質があるが、これを克服しなくてはならないと私は考える。そのためにも、この後述べる「神から人」へ変化をきたした潜勢文化、部落文化を見直し、重視すべきと思う（この後部落文化を典形として述べることとする）。

こうした日本の呪術をふくめ、世界中の呪術を研究したイギリスの人類学者ジェームズ・フレイザー（一八五四～一九四一）は呪術に二つの法則があるとする。一つは「感染の法則」。もう一つは「類似の法則」（『金枝篇』・岩波文庫・一九五一年）。後者は言寿（言霊）の表現と同じである。しかもこの法則は言葉だけでなく、身体表現と絵による表現も多くて、それぞれ重要である。そしてその法則に気付くと、日本にはこれらの法則による表現・神観念が多いのがわかる。書初めや七夕の短冊に書く願いなど。エビス信仰の「エビス図像」は、鯛を釣る絵によって「このようにありたい」と、大漁を願う儀礼・予祝から始まっている。ちなみに「予祝」は、あらかじめ前もって「このようにありたい」と願いを表すことだ。稲作の労働を表す「田遊」は、豊作を願う身体表現である。一方、「感染の法則」は災い＝ケガレを人形になすりつけて流す「流し雛」などに表れる。「一度触れると効果がつづく」とする発想である。部落差別の観念的要素としての「触穢」はこの呪術を背景にしていると私は考える。

シャーマンによる祈禱をふくめた呪術一般は非合理であるが、一部に整合性が指摘される。フレイザーはその整合性のある部分を、呪術が自然や宇宙の法則に沿っている場合とする（前掲書）。ここでフレイザーは「自然や宇宙の法則」に沿った「神」を呪術として把握するのであるが、その把握はシャーマニズムとアニミズムを一体的にとらえ、未分化のままになっている。日本でもこの二つが混同しているが、私は自然や宇宙の法則に沿っている宗教性「神」をアニミズムと考える。自然と人の共生のためアニミズムが見直される現代、二つの区別は非常に大切だ。

アニミズムには宇宙や自然のシステムにあった一定の整合性・合理性があるのはよく指摘されることだ。フレイザーがいう「自然や宇宙の法則」とはここに相当すると考えてよいだろう。

アニミズムの世界と民俗芸能

こうした法則、中でも「類似の法則」をもって日本の民俗芸能を見ると新しい視点が生まれると考える。もっとも、本稿は部落問題を軸とするので、その視点の抽出は和人文化の中に絞ることとなる。沖縄とアイヌ社会には部落問題がないからだ。もちろん和人社会だけで神観念は多い。中でも最も多くもっているのが門付芸を含む民俗芸能である。西角井正大は民俗芸能にある多様な神観念を三つに分類する。①招魂（鎮魂）②田楽③払魂、である（『日本音楽叢書・七　民俗芸能・一』・音楽の友社・一九九〇年）。①は祖霊神や来訪神が含まれる。③は祇園祭のような厄払いだ。私が強い関心をもつのは②である。ここで言う田楽は、豊作予祝の目的で行われた「田遊が芸能化して」いる（『日本風俗事典』・弘文堂・一九九四年）ものだ。この部分を少し詳しくみておきたい。

豊作予祝とは、農民たちが米など作物の豊作を「このようにありたい」と前もって願うもの。その儀礼・祭りの代表的なものが古くから「田遊」として行なわれていた。この「田遊」は「田打ち・代掻き・種まき・田植え・鳥追い・刈上げというふうに、稲作の過程を順に演じる」ことである（『日本風俗史事典』前掲書）。そしてこの演技を「神の舞踊」と考えた。これらの演技の内「鳥追い」「田植え」「種まき」などを一つ一つ個別に演じるものもある。各地に残る小正月の子ども行事「鳥追い」はこうした予祝行事から発生した。門付芸の「鳥追い」も同じである。「田植え」の後の早苗を野鳥が好んでついばむ。その野鳥を追って米をたくさん収穫したい農民の願いが込められている。しかもこれらは神職や天皇がやるのではない。本来、農民などの労働者本人が演じた。エビス信仰も魚をたくさん捕りたい漁師の願いが、高価な鯛を釣る象徴的行為として生まれている。

これら労働の現場を表す神観念が最も大切だと私は思う。そして、このように考えると、西角井がいう「田楽」は、「田楽」だけでなく、あるいは農耕儀礼だけでなく、海や山で働いた人の儀礼が入っているのがわかる。したがって私はこれら全体を「労働儀礼」と仮定している。西角井がいう「田楽」は、こうした世界を包摂していると考えたい。そして、このように把握すると、これらが田や山や海の富、幸、そこにある土や魚などの生命力＝自然を神とし「このようにありたい」と願っていることもわかってくる。

労働儀礼という概念を仮定したのであるが、それがアニミズム的であり、一定の整合性、合理性を持っていることを、農山漁村の代表的な儀礼・神事芸能から次に示したい。

農耕儀礼

先に述べた「田遊」であるが、田打ち・代掻き・種まき・田植え・鳥追い・刈上げなどの演技は、農民が春から秋にかけて田の中で行う作業、稲作の労働過程を順に演じているものだ。この作業が神格化される理由は、作業の対象としての田、その土を考えなくてはならない。農民は田を起し（田打ち）、種を蒔く苗代を作る（代掻き）。そこに種を蒔いて苗を育て、それを水田に植える（田植え）。この時の種の基本単位は一粒の籾である。一粒の籾が土に蒔かれて苗となり、成長すると数百粒の新しい籾をもたらす。これが稲穂だ。これを刈り取って（刈上げ）食料としての富を得る。そこには田・土の生命力があって一粒の籾を数百倍の籾に育てる「神」が宿る。これをアニミズムの神観念と考えるのは異議のないところと思う。

しかしそれは放置された自然の生命力だけではない。文明的装置としての田を作り、約半年かけて農民が行う米

横浜市鶴見の「田祭り」〈田遊〉の中の「田起し」。牛で田の土を起す類似の表現。

横浜市鶴見の「田祭り」の中の「鳥追」。米作りの全ての作業が、「類似の法則」で演じられる。

作り、その労働がある。つまりその労働によって田・土の生命力が活用されていると言えるだろう。だから農民はより豊かな食料、富をえるため「このようにありたい」と願いを込め、自然としての田・土に向かって、その作業・労働の模擬的演技を前もって、農作業が始まる春先、主にその象徴としての正月に「神事」として行うのである。これを「予祝」という。そして実際の労働の模擬的演技で予祝することで、願いがかなうとする呪術的信仰を「類似の法則」という。豊田国夫は前掲書で言葉によって「このようにありたい」と願うものを「言霊」といったが、「田遊」はその願いを身体表現するものだ。そして、実際の労働が確実に食料、米をもたらすことから、予祝としての神事「田遊」に一定の整合性・合理性があると考えてよいと思う。また、その予祝としての表現は、少なくともこの後実際に行う農作業の予習的効果があるともいえるのだ。こうした意味で私は、フレイザーが指摘した呪術の中の「類似の法則」が、日本・和人文化、その民俗芸能といわれるものを考える上で非常に有効と考える。（拙書『和人文化論』御茶の水書房・二〇〇五年参照）。

このような法則に気づくと、アイヌ社会、琉球社会、和人社会を含め、日本列島で自然に直面しながら働き、食料を獲得してきて人々の間に、同じ法則から成り立つ「神観念」、そこから生まれた民俗芸能や伝統的芸能が非常に多いのがわかる。アイヌ民俗の「イオマンテ」（熊を神聖化して食べる）や沖縄竹富島に伝わる「種子取祭」（タニトイサイ・食物の種を神格化してそれを蒔く模擬的行為）などなど。しかしここでは部落問題を持つ和人社会を対象とする。

漁労儀礼

エビス信仰そのものは「日本書紀」などの「蛭子」神話と結びついて随分古くから諸説あるけれど、その信仰を支え、広く普及しているエビス像「鯛を釣ってにっこり」の図像、あるいは木像は、海の神を祭る中世西宮神社の散所の民が、鯛を釣る所作を演じることから始まったのを『中世賤民と雑芸能の研究』（盛田嘉徳・雄山閣・一九七四年）が詳しく書いている。その本で盛田は「夷神の鯛を釣る仕方をして、春の始めに諸国へ出た」とする古くからの見解を紹介している。その行為は、西宮神社の寄付を集めるために、散所の民が鯛を釣る所作を芸能的に演じて歩いたことから始まっている。その行為を前提とすると、ここでの課題は、その所作がどうして「神」として迎えられるかである。この課題も、「類似の法則」で読むと、その理由がわかってくる。つまり、鯛は海の富・幸の象徴であり、「このように大漁でありたい」とする願いである。

日本列島には自然の富・幸・恵みを「神」とする観念が結構多い。その中で和人は、「出来上がった」ものとしての中国文化や欧米文化に影響されて、自分達の足元にあまり気づいていない傾向があると思うが、近年、自然との共生文化として世界から注目されるアイヌ文化など今でもその特徴を生かしている。

輪島の「エビス講」。エビス像で大漁を願って新年の初漁に出る。

和人社会でも「田の神」「山の神」はけっこう認識されている。これらの「神」は、そこから得られる食料・自然の恵みを原点とした「神」といわれる。それと同じ意味で「海の神」がある。その典型が「類似の法則」で読むエビス図像・木像と考えてよいだろう。海から得られる食料は魚介類であるが、その富・幸・恵みの代表・象徴として鯛が表現される。鯛が最も高価で高級な魚介とする観念も古くからあったようだ。また「めでたい」という祝い言葉に「鯛」が類似される。そうした意味で鯛が海の富・幸・恵みの象徴となり、それを釣ってニッコリする像が神格化される。それは「このようにありたい」とする人々の素朴な願いを前もって表す予祝の模擬的行為としても現れ、神格化されている。

この法則はさらに、食料・富、あるいはそれらを象徴する「お宝」（金銭）を釣り上げ、あるいは集める「類似の法則」によってこれが商業の神となる。さらに広く食料獲得の具体的説得力をもつ象徴として農民の神ともなる。私はこのように読み解いている。

狩猟儀礼

「万葉集」十六巻には「乞食者（ほかひびと）の詠二首」がある。一つは「鹿の歌」。それは猟師に討たれた鹿が食料として人間に活用される様子が歌われる。

「(略) わが角は　御笠のはやし　わが耳は　御墨の坩　わが目らは　真澄の鏡　わが爪は　御弓の弓弭　わが毛らは　御筆はやし　わが皮は　御箱の皮に　わが肉は　御鱠はやし　わが肝も　御鱠はやし　わが肱は　御鹽のはやし　老いたる奴　わが身一つに　七重花咲く　八重花咲くと　申し賞さね　申し賞さね」[1885]（『萬葉集　四』日本古典文学体系・岩波書店・一九六二年）。

肉だけでなく耳や爪、毛や皮が様々に使われている様子が歌われているのがわかる。なを、肝と肱（みげ）は内臓、鱠（なます）は今も居酒屋にあるなます。鹽（しお）は塩辛である。

同書はこの歌ともう一つの「蟹の歌」[1886]を「寿歌」としている。歌の冒頭で民家の門先に立っている様子があり、「門付芸」とする見解もある（『新潮日本古典集成』新潮社・一九八二年）。つまり祝福芸・門付芸の一種であり、神事的要素をもっていたと私は考える。

これは「山の神」に包摂されるもので、「類似の法則」として読むと、「このようにありたい」という願いが非常に現実的に歌われている。言葉による願い「言寿」である。なお、こうした「寿歌」を寿ぐ芸人を「ほかひびと」呼んだが、そこに「乞食者」という漢字を当てたのは万葉集編者の偏見と考える。万葉仮名の法則からしてもこの表記は適当でない。『字訓』（白川静・平凡社・一九九五年）は「〈ほかひ〉は寿歌である」としながら「神をことほぎ、祈ることばをとなえることによって、幸いを求めること。その人を〈ほかひ人〉という」とする。また「和名抄」で「保加比々斗」と音表記が用いられる例を示している。

大岡信は『私の万葉集　四』においてこの歌にふれ「今でも岩手県や宮城県を中心に伝えられる鹿踊りは、まさしくこの遠い伝承を受けついだものでしょう」（講談社現代新書・一九九七年）としている。今も東北地方に多い「鹿踊」もまた「山の神」狩猟系の神事芸能、民俗芸能である。

このように自然に直面して働いてきた人々の神観念は、天皇制や国家とは関係なく、自然と人間の関係を「類似の法則」で表したものが多いのである。この後みる部落の伝統芸能・門付芸（祝福芸）の世界も、多くのものがこれらと同じなのである。私はこうした神観念を大切にし、民衆を主体とした文化軸、自然と人の共生文化などを新しく構築したいと考える。そのために、これまでほとんど無視され、あるいは差別観ばかりが先行して人々が見失っていた部落文化・文明を明確にする必要があると考える。そうでないと日本文化、和人文化の全体像が見えないからだ。

岩手県江刺の「鹿踊り」

関東地方に多い「三匹獅子」

二　門付芸の世界——その①

一八七六年（明治九）東京府は次のような禁止令を出す。「府下従来之習慣ニテ、万歳又ハ厄払ヒセキゾロ杯ト唱ルモノ詮議之節有之、自今禁止候条」（『近世部落史資料集成　第二巻』三一書房・一九八五年）というもの。ここでは門付芸としての「万歳」「厄払」「セキゾロ」（節季候）の名があがっているが、それは門付芸全体におよんでいくものだった。そして、こうした禁止令は政府からではなく、地方行政の布告として各地で制定されたのである。

しかしそれでも各地で、細々ではあるがねばり強く祝福芸・門付芸が続いた。東京府の禁止令が出た頃は、江戸時代のキヨメ役が、宗教的なキヨメの一つとして、あるいは公務的な「御用」「役目」の代償としての専業だったことがすっかり忘れられていて、単なる「乞食」「物貰い」とみられて偏見・差別が厳しくなっていた。それでも続けたのは、多くの場合、「賤民解放令」以後、公務的な職業を失ない失業状態が続き、生活の糧を得る場が他に見つからなかったせいだ。その証拠に、一九五〇年代になって経済の高度成長期に入ると、門付芸が急速に消滅している。

こうした傾向の中で、ほとんど見られなくなった祝福芸・門付芸であるが、部落文化の見直し、再発見のために、そして日本の伝統的文化、芸能の全体像を把握するために、私はその調査と復興を主張してきた。

その主張に多くの人が賛同してくれた。そして、一九八〇年代に「門付芸は日本の伝統芸能の原点」と主張し『日本の放浪芸』（角川書店・一九八二年）などを世に出していた俳優の小沢昭一氏に相談役になってもらって、一九九四年に「伝統芸能研究・千町の会」（せんちょうのかい・代表・川元祥一）を立ち上げた。「千町」という名は、門付芸「鳥追」で〈千町万町の鳥を追うて候〉と歌われるところから採用した。

立ち上げの「趣意書」で次のように主張した。日本の伝統芸能といわれるものが多い中で「（略）私たちが特に関心を寄せてきたのは祝福芸です。祝福芸は門付芸として室町時代や江戸時代から長年親しまれてきました。しかし、一九五〇年以降各地でこれが消滅しています。その理由はさまざまですが、私たちが重大だと思うのは、門付芸を行う旅芸人が社会的偏見の目で見られるケースが多いことです。川端康成の小説『伊豆の踊り子』の旅芸人にもそのことが如実に現れます。そうした偏見のために芸を継承する人が少なくなり消滅を早めた一面があります。

日本の文化・芸能史の中にある、このような傾向に私たちは大きな関心を寄せています。そして、消滅しつつある祝福芸・門付芸を復活し、それを楽しみ、広く語りあうことで偏見を克服していきたいと考えるのです（略）」

小説『伊豆の踊り子』については、そこに「旅芸人、乞食立ち入るべからず」とする立ち看板のことが書かれており、現実にそうした立ち看板が近代になっても各地にあった。先にみた東京府の禁止令のようなものが反映していると思われる。

一方で、部落解放同盟による「差別によって奪われた文化」を取り戻す運動がすすんでおり、具体的に「たたかいの祭り」を実施することで、各地の門付芸などの調査・発掘・復活がすすんでいた。そうした背景もあって、数年のうちにかなり多くの祝福芸・門付芸が復活した。私たちが関連しただけでも、群馬県・大胡の「三番叟」。新潟県村上市の「越後大黒舞」。佐渡の「春駒（はりごま）」。徳島の「阿波の箱廻し」（デコ廻し）など。

また「千町の会」を立ち上げた次の年、私たちは東京・向島の三囲神社を基点に門付芸を復活させた。

東京で門付芸の復活

一九九五年の正月から、千町の会のメンバーによって東京・向島の町内で門付芸「鳥追」を始めた。自分達でやってみてわかったのであるが、道の芸としての門付芸とはいえ、決して自由・勝手には出来ないのである。地域住民の受け入れ態勢がないと何もできない。私たちは向島町内会との話し合いを重ね、門付けで廻る地域の限定などを決めて始まった。江戸時代だとこの地域の限定が「勧進場」「旦那場」などと呼ばれ、一つのキヨメ役の村が受け持つ「斃牛馬処理」「警備役」の仕事としての見回り、夜回りの範囲と重なっていたと考えてよいだろう。それは農山漁村町と、それらの間にあるキヨメ役の村との相互了解事であり、差別によっていつも断絶していたのではないことや、乞食として勝手に歩いていたのではないことがわかってくる。

東京・向島で復活した門付芸「鳥追」

東京・品川の宿場祭りに登場した門付芸の「鳥追」芸人。鳥追笠が特徴。

浅草雑芸団による門付芸「春駒」東京向島にて。

門付芸「鳥追」など、個々の芸の内容については、この後単独の項目をもうけて説明するが、「鳥追」は農耕儀礼「田遊」の、稲作の労働過程の一つにある「鳥追」の作業からきている。「田遊」が「このようありたい」とする願いを、労働の対象である田・土に向かって表現するのと同じ意味をもって、門付芸も〈千町万町の鳥を追うて候〉と歌う。これは言寿である。田の稲穂を啄ばむ野鳥を追うことで、稲穂が守られ収穫が増えるのは確実だ。それを前提に鳥を追う言葉、あるいは所作を演じるのである。そうした神事芸能の「鳥追」を非農業者が都市などに運んで正月の祝福芸・門付芸にした。江戸時代からのキヨメ役（江戸では非人の女性）が演じていた江戸・東京の門付芸「鳥追」は、アジア・太平洋戦争の後、復興する都市、その道路事情（自動車の普及で道路交通法が厳しくなったことなど）によって急速に消えていったようだ。これを復活することを試みたのである。数年の間は順調にも思えたが、無関心・無理解な人が多いことや、演者の健康面など、いつも順当とはいえないものがあった。

二〇〇一年からは浅草雑芸団（代表・上島敏昭）の協力を得て、上越地方から伝承した手駒形の「春駒」を門付けしてきた。そして二〇一〇年前後から浅草雑芸団の独自性を生かし、独立した構成をもって現代的なアレンジも生かしている。東京のような大都市では、正月の風景としての伝統的なものがほとんど風化している。風化の原因は、欧米文化ばかりを模倣してきた日本近代の責任が大きいと思うが、現代では休日を郊外で過ごす傾向も大きい。そんな大都市での祝福芸・門付芸について上島敏昭氏は、民衆的な文化、歴史の良い側面まで風化する現状を前に「季節感の遺失、イエや共同体の崩壊は世界の趨勢で、グローバリズムとはそういうことだと思う。しかし、それが人間にとって本当によいことなのか、そうした風潮を疑問に思い、憂い、嘆いている人は決して少なくない。こう考える人たちがもっと増え、それらを取り戻そうという動きが出てくれば、そういう勢力にとって祝福芸は強力な武器になるのではないか」と語る（『まつり』〇八年WINTER70号・まつり同好会）。この発想・思想に私は強く共感する。私達の文化、精神の豊かさとは何か、本当の未来は何か、そうしたものを示唆しているだろう。

阿波の「デコ廻し」

阿波の「デコ廻し」は木偶（でく）の「えべっさん」（えびす像）と「三番叟」（千歳、翁、三番叟の三対の木偶）を箱に詰め、もう一つの箱に神札や御幣、御祝儀の米や餅などを詰めて天秤棒で担ぎ、正月に民家を廻る。阿波の国、今の徳島県で江戸時代から続いた門付芸である。香川県や愛媛県でも盛んだった。しかし一九六〇年から七〇年にかけて急速に消えていった。

一方、徳島市内の部落で解放運動しながら「芝原生活文化研究所」（代表・辻本一英）を設立して活動していた辻本一英氏は、自分の村をはじめ、県内にある門付芸人の歴史を調査。同時に、見捨てられようとしていた木偶など、人形や小道具を収集していた。一九九五年、このグループの中で「阿波木偶箱廻しを復活する会」を結成。そのころ山村部にいて最後の門付芸人かも知れないと思われていた人のところに、メンバーの中西正子さんが弟子入りした。三年間の修行を重ね、師匠が引退したあと、その持ち場（勧進場）を引き継ぎ、正月から二ヶ月くらいかけて八五〇戸の民家を今も門付けしている。

阿波の「デコ廻し」は二人一組。木偶の廻し手が中西正子さんで、太鼓手が南公代さんである。二人が女性なので、「女の門付けは来てくれなくていい」と断られることもあるという。現代にあっても、女性への偏見・差別が根強いのがわかる場面である。

「阿波木偶箱廻しを復活する会」による「デコ廻し」は、部落解放としての「人権文化」として、あるいは伝統芸能として現代では非常に高く評価されている。新年の門付け以外に、各地の催にまねかれ、またドイツ、韓国、フランスなどで県や国の伝統を代表する芸能としても交流を深めているのである。部落の伝統芸能がどれほど重要な位置にあるか、それを証明する典型と考える。

阿波の「デコ廻し」は「えべっさん」「三番叟」それぞれの木偶を手で操る二つの演目がある。「三番叟」が厄払い、つまりキヨメの意味を持っている。「えべっさん」はエビス信仰であり富・幸をもたらす信仰からなっている。エビス信仰については労働儀礼としてみてきたとおりだ。ここでも、富を掻き集める「このようにありたい」信仰形態、「類似の法則」が生きている。

「三番叟」についてその宗教的意味を考えておきたい。「三番叟」は門付芸だけでなく、農山漁村町の年中行事の中にたくさん残っている。舞台芸としての日本の伝統芸能の代表とされる能・歌舞伎・文楽でも、このテーマをとった演目が多い。そしてそれぞれ一定の意味づけがあり、統一したイメージが掴み難いと思うのであるが、おおまかにいうと宗教的「キヨメの機能」と考えてよいだろう。

この三番叟について、私は谷川健一の『賤民の異神と芸能』（河出書房新社・二〇〇九年）にある説が参考になると思っている。谷川は三番叟が田楽系であるのを認める。そして「千歳」が露払い、「翁」が「五穀の収蔵を意味し、稲積翁は収蔵者」「地主」でもある。三体目の木偶の三番叟は「耕作者」で、その舞が「種蒔」の所作とする民間説をも紹介している。ここにある「種蒔」は「類似の法則」である可能性をもつのではないか。また千歳、翁、三番叟の舞いを三老人（木偶）とし「三老人の祝福舞の総称。室町時代には父尉（千歳・筆者）が省かれたが、露払い役の千歳を数に入れて、やはり式三番と称した」とする解説も紹介する。異った解説や意味づけが多いのであるが、「三番叟」の民間での意味はこうしたところにあると私は考える。そして、こうしたところに祝福芸、キヨメの宗教的機能がみられると思うのである。

阿波の「箱回し」の「えべっさん」。箱に人形を入れて門付けをする。

阿波の「箱回し」の「三番叟」

田村清光さんの「伊勢万歳」

家・家庭を寿ぐ「万歳」

現在も伊勢万歳を門付芸として演じている村田清光（伊勢万歳村田社中・代表）さんに話しを聞いたことがある。門付芸の万歳は本来「家寿」（イエホカヒ）を歌い「神事」として迎えられていたといわれているので、「家寿」が「神事」である理由を尋ねた。すると「家の柱が神であり、丈夫な柱で家が支えられるのと同じに、家族の幸せが支えられるよう祈る」といわれた。また一方、門付芸が「不浄」や「不幸」を「除去」する「キヨメ」と考えられている理由もたずねた。

このことについて村田さんは自分の経験から「人に言えない不運や辛いことがある家は門付けに行くとその空気ですぐわかる。そんな家に行くと出来るだけ明るい気持ちになってもらい、不運や辛いことをひと時でも忘れてもらう。出来ればそのことで不運や辛いことを克服するきっかけをつかんでもらうような気持ちで演じる。そして、家を出るとき、不運や辛いことを私が背負う。例えば、その空気を私が吸い込んで、家から遠く離れて捨てる。それは唾とともに吐き捨てる」といわれた。

ここに古くからの民間信仰があると思う。今ではたわいない信仰と思う人が多いかも知れないが、その背景にはこの国の民俗信仰の多くが持つ一定の思想・信仰形態があるだろう（拙書『和人文化論』前掲書参照）。それが「類似の法則」であると私は考える。

「古事記」など記紀や万葉集の家寿や酒寿の信仰形態を考察した豊田国夫はその形態を「このようにありたい」という願いを言葉や歌、演技によって表し、願いを実現させようとする素朴な信仰形態とする（『日本人の言霊思想』・前掲書・豊田はここで「室寿」という言葉を使っている）。後で他の例も挙げるが、日本の和人社会ではこの形態による民間信仰・縁起物などが非常に多い。また、もうひとつ多いのは自分の不運や辛いところを何かに擦り付けて排除したり、捨てたりする発想だ。人形に不運や辛いものを擦って川に流す「流し雛」の発想などがそうだ。伊勢万歳の村田さんが「不運や辛いことを私が背負い、家から遠く離れて捨てる」というのはこうした意味があって「神事」として人々に迎えられ、感謝の気持として「御祝儀」が出されたといえる。少なくともそれが原点といえるだろう。

いうまでもなくこうした発想がどれほど実効性をもったか現代的・科学的に考察する必要がある。このことは後で詳しく検証するが、この発想は部落文化だけでなく、この国の呪術的「神事」、あるいは世界中の呪術の中にある。イギリスの人類学者ジェームス・フレイザーは世界中の呪術を研究しながらそれらを「非合理な観念連合」とする。しかしその中の一部の呪術に一定の整合性・合理性を認める。それは「自然の法則の体系」「宇宙の現象の次第を決定する法則の叙述」があるもののことだ（『金枝篇』（前掲書））。私はこの整合性・合理性あるものを呪術一般から切り離し、自然との共生を探る原点としてのアニミズムとして強い関心をよせている。しかも部落の伝統芸能の多くに、その部分を見ることができるのである。

そのことを示すために部落の伝統芸能を見ていくが、この視点は日本（和人社会）の伝統的芸能、特に民俗芸能を根本から見直すきっかけになるのではないと考える。半面、非合理な呪術も多い。これらは神観念を脱却して人間の喜怒哀楽を表現する芸能に変化していくことが大切と思うが、そのような変化の歴史も部落文化の中に見ることができるのである。

このようにありたい「俵転がし」

「俵転がし」は「自然の法則・宇宙の法則」とは直接関係ないと思われるが「このようにありたい」という願いを表すものとしてわかりやすいだろう。

この芸は単調なもので、サッカーボールくらいの大きさの俵の模型に長い紐をつけておいて「あけましておめでとうございます」と家に入り「この家に幸が転がり込んだ。福が転がり込んだ」などと歌いながら俵を座敷に投げ込む。そして紐で引きもどし、また投げ込む。これを何回か繰り返すだけだ。

これがなぜ「神事」なのか私も最初はわからなかった。しかし「このようにありたい」と願いを表す表現を考えるとすぐ理解できる。俵はいうまでもなく米俵だ。そして富の象徴でもある。これが家に転がり込んでたくさんあるのは人々の素朴な願いだ。その願いが新年の祝として素朴に表現される。これが祝福芸の意味なのだ。だから感謝され「御祝儀」が払われた。

地域の神社には呪術的意味においてさまざまな「神」が祭られているが、そこで投げる「お賽銭」は、そこに祭られた「神」への感謝の印といわれる。門付芸への「御祝儀」も同じ意味と考える。こうした門付芸人の多くが、多くの土地で「ホイト」と呼ばれた。そして、この「ホイト」という言葉には「お金や物を貰うために何か芸をしている」という意味あいが強かったと思われるが、それがまったく逆立ちした偏見なのがここでわかるはずだ。仏教でいう「お布施」も同じ宗教的意味があるといわれるが、門付芸はこのような願いの表現や祝福、あるいは不幸などの除去を願う神観念、呪術的信仰形態が先にあって成り立っているのである。

先に少しみたジェームス・フレイザーは世界中の呪術が二つの法則からなるとして「類似の法則」と「感染の法則」を抽出した（『金枝篇』前掲書）。その中で類似の法則は「類似は類似を生む」という発想で、何かの目的を達成したい願望を持つ時、目的となるものを事前に類似表現、あるいは模擬的（物真似）に表現しておくと実現するという発想だ。日本では正月の書初めや七夕の短冊の他に、長寿を願う年末のソバ、大学進学の願いを書いて神社などに置く「絵馬」などなど。このように考えると「俵転がし」が同じ類似の法則なのがわかる。万歳で「家の柱を神とする」という発想も、家を支える柱を家庭の繁栄に類似させた発想と考えられる。いうまでもなく呪術の世界であって合理的ではないが、この類似が自然の法則に合致しているとき整合性をみる。

先にみた農耕儀礼の「田遊」は整合性をもつものの一つと考える。「エビス信仰」も一定の根拠をもつだろう。この後詳しくみる門付け芸「春駒」のうち、手駒といわれ、「蚕の神」といわれた芸もその典型と思われる。

一方の感染の法則は「かってたがいに接触していたものは、物理的な接触のやんだ後までも、なお空間を隔てて相互作用を継続する」（『金枝篇』前掲書）というもの。この非合理性はすぐわかる。先にみた流し雛は典型的である。この観念は部落差別の観念の一部と考えられる「触穢意識」、「ケガレ」に触れた者はその人も「ケガレ」とする発想に通底していると考えられる。（拙書『部落差別の謎を解く』前掲書参照）。

稲の生長を舞う「越後大黒舞」

新潟県下越地方の新年を祝い賑わしたのは「越後大黒舞」だ。村上のキヨメ役の人々が室町時代に京・伏見から伝承したと伝えられる祝福芸・門付芸である。江戸時代から門付をしてきた。私が始めてその人たちを訪ねたのはもう二十五年以上前になる。もっとも、大黒舞は全国にたくさんある。門付とか部落文化だけでなく、農山漁村町の祭りの場などで盛んに演じられる。が、そのような大黒舞がいつどこから伝わったか調べると、旅芸人の門付からというものが意外と多いのである。

高橋富太郎さんの「越後大黒儛」

その中で「越後大黒舞」は新潟県と山形県の県境をふくんだ下越地方で、古くからキヨメ役の門付芸として続いてきた。

戦後も門付をつづけ、下越で最後の門付芸人と言われた高橋富太郎さんを訪ねたのであるが、残念ながら高橋さんは亡くなられていた。元気な頃の話を聞き、写真を見せてもらったりした。村人の多くが門付を経験しており、門付をしなくなった後も、正月は村の中で皆で舞う話を聞いた。その後、高橋さんの弟子が、山形県との境にある山北村の山村にいると聞いたので、足を延ばした。

私が行ったのは晩秋だったが、車で二時間かかった。車がない江戸時代だとどんなだろうか。

下越地方の正月は雪が深い。山村で聞いた話であるが、村上から雪道を歩くと一日がかりだったという。この村まで来た旅芸人が民家に入るため、屋根まで積もった雪の道から家の玄関に滑り落ちた、という。家の者でも二階の窓から出入りするのがあたりまえのような状態だった。そのような気候の中で門付を続けるかつての門付芸人に感動を覚えた。金儲けのためではないのだろうと思った。何かの使命観があったと思われる。そしてそれが、人々を祝福し、幸せを願う神観念だったのではなかろうか。

自分の家を遠く離れて旅をする門付芸人には、ところどころに宿がある。旅館ではなく民家であるが、その宿を農民などが順番に受け持つ土地と、常宿の民家をきめている村がある。芸人宿と呼ばれるところが多い。高橋富

菅原藏治さんの「越後大黒儛」

太郎さんの弟子とは、この山村で常宿をした家を継ぐ菅原蔵治さん（当時四十八才）だった。菅原さんは幼い時から富太郎さんから越後大黒舞を習った。というのは、門付芸人が泊まった夜は、村中の人が集まって踊りを教えてもらったからだ。

テレビや新聞、ラジオなどない時代では、いろいろな土地を回る旅芸人が大切な情報を持ってくる。よその土地の穀物の作柄や町の流行など。ときにはどこかの男女の痴話話しなど。旅芸人は今のメデアの役割を果たしていたのである。そんな中で蔵治さんは越後大黒舞を見習った。

そんな蔵治さんが越後大黒舞について次のような話をしてくれた。舞の意味について「稲がたくましく育つ姿を舞う」と。だから下から上に突き上げるような動きが多い。また、米俵や一升枡の上で舞うよう要求されることがあり、それに応えるのが名人芸である、と。高橋富太郎さんがそのような人だった。

舞は稲が育つ姿であるが、歌詞はそれと関係ない。米作りの仕事でもない。この歌詞は非常に幅広い意味を持つ言寿だった。

最初の口上は「家内安全　無病息災　商売繁盛　豊年満作」など様々な願いを表す。本歌は「第一番に　お門松　二には二本の庭の松（略）尾上の松の　その下で　爺さまと婆さまも　その下で　悪魔を払い出す柴ぼうき　宝を集める　こまざらい」と続く。

よく考えると、この舞いと歌詞は「類似の法則」からなっているだろう。「稲がたくましく育成する姿を舞う」というのはその法則がすぐわかる。歌詞の「お門松」は「二本の庭の松」に掛かり、松の木が元気よく育つ姿を稲や人生になぞらえたものといえる。新年の門松などに通低すると考えてよい。「悪魔を払い出す柴ぼうき」も、不幸とかケガレと考えられていたものを「はき払う」類似といえる。その次に続く「宝を集めるこまざらい」は、エビス信仰の図像と同じ意味で、掃除道具としての「こまざらい」で大切なものを引き寄せる類似と考えてよい。縁起ものの「熊手」につながるだろう。越後大黒舞が神観念をもって迎えられた原因もこれらにあると考える。もっとも、これらは呪術的神観念であって、整合性を持つものとはいえない。

次に「田遊」と同じように、一定の整合性をもつといえる「春駒」のうち「蚕の神」といわれた門付芸をみる。

三　門付芸の世界——その②　手駒の春駒

春駒の発生史とその意味

門付芸「春駒」は大きく分けて二種の芸がある。馬の頭部を模した木偶を手に持って舞う「手駒」（女春駒ともいわれる）と、犬くらいの大きさの馬の頭部木偶を股間につけ、馬に乗った形で舞う「乗馬形」（男春駒ともいわれる）ものだ。

全国で二十ケ所くらいの農村や町などで伝承されているが、私は一九九三年から二年間『解放新聞』の「春駒の道」というルポでそれらを取材し『旅芸人のフォークロア』（農文協・一九九八年）として刊行してきた。この本を参考にしてもらえばわかるのであるが、当時私が訪ねた農山漁村町に伝承されている「春駒」は、群馬県川場村、岐阜県白川郷、長野県木曽福島黒川郷、新潟県上越市の中頸中郷村岡沢、同三和村岡田、新井市西野谷、佐渡相川、佐

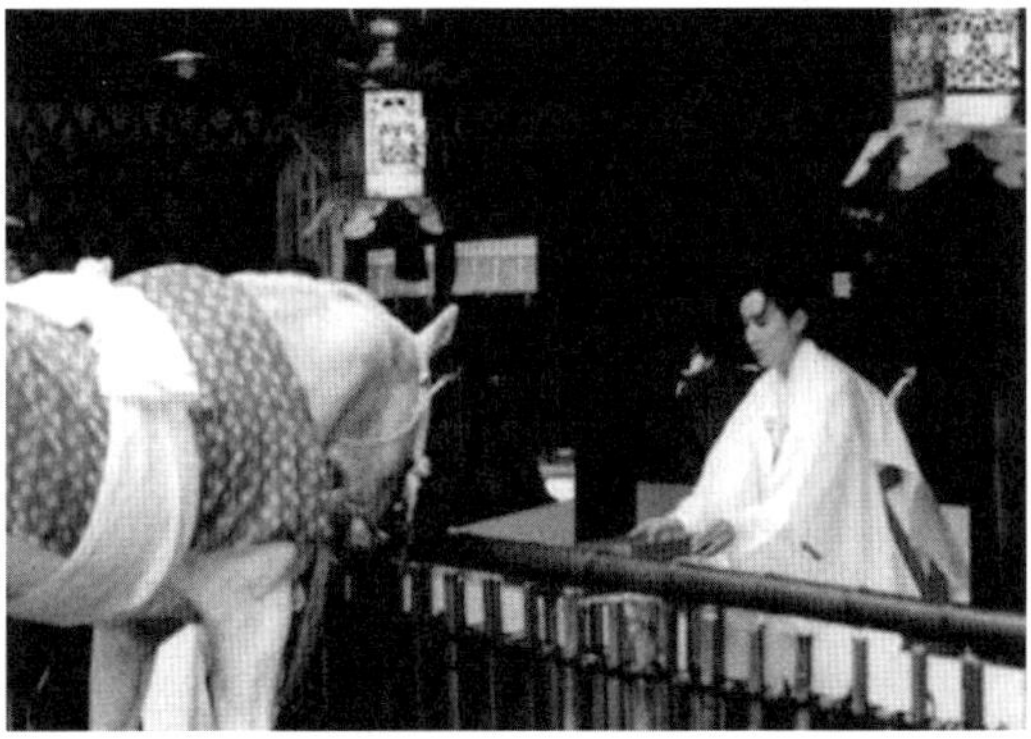
「白馬の節会」下鴨神社にて。

和田、橘など。佐渡は乗馬形の本場といえる。しかし相川をはなれた佐和田などでは手駒も多くの人が伝承している。乗馬形では佐渡の他に山梨県塩山黒川郷。その他史料に基づく聞き取り調査をしてきたところも多い。

戦後もしばらく、一九六〇年代まで部落（同和地区・以下同）で伝承していたところ、あるいはその足跡がはっきりしていたところも多い。長野県飯田市、ここには島崎藤村の小説『破戒』の主人公・瀬川丑松のモデルになった大江磯吉が育った村があり、彼の父親も春駒を門付したといわれる。同長野県小布施、中野市、徳島県南部地方など。また広島県や大阪府では部落解放同盟が解放運動の一環として県内各地の部落に伝承されながら戦後消えかかっていた門付芸を部落の文化・芸能として復興運動を展開し、「たたかいの祭り」等で復活させてきた。この中に「春駒」がある。こうした運動は差別解消の新しい認識として大きな力、きっかけになっていると思う。なお、私が取材した、現代の農山漁村町に伝承する「春駒」すべては、江戸時代のキヨメ役の門付芸から伝承したのがわかったのである（『旅芸人のフォークロア』前掲書参照）。

全国的な広がりをもつのは「手駒」だった。しかもその舞の唄は、多少の違いがあるものの、養蚕に関する歌詞として共通しており、多くの土地で「蚕の神」と考えられているのがわかった。一方「乗馬形」は、佐渡金山のある相川や、山梨県塩山の、かっての黒川金山で踊られたものである。そうしたことから「乗馬形」は金山で伝承された、といえるかも知れない。

こうしたルポを重ねたうえで、春駒の発生史について述べておきたいことがある。春駒発生説としては、古代に中国から日本の朝廷に伝わった「白馬《あおうま》の節会」説がこれまで多かった。正月に白馬《あおうま》を見れば縁起が良いというものだ。室町時代の京にいた貴族・一条兼冬が書いた『世諺問答』（一五五一年・『群書類従　第二十二巻』名著普及会）に「正月七日に青馬（白馬のこと・筆者）を見れば、年中の邪気をはらふ（略）、はる駒といふハ、これよりはじまり」と書いたことから始まる。この文章が今も文献史料として使われているが、この文章・見解は、中国の文献資料にやたら詳しいが、自分たちの足元の生活文化にほとんど関心を持たなかったこの国の知識人の弱点をさらしていると考えられる。

一五〇〇年代の京を描いた「洛中洛外図」（米沢市教育委員会所蔵）がある。織田信長が上杉氏に贈ったものとされるもので、そこに道を歩く春駒芸人が描かれているのはよく知られている。一条兼冬がいた時代の京の風景といっても差支えないはずだ。そしてまた、江戸時代初めの京で「春駒万歳といって馬の人形を頭に戴いて祝詞を謡ってきた」（『日本歳事史　京都の部』内外出版・一九二二年）と記述されており、それから少し下るが一七一三年の京で「春駒にて木或いは土の首（馬の頭部・筆者）にして手に持ちて、（略）諷ふ事は蚕飼の事をいへり（略）みなその所々の非人などの業也」（『滑稽雑談』・四時堂基諺著・神奈川県立図書刊行会　二巻・一九一七年）と記述されるのである。「手駒」なのがわかるが、ここで初めて唄の内容に注目されている。このように、同類の春駒が京で続いていたとするなら、一条兼冬は芸の表面しかみていなかったことになるだろう。

なお、『大衆芸能資料集成　第三巻　祝福芸Ⅲ』（三一書房・一九九四年）には全国で採譜した春駒唄が掲載されているので参考にしてもらいたい。そこにある「京の春駒」は全国のものと共通しており「目出たやゝ、春の始めの春駒なンどは、夢に見てさへよいとや申す」で始まり、蚕の種が成長して繭を結び、絹になる過程を唄っている。この唄の現代版はこの後すぐ紹介する。

門付芸は人々の現実の生活で生きていたものであり、政治的上部や文献だけみていてはわからない部分がある。だからこそ部落文化が大切だと私は主張してきたのであるが、春駒の発生史とその意味も、その典型的な例と考えられる。

【注・岐阜県郡上の郡上踊りに「春駒」がある。郡上踊りが有名なので、春駒といえばこれを連想する人が結構多い。しかし、この「春駒」は神観念をもつ門付芸とは違うものだ。〈♪　七両三分の春駒春駒　名馬出いたも気良の里　わたしゃ郡上の山奥育ち　主と馬引く糸も引く〉と歌われる。つまり馬の名産地として郡上を歌い、テーマは人情物になっている。また地元では、この踊りは本来「やきさば」（焼き鯖・筆者）という名で、むかし富山から焼き鯖を売りに来た篭振り商人の売り声と所作を表現したという話がある。昭和三〇年ころ、東京であった全国民謡大会に参加するとき、テンポの良い「やきさば」を演じることにしたが、名前がよくないとして、かって門付芸人が門付けに来ていた「春駒」を思い出し、この名を付けたという話を聞いたことがある。真相は明確でないが、歌詞は養蚕に関係なく、踊りは盆踊りである。ちなみに、その年この踊りが優勝した。その影響で東京の小学校などに広がったと思われる】

本稿では、比較的最近まで、多様な春駒が一定の地域に伝承されていた新潟県上越地方のいくつかの農村のものを、生活史の聞き取りと共に照会する。その他は『旅芸人のフォークロア』（前掲書）を参考にしていただければ幸いである。

「蚕の神」としての手駒

一九九三年代に春駒という伝統芸能が、門付芸ではなく農山漁村町の行事、神事として盛んに行われていた地域として上越地方があげられる。しかも同じ上越地方にありながら、かなり異なった芸が異なった伝承をもっているので、春駒の意味と、人々の生活にとってそれが何だったのか知るには典型的な地域といえる。その意味でこの地方の春駒を取りあげることとする。

上越地方で春駒が伝承されているのは中郷村の岡沢、同三和村岡田、新井市西野谷のそれぞれ農村であるが、本稿を書いている二〇一〇年の段階では岡沢の春駒が村の行事としては途絶えていて愛好家の芸になっている。その他も、ひと時の賑わいを失っていく傾向にあるものの、春駒がどのように伝わり、どのように人々の生活に関連するか認識するには典型的な事例と思うので、聞き取りの形を残して掲載する。以後の文章は二〇〇三年三月、四月にかけて『新潟日報』で連載した「生活を潤した人々　部落問題の新しい認識」から春駒に関連するものを加筆修正したものである。

イ、農村を救った春駒――岡沢

私が最初、岡沢の春駒を見たのは一九九三年。小学校の文化祭で演じるというので出かけてみた。小学生四十人くらいで舞う春駒なので、非常ににぎやかだ。しかし、芸の基本はしっかりしていた。

花嫁衣裳をつけた女子が「嫁」。これにからむ道化役の「ヒョットコ」と、竹を割った楽器で音頭を取る「ササラ」役。この三人が基本だ。嫁が馬の頭を模った駒形と長い布を持つ。布は馬の胴体を意味する。これらの小道具が、佐渡を除く全国の春駒・手駒の共通点である。舞と衣装は各地で違っている。

ここでの舞はむずかしくない。静々歩く嫁の周りをヒョットコがからかうように回り、その後ろをササラがリズムをつけて歩く。五人の生徒が太鼓を叩き四人が歌う。コップで馬のひづめの音をだす生徒もいる。その他の生徒は舞台で基本の三人を取り巻いて踊る。春駒の基本を中心に独自のアレンジを加えている。こうした工夫が大切だと思う。

春駒を文化祭で演じるこの小学校には、それなりの歴史と事情がある。最も身近な理由は〝過疎化〟である。岡沢の人々は春駒を非常に大切にし、何か祝事があると舞っていたという。しかし、経済の高度成長期のころから村に大きな変化が起る。大人が出稼ぎに行ったり、若者が都会に出たきりもどらなかったり、そのために過疎化が進み、祝事で春駒を舞う「踊りっ子」がそろわなくなったのである。このままでは春駒が絶える。そんな危機感から小学生に教えることになった。春駒が村人の間でいかに大切な位置を占めていたかわかる話だ。

岡沢の「春駒」。小学校の文化祭にて〈1993年〉。

この春駒が岡沢に伝わったのは二百年前だといわれる。実は、江戸時代に、新年の門付芸に来た旅芸人から習った。直江津から来た旅芸人という話と、信州の小布施という話があるが、どちらかに定める史料、あるいは伝説などはなさそうだ。が、いずれにしても、江戸時代に門付芸をした旅芸人は、当時のキヨメ役なのはほぼ間違いないと思われる。全国各地の部落史や聞き取り、あるいは日本芸能史でも、江戸の三河万歳、瞽女の門付、伊勢大神楽を除く春駒、大黒舞、猿回しなどの門付芸が、キヨメ役の職業であり、役割であったのがわかっている。

○病気治療のお礼

ともあれ、春駒が岡沢の農民に伝わるには大きなドラマがあった。このドラマが村の伝承として語り継がれている。江戸時代の後期のことだ。その頃中郷村一帯を門付けしていた旅芸人が、岡沢まできて病気で倒れた。村人は一軒の家を春駒宿にして旅芸人を泊め、治療に専念させた。旅芸人は、夫婦と一人の子どもだった。

春駒宿の存在は、佐渡や下越でもよく聞かれる。旅芸人を泊めるため、農村などで、村人の家を宿として提供した。農民たちにとっても、旅芸人を泊めるのは楽しみだった。その頃はテレビもラジオも新聞もなかった。従って、各地を回ってくる旅芸人から、よその土地の噂話や、出来事を聞くのは貴重な体験だった。旅芸人はちょうど、今のメデアの役割・機能を果たしていたのである。また、芸に触れるのも大きな楽しみだった。そうした習慣から作られた宿だろう。（各地にあった芸人宿については、典型的な例を次章で詳しく述べる。）

病気の旅芸人は長く逗留することとなった。その間にお礼として、春駒を村人に教えたのである。岡沢でいう「踊りっ子」の始まりである。

江戸時代のキヨメ役から岡沢の農民に春駒が伝わったきっかけはここにある。そしてそこには、さらに感動的なドラマがあった。春駒がこの村の生活を救ったと思われている出来事であり、春駒を大切にする理由もそこにある。

小学生の春駒を見た後、私はかって春駒宿だった家を訪ねた。山際の小高いところにある普通の家だ。その時家の人は仕事にでかけていたが、おばあさんが一人いた。

昔旅芸人を泊めたのを知っているかどうか尋ねてみた。すると「そんな話をきいてるよ」と答えた。おばあさんからすると、四代か五代前のことだろうが、つぎつぎと語り継がれているようだ。すばらしいことだと思う。そのおばあさんが、一番印象に残っているという話をしてくれた。

○春駒で豪雪に勝った

旅芸人から春駒を習って以来、新年のお祝いだけでなく結婚式や祭り、花見などで「踊りっ子」が舞って祝っていたようだ。

しかし、長い時間の経過とともにそれも忘れられた。それから時代はとんで一九三五年（昭和十）、おばあさんが二十二、三歳のころだった。毎年雪になやまされるが、それ以上のめったにない豪雪で村が埋まり、畑に行ったり買い物に行くのがむずかしい状態だった。

「その時な、村のもんが、退屈しのぎに春駒でもやろうか言うて、この家に集ったんじゃ……」とおばあさんが話す。

豪雪のなかで、かって春駒宿だったこの家に村人が集り、久し振りに春駒を舞った。一休みすると話はどうしても雪のことになる。皆はちゃんと雪掻きをしていた。しかし雪が多くてまにあわない。このままでは食料や薪が尽きそうな状態だった。

そんな話をしている時、誰かが思いつくことがあった。一人一人で雪掻きをしているから雪に勝てない。皆で力を合わせて、道路や畑までの道を確保すればいい、と。

「そうだそうだと言うことになって、さっそく村のもん総出で、やったんじゃ。一軒ずつみんなで雪掻きをして回り、雪がやむまでつづけたんじゃ」

そのようにしてその年、村人は豪雪に勝った。村人が集り春駒を舞ったことがきっかけだった。誰からともなく「春駒に助けられた」と語られるようになったのである。

このことがきっかけで、岡沢の人々は「踊りっ子」を復活させ、再び村中で春駒を舞うようになった。そして、村を助けた春駒を記念し春駒宿の前に「舞踊記念碑」を建てたのである。

○地域の活性化

一九九五年、新井青年会議所が主催する「新井頚南・春駒の集い」が行われた。地域起しの一環として岡沢、岡田、西野谷の春駒が一堂に集った。そこでも「岡沢春駒子ども会」として小学生が演じている。

主催者の一人吉崎利生さんは「故きを訪ねて新しきを創る」と主張される。長い伝統のあるものを、そのまま保存するだけでなく、伝統を基盤にして自分たちで新しい文化を創造しようとしている。非常に大切なことだと思う。

この春駒の集いのあと、妙高高原町でも春駒が復活した。ここでも古くからあったものが一度は絶えかかっていたのが、春駒の集いのあと住民の関心が高まり五、六年前から、盛んになったのである。

ロ、村祭りの神事として――岡田

「岡田の春駒は氏神の風巻神社で神事としてやる」という話を聞いたので、八月二十日の祭りに行ってみた。一九九五年だった。実はここにくるまで近くの西松野木や米岡、能町などの農村で聞き取りをしていた。それらの村は、かつて春駒を舞っていたが、その頃春駒を舞う人がいなかった。そうした取材の中で岡田の祭りを知ったのである。

ＪＲ上越駅からバスで三十分。ささにしき等米作りの盛んな土地だ。

岡田芸能保存会があって、当時会長をしていた遠藤誠至さんに会っていろいろ話を聞いた。この村に春駒が伝承したのは二百年前だという。それからは、江戸時代にあっても、村人こぞって熱心に春駒を練習したという話だった。

舞の構成は「才蔵」と「嫁」が基本で、これを取り巻いて笛、太鼓、三味線の三人による囃子がつく。結構にぎやかだ。「嫁」が紫色の幅の広い布を頭巾のように頭に被るのが個性的だった。手に持つ手駒とそこに結ばれた数本の長い紐状の布は手駒の定番、馬の胴体を表す。この布を激しく振ることで、元気の良い馬を表現する。「蚕の神」として迎えられる春駒がなぜ「馬」とか「駒」として表現されるのか。こうした疑問を投げかけてみるが、岡田だけでなく、他の土地でも聞き取りの範囲では答えはなかった。

この疑問は『旅芸人のフォークロア』（前掲書）で解いたのであるが、結論だけいうと、蚕が元気よく桑の葉を食べ、良質な繭を結び、良い絹を生産するのが養蚕事業の願いである。このような願いとしての蚕の姿と、牧場でたくさん草を食べて元気に育つ馬の姿を「類似」させたものと、私は考える。

神社の拝殿で舞った後、村の中を門付して廻るのが岡田の特徴である。このような春駒が二百年前にどのような形で伝わったのだろうか。そのことを尋ねると「信州の小布施から来た旅芸人だと聞いている」という答えが返ってきた。

岡沢の伝承と同じ話だ。紫色の頭巾など衣装はずいぶん違うけれど、岡沢の「嫁」と「ヒョットコ」が「嫁」と「才蔵」に変化したと考えれば、基本は共通しているだろう。春駒唄も、方言などで多少の違いがあるものの「月もよし、日もよし、蚕養もよろしし」と養蚕の歌なのである。

岡田の「春駒」。二百年前に伝承した神事芸能。

信州小布施の旅芸人が気になった。小布施に近い中野の部落出身の友人を尋ね、信州北部に詳しい郷土歴史家を教えてもらった。しかし尋ねてみると亡くなられていた。彼が集めた史料も散逸しているようだった。家の人に旅芸人・門付芸のことを聞いていると、郷土史家の友人を紹介された。その人は「僕は歴史家ではない」といいながら、友人が話していたことを語ってくれた。「小布施で旅芸人だったのは江戸時代末期に活躍した仁左衛門という人だった」ということだ。被差別者だったでしょうか？　と尋ねると、「そうじゃないかと思います」といわれた。史料的裏づけはないものの、キヨメ役として門付芸などをして旅をした人がいたと想定出来るし、そのような人が、北国街道を越後に向かった可能性は高い。同じ人物でないにしても、岡沢で病に倒れ、長逗留しながら村人に春駒を教えた旅芸人も、もしかして、同じ地域の人ではないか。

ハ、京から伝承した――西野谷

春駒がお祝いの意味や神観念を持つのがだんだんわかってくる。西野谷でも同じだ。西野谷の春駒は京から伝わったといわれる。先に言ったように、春駒の舞は土地によって違う。しかし、佐渡や塩山の乗馬形を除くと、歌詞に全国的な共通性があり、それが「養蚕」である。「蚕の神」といわれる由えだ。

西野谷の春駒は百二十年前、京の東本願寺の再建に村人が行った時、春駒を見習ったと言われる。一八五九年東本願寺の本堂が全焼し、全国の信徒が再建に駈けつけている。この時西野谷の人も駈けつけ、再建を手伝いながら、春駒を見習ったのではないだろうか。

私が最初西野谷を訪ねた時、舞が途絶えて歌詞だけ残っていた。一九九五年の「春駒の集い」で舞が復活して演じられている。嫁さん役とお母さん役、ヒョットコの三人がからんで舞う。「お母さん役」がここでの特徴だ。小道具は同じである。

唄は数え歌になっていた。村人の話では「最初はこうでなかったんだけど、いつの間にか数え歌になっていた」という。その歌詞の一部は次のようだ。

一、春のはじめに春駒なんぞ
　夢に見てさえ良いとやもうす　廻してうつすは十二の駒よ

二、月もよし、日もよし、蚕養（こがい）もよろし
　蚕養にとりては美濃の国よ　美濃の国や尾張のや

として九番まで続く。「美濃」「尾張」の国とは、良質な蚕の種の産地を示している。

○京の春駒唄

一方、私は京都で春駒を調べたことがある。残念ながら、今の京都で春駒を見た人に出会うことはなかった。しかし江戸時代などに春駒があったのは確だ。室町時代の『洛中洛外図』に駒形を頭に付けた旅芸人が描かれる。江戸時代の『滑稽雑談』（前掲書）には当時のキヨメ役（非人身分）が門付芸として春駒を演じたことが書かれ、「みなその所々の非人などの業也」としながら「諷ふ事は蚕飼の事」としている。

「蚕飼の事」とは何んだろうか。そんな疑問をもって調べていて「京の春駒唄」に出会ったのである。唄の内容は養蚕の手順だった。普通の本で二頁はある長い歌詞であるが、その最初を紹介する（『大衆芸能資料集成　第三巻　祝

福芸Ⅲ』三一書房）。（　）内は筆者注。

「目出た目出たや春の初めの春駒なんどは、夢に見てさえよいとは申す―略―こ（蚕）飼いに取りてはみの、国、ふはの（桑名）国、おの山口に留たる種は、よい種や―略―飼女の女郎はうけ悦んで―略―左の脇に三日三夜、右の脇に三日三夜、両方合わせて六日六夜、暖め申すぬくとめ申す、三日に水引四日やな、五日にこ（蚕）の子出させ給ふ―略―あの子（蚕）この子に何やらしん上―略―南の畑や桑畑や、桑の若葉そろりとこひて―略―あの子この子と桑召すやう……」

最初の二行は全ての春駒唄の決り文句。続いて、蚕の種を買うなら美濃や桑名、山口のものが良いと教える。その種を女性の懐の温かさで暖めると、五日目に蚕が孵化する。その後桑の葉を与える、と歌う。

古い文体でわかりにくいと思うので、次に長野県木曾の黒川谷の山村（かって養蚕で栄えた村）の春駒唄を全文示す。唄の意味の続きとしていうと、桑の葉を食べさせると蚕が四度眠る（休む）。死んでいるのではないから心配ない。その後、繭を結ぶ。そして繭から糸をとり、絹にして問屋に卸す。大金が入って蔵が建つよ。と歌うのである。つまり「このようにありたい」とする願いを蚕の成長になぞらえて「類似の法則」をもって歌い願っているのである。しかも蚕の成長と絹の生産は自然の法則でもあり、自然の法則にそくした整合性をもつ呪術であろう。私はこれを自然の法則に沿ったアニミズムといいたい。

○「春駒唄」の全体

（祝い言葉と技術的な言葉が交互になっているので気をつけて。筆者）

春駒の唄―木曽黒川谷

春の始めに春駒なんぞ　夢に見てさえよいとや申す　年もよし世もよし蚕飼いもよし
蚕飼いにとりては美濃の国や　美濃の国や尾張の国や　尾張の国でのとめたる種は
さても良い種や　結構な種や結構な種やと　ほめよろこんで　ほめ喜んでは買いとめ申す
かいめのおん女郎衆にお渡し申す　かいめのおん女郎衆がほめ喜んで　はかまだけなるあつ綿中へ
さいちはらりとしたためこんで　右のたもとへ三日三夜　左のたもとへ三日三夜
両方合わして六日六夜　六日六夜をあたため申す　あたため申せばぬくとめ申す
三日にみずもち四日に青む　五日にさらりと出でさす種は　何ではくやらはくべき羽は
これより南に金明山と　金明山とてお山がござる　お山のふもとに小池がござる
小池のはたにと一むれすすき　一むれすすきや二むれすすき　三むれの中にと住んだる鳥の
雉子のめんどり大とや申す　鴨のおんどり小とや申す　大と小との一の羽を休め
一の羽を休めて　二の羽を休め　三なる風切手に抜き持ちて
一羽掃いては千貫蚕種　二羽掃いては二千貫蚕種　三羽も掃いたら三千余り　三千余りの種掃きおろし
さあらはお蚕に何やら進上　之より南にはったんばたん　はったんばたんの桑畑ござる
あれから之まで奥姫様の　蚕飼いにくれろと桑畑ござる　午の年なるあねさん達が
紺の前掛けあかねのたすき　黄金の目籠を腰にと付けて　桑原山へとさあしゃのぼる
桑の芽ぐみのほにでたとこを　咲いた開いたとほめ喜んで（略）
桑の若ほえさらりとこいて　あの蚕にばらりやこの蚕にばらり　あの蚕この蚕の桑めすようは
何にたとえてたとへて見れば　むかし源氏のうまやに住んだ　大中栗毛や大中あしげ

よしだの駒がまきだへおりて　朝日に向いてはもとしょりしょりと　夕日に向いてはうらしょりしょりと
ふなの休みはふだんにまさる　二度の起き伏しにわかに勝る　たあけの起き伏したったと勝る
にはの起き伏しなんくせなくて　六日六夜に桑食いあげて　七日七夜に芯食いあがり
芯食いあがりて作りしまゆは　なんにたとよかたとえて見れば　かんも河原や桂の川や
川の瀬に住む小石に似たり　重さも似たりや堅さも似たり　ばばさがせんしょにはかりて見れば
はかりて見よとてつもりて見れば　糸繭千石綿繭千石屑繭共に三千あまり　三千余りの繭山かざり
七十や五けんのいとひったてて　十二の湯釜をみいりやたてて　七十や五からのわくさしならべ
尾張の国より糸引き上手　美濃の国より綿むき上手　上手と上手を雇いや入れて
六日六夜に繭引きあげて　七日七夜に糸引きあげて　七十や五からへうつしやあげて
伊勢はしんみょう天照皇の　大神宮様のおとらごの姫は　あやに上手や綿に上手
上手と上手を雇いや入れて　上手と上手に手をこめさして　月待ち日待ちにめざさにあられ
雲にかけはしかすみに千鳥　獅子に牡丹や紅葉に鹿や　竹に虎やのかたおり付けて
一反織りてはお伊勢のおみす　二反織りては熊野のおみす　三反織りては信濃の国の
善光寺様のおみすに掛けて　おみすに掛けたる余りし絹は　所のうぶすな氏神様や
十二の蚕玉にたあちゃきせて　たあちゃきせたる余りし絹は　ばんとうつづらにしたためこんで
あいぞめかわりのるり細引きで　真中程をりゅうくとしめて　馬につくれば七十や五たん
七十や五反を都に乗せて　都の三十さかやのあきんど　あきんど様へとお渡し申す
あきんど様はほめよろこんで　ほめよろこんではそれ受取りて　大八車にゆらりと乗せて

あややにしきのお手縄つけて　一引ひいてはえんさらえんさらと　二引ひいてはえんさらえんさらと
三引も引くならあなた様の
いぬいのすみへと引来るならば　金倉七つに銭倉七つ　十四のお倉をゆらりとたてて
絹は本尊とびらをひらき　あやの御門や綿の御門　あやの長者やにしきの長者
蚕飼いの長者とお祝い申す（拙書『旅芸人のフォークロア』前掲書より）

この唄にみられる養蚕の手順は実際の養蚕事業で行うものだ。そしてその歌が現実的であるため、農民が「蚕の神」として迎え、神事としての祝福芸・門付芸として認めていたと考えてよいだろう。

しかもこの歌詞は、三河の農民が古くから行う神事「田楽」の中で米作り穀物作りと共に、絹作りとして歌われるものとほとんど同じなのである。三河ではそれらの歌が「二十四の作物の作り方を歌う」と考えられている（『鳳来町史　文化財編』鳳来町木養育委員会）。

つまり、絹作りなどの農作業そのものが〈予祝神事〉として歌われ、演じられているのである。

西野谷の春駒唄は数え歌風になっていて、かなり簡略になっているが、決り文句も含めて基本は木曽・黒川谷と同じである。

農民が行う神事＝農耕儀礼としての「田楽」や「田遊」と、江戸時代のキヨメ役の芸能、私がいう部落の伝統芸能・門付芸としての春駒が、基本のところで同じ法則から成立しているのがわかってくるがどうだろうか。

ここには日本・和人文化の深層、農業文化と門付芸を結ぶ真相があると思う。その真相がどんなものか、次に佐渡の小木・小比叡神社の「田遊神事」を見て比べることとする。

群馬県・川場村の門付芸「春駒」

木曾・黒川谷の「春駒」。蚕に桑の葉を与える所作で舞う。

種子島の「蚕舞」〈カーゴーマー〉。蚕の神として伝承した。

二、田遊――田仕事を表現する儀礼

春駒唄が養蚕の手順を歌っていることがわかった。このような舞が新年の祝福芸・門付芸として迎えられたのはなぜだろうか。その門付芸を農民が自分たちの神事やお祝い芸にしたのはなぜだろうか。その理由を知るために、私は各地の農村で伝承される農耕儀礼としての「田遊」を先に見てきた。その一部として、横浜市鶴見の鶴見神社で毎年四月二八日行われる「田遊」を先に少し紹介した〔I第二部第五章一〕。ここでは佐渡の田遊神事の内容を詳しくみていく。

田遊は米作りのために農民が行う一年間（又は田植から刈り取りまでの半年）の仕事を、新年に模擬的に演じ、予め前もって田の神＝田が持つ自然の生命力に「このようにありたい」と願う儀礼である。予祝（よしゅく）儀礼とも言う。

小比叡の田遊神事はカラス役やモグラ役に邪魔されながら「田打ち」「水加減」「柄振り」「種蒔き」「苗取り」「田植」の順で、田起しとしての「田打ち」から田植までの仕事を模擬的に演じる。実際の田の仕事でも、種や苗を啄むカラス、水田に穴をあけるモグラに邪魔されながら行う作業だ。

こうした模擬的な演技による願いは、効果のない呪術性・宗教性と考えられ勝ちだ。しかし「予祝」を、実際の仕事が始まる前の「予習」と考えると、一定の説得力があるのがわかる。最近の言葉でいえばシミュレーションに相当するだろう。また、シャーマニズムや国家主義的宗教とは違う素朴なアニミズムと考えるなら、自然を神格化しながら共生してきた神観念、文化といえるだろう。

田遊は実際の仕事を模擬的に体で演じる。しかし、春駒としての蚕の成長と繭作りは自然の生命力そのものであって人が真似出来ない。そこで、自然の生命力としての蚕の成長を、田の生命力と同じように神格化し、養蚕の手順を言葉で表す。これが春駒唄だった。それらの間には、蚕という動物と、田の土という自然の生命力を神格化した、共通の神の観念があるのがわかる。この観念によって、米の豊作を願う農民の農耕儀礼・田遊が成り立ち、旅芸人による門付芸の春駒が「神」として成り立つ。

佐渡小比叡神社の「田遊神事」の「田打ち」

○言葉で願う言寿

もう少し細かく言うと、春駒は身体の演技でなく、言葉によって表現される儀礼、言寿（ことほぎ）である。言葉によって「このようにありたい」とする願いを表す。

小比叡の田遊もまた、身体表現だけでなく仕事の細かいところを言葉で歌うところがある。一部例を見ると、水加減は「こんなところにむくろが穴をあけやがって」と穴を埋める所作をする。田植は「上天気に田植をしてもらいます」と歌う。最後に田そのものを開墾する表現として「田を作らば　柳の下に作れ　柳のように　穂波ゆらせて」と歌う。この歌はよく知られており、言葉によって「このようにありたい」と願う典型的表現だ。

農村の儀礼は米作りだけでなく他の穀物や養蚕などの儀礼がある。こうした例でわかるとおり、春駒は農村の儀礼としての「田遊」や「田楽」と同じ法則と思想をもち、同じ神観念を持っているのがわかるのである。

四　門付芸――その③　乗馬形春駒

「佐渡春駒」の現代

佐渡にも駒形の木偶を手に持つ春駒（手駒）がある。そしてその唄はこれまでみてきたものと同じだ。しかし佐渡の春駒でよく知られるのは乗馬形である。佐渡金山のある相川のキヨメ役が門付芸として演じてきた。佐渡ではこれを「ハリゴマ」と呼ぶ。佐渡の春駒といえば多くの場合この乗馬形を示す。私も同じ意味で「佐渡の春駒」ということになる。手駒は「手駒」としていい分ける。この「佐渡の春駒」乗馬形は犬くらいの馬の頭部木偶を股間につけ、馬の尻を模した竹篭を尻につけて馬に乗った姿で舞う。これを舞手と呼ぶ。地方（ぢかた）と呼ばれる扇太鼓で音頭をとる人と二人一組である、門付の時は、ご祝儀を袋に入れて歩く「袋持」が加わる。

佐渡の春駒で特徴的なのは舞手が非常に個性のある「お面」を付けることだ。真っ黒なお面で、口が右上に吊り上った苦痛の表情をしている。伝説によると、江戸時代初め、佐渡金山を発見したとされる味方但馬という人物が、顔面神経痛を患っており、金山発見で喜んだ顔、といわれる。

私が始めて佐渡の春駒を取材したのは一九八〇年代で、もう三十年も前になる。その頃相川町（現・佐渡市相川）の町議会議員をしていた井坂照さんにお会いし、江戸時代のキヨメ役の現代、門付芸のことなどを聞いてから始まった。その後井坂さんとは長い付き合いとなり、いろいろな意味で私にとって、春駒の先生となった。井坂さんは相川町橘の農村に住んでいるのであるが、自ら春駒を演じ、門付芸を高く評価している。

佐渡の部落にいて、最後の門付芸人といわれたのは吉野福蔵さんだった。一九六〇年代まで門付けをしていたが、残念ながら私が井坂さんにお会いした頃、吉野福蔵さんは亡くなられていた。井坂さんはこの吉野さんから直接春駒を習ったのである。正月の門付で吉野さんたちが橋に来たとき、近くの寺が常宿になっていて、井坂さんは毎年そこに行って吉野さんの話を聞き、何年もかかって春駒を習った。

民家を一軒一軒廻り、正月を祝う春駒は華やかで非常に人気があった。正月から始めて島内を一回りすると春になったと言う。それでも一軒残らずお祝いした。そうでないと島民に「正月が来た気がしない」と怒られたという。

佐渡相川の部落には何組かの旅芸人がおり、それぞれ春駒を演じていたが、名人といわれたのは吉野福蔵さんだった。吉野さんが舞手、地方は寺尾作治さんという人だった。この二人は国立劇場で二回春駒を演じている。一回目は俳優の長谷川一夫が見に来ていて、絶賛したと言う。二回目は一九六八年。文化庁主催の「日本の祝福」で演じた。

吉野さん亡き後、井坂照さんが舞手となり、寺尾さんと組んで春駒を演じることが続いた。またその後、同じように吉野さんから舞を習った農村の中川洋太郎さん、地方で町人の飯山弘さんにも会った。吉野さんの春駒がいかに広く行き渡り、親しまれたかわかるものだ。

この間私が大切だと思い新聞『新潟日報』の文化欄などで主張したのは、佐渡だけでなく日本の伝統芸能の中で門付芸を外してはならないということだった。井坂さんはこのことをよく理解してくれた。そして中川さん飯山さんを含め、佐渡の春駒を部落の伝統芸能と認識し、「人権文化」として各地で公演してきたのである。

私が始めて井坂さんにお会いした頃、佐渡の伝統芸能といえば観光資料などで「おけさ」や「鬼太鼓」などが挙げられるが、春駒は入っていなかった。二〇〇〇年代になって、行政が出す文化資料、観光資料などに春駒が紹介されるようになった。井坂さんたちの努力が実った、と思っている。

また二〇〇七年十月には佐渡の市民として学校の先生を中心に「佐渡扉の会」（代表・金山教勇）が結成され、井坂

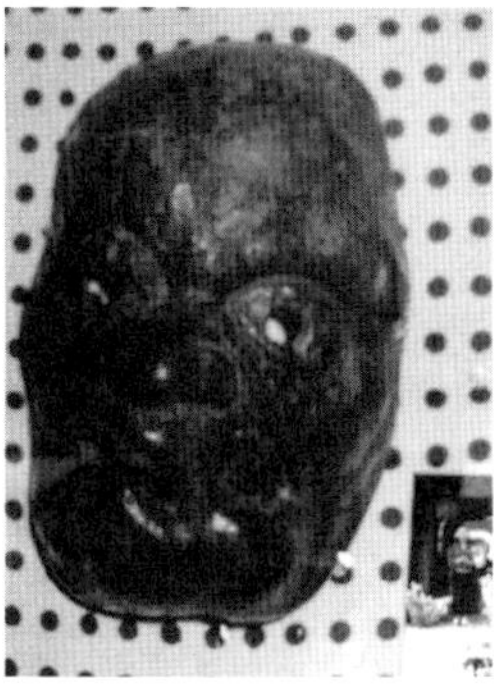
春駒面・怒りの表情にも見える。

東京・向島の門付「春駒」。舞〈井坂照〉地方〈飯山弘〉

さんの協力を得ながら、春駒の歴史、門付の聞き取り、部落史の学習などを重ね、差別観の克服をめざしている。部落問題が隠された問題ではなく、開かれた問題として語られる状況が期待される。そのような時の、人々の思考の中心にあるのが「部落文化・文明」であろうと私は確信する。

金山のお祝い

佐渡の春駒もお祝いの意味を言葉で表す。娯楽的な唄もあるが基本は金山のお祝いであり、代表的な唄は「さまよ踊り」（さまは〈様〉）だ。「いかな夜も

佐渡・井坂照さんの「春駒」

日も　金銀山の　今日はおめでとうございます　結構な正月でございます　金の光で町を照らす」と歌う。

この歌詞は、自然の生命力に働きかけるものとは違う。しかしこれも伝統的な言寿（言霊）だ。日本社会の古代には「国見」とか「家寿」（いえほかひ）などの言寿があった。これらは国（村・里）や家を誉めることで、そこに暮す人の豊さや健康を達成しようとする呪術的思想からなっている。「このようにありたい」という願いを言葉で表す「類似の法則」からなっていると考えられる。よく知られる「めでためでたの　若松さまよ　枝も栄える　葉も茂る」も同じ法則からなっている（『鑑賞　日本古典文学　第四巻　歌謡Ⅰ』角川書店・一九七五年）。若い松が勢いよく育つ姿を人生の旺盛や多幸に類似させている。この唄は小比叡神社の田遊でも歌われている。

「さまよ踊り」はこうした言寿の法則として出来ていると考えるのが一番わかりやすい。だから金山を誉めながら祝うのは、金山だけでなく佐渡に暮らす人々が、金山のように栄えることを願うこととなる。

ここにある発想のつながりによって、農村などで働く人々が行う祭りや神事芸能、民俗芸能と、歴史の上のキヨメ役が行った門付芸が同じ発想・法則からなり、両者がそれを受け入れていることがわかる。

またこのことでわかるのは、江戸時代のキヨメ役が伝承してきた祝福芸・門付芸は、お金や物を貰うのを第一義としていたのではないことだ。佐渡では（他の土地でもほとんど同じであるが）門付をする旅芸人をホイトと呼んだ。この言葉は誤解されて「乞食」のように思われ、芸は物を貰うために適当にやっていると思われる傾向が強かった。それが偏見だったのだ。本来ホイトはホカヒビト（寿人）が訛ったもので、言寿を行う人を意味していたと考えてよいはずなのだ。

「万葉集」十六巻に「ほかひびとの詠」［3885］があるが、これに万葉集の編者が「乞食者」という漢字を当てた（『日本古典文学大系　万葉集四』岩波書店・一九六二年）。これが文献的偏見の始まりだろうと私は考えている。これは「万葉仮名」の法則からしても異例な表記なのだ。この後、多くの文献で道の芸ともいえる屋外での神事芸能、門付芸などの芸人をホカヒ人と表記するのではなく「乞食者」と表記する事例がほとんどになってくる。こうした傾向も克服しなくてはならない。

初出「三、門付芸の世界―その③」・二〇〇三年三月、四月『新潟日報』連載「生活を潤した人々　部落問題の新しい認識」

五　春駒宿――佐渡の農村にて

越後大黒舞を、農村にあって伝承した菅原藏治さんの家は「芸人宿」といった。上越地方の岡沢では「春駒宿」といった。同じように正月を祝う門付芸人が行き先で泊るのは、お金を払って泊まる木賃宿とか旅籠屋ではなかった。多くの場合、農山漁村町の民家で、無料で泊まるのが通例だった。そこには、現代、何でもお金で済ます私たちが忘れた大切なものがあるのではないか。そんな思いがずっと続いていた。

そんな時、佐渡で「私の家が春駒宿だった」という人がいて、「昔のことを聞いている」といわれるので、その全体像を紐解く大切な事例として取材した。ここに掲載しておく。

相互了解の社会文化システム

津軽三味線の祖といわれる仁太坊の生誕地青森県金木の町外れ、岩木川の流域にある神原の土手に行ったことが

津軽三味線の祖・仁太坊の生誕地。津軽・岩木川の堤防。（2001年5月・筆者）

ある。金木は太宰治の生誕地でもある。江戸時代末期、岩木川の土手で船頭をしていた父と瞽女の母のあいだに生まれた仁太坊（幼名仁太郎）。若くして失明し、津軽で「ボサマ」と呼ばれる門付芸人になった。ある日、義太夫の太三味線（太棹）の音を聞いて感動し、太棹を使った津軽三味線をあみ出した。

彼の母がそうだった瞽女についてはよく知られている。東北地方などで目の見えない女が集団を作り道の芸をしながら生計をたてた。（私は神観念を持つ芸を門付芸・祝福芸とし娯楽的な芸を大道芸と呼んでいる。両方合わせて「道の芸」とする）。「ボサマ」は目の見えない男が集団を作り道の芸をする。江戸時代はこうした芸能集団や生業集団が東北地方などにほぼ定着していた。そして、そうした人や集団への偏見や差別も度々指摘されてきた（部落差別のように世襲的な差別とは少し違うと思う）が、一方でここには、目の見えない男女が自立して生活するための一定の社会的相互了解があると思う。私はここにある相互了解を少なくとも民衆の中にあった社会的文化的システムとして注目したい。

もちろん一定の芸能集団を作らなくても自立できるのが理想であるが、それは最近になって理念としていわれだしたことで、明治時代からの近代的競争社会、資本主義的生産関係では、そうした古くからのシステムは無視され「厄介者」あつかいされるようになる。こうした近代社会の欠点（自然破壊はその典型と思う）を民衆の視点で克服するため、前近代の建設的な部分を発展させ、その時代にある差別や排除の、世襲・観念などの欠点を克服したいし、出来ると思っている。

部落問題もよく似たところがある。江戸時代のキヨメ役（穢多・非人身分）は職業としての「御用」や「役目」をとおして農山漁村町などと一定の相互了解＝関係性をもっており（拙書『部落差別の謎を解く』前掲書）、社会的文化的システムを持っていたといえるが、明治時代以降は職業の分業的関係性を失い、差別ばかりが顕在化し、その差別によって新しい職業につくことも難しくて経済的困窮に陥った。その状態をみた政府高官たちは「貧乏なのは彼らが怠けているから」と切り捨て、偏見・差別を増幅してきた。こうした偏見・差別を克服するために、前近代からあった建設的な関係性、あるいはシステムを発見し、新しい認識、あるいは理念として現代的に再構築する必要があると考える。ここではそうしたシステムの一つを佐渡の春駒宿にみる。

門付芸人が泊った常宿

新年を祝福して賑わした門付芸であるが、佐渡の春駒の例で言えば、島内をくまなく廻ると春になると言われた。それでも春駒がこないと寂しいと島民はいった。そんなとき芸人はいちいち自分の家に帰るのではない。農家や町家に泊ったのである。農村などによっては毎年順番に宿をしたという話があった。佐渡で最後の門付芸人といわれた吉野福蔵さんから直接春駒を習い、今も伝承している井坂照さんからよく聞いたのであるが、宿には周りの人が大勢集まった。各地を廻る芸人から自分たちが知らない町や村の話を聞いたり、芸を習ったりするのが楽しみだった。井坂さんが本格的に春駒を習うようになったのも、近くの寺に吉野さんが泊っていたのがきっかけだった。

そんな中で常宿のような民家があったことを聞いていたが、最近になって「うちがそうだ」という人に出会ったので、さっそく聞取りに行った。佐渡ケ島の北部、大佐渡の外海府といわれる地域の大倉というところ。金山の町相

かっての「春駒宿」浜野ヒロミさんの家。裏は日本海。

川から約三十二キロ。歩きつづけて一日かかる。吉野さんなど多くの門付芸人の村があるのも相川だ。

大倉の浜野ヒロミさん（82）の家が一九二〇年頃まで「春駒宿」をしていた。「海府の泊り宿」ともいわれる常宿だった。家の裏はすぐ日本海だ。門付芸人が泊らなくなったのは、相川へのバスが開通し、彼らがバスで帰るようになったからだった。ヒロミさんが直接「春駒宿」を経験したのではない。義母の故浜野かつさんが経験したのを聞いている。

当時の浜野家は座敷とオマ（居間）、次の間、納戸、作業の部屋と台所や土間を含めた六畳六間の家だった。浜野家は当時「五平」と呼ばれる「麹屋」だった。作業の部屋はそのためにある。オマに囲炉裏があって家族が集まる。寝る時は大人が納戸、子供が次の間。お客があると座敷に泊める。

「門付芸人はどこに泊ったんですか」

「座敷に泊ってもらいました。でも全員入りきれなくて土間に寝る人もいたそうですよ」

普通のお客さんと同じに迎えられたのがわかる。しかし六畳の間に入りきれないほど芸人が来たのだろうか。佐渡の春駒は基本的に三人だ。舞手と太鼓の地方、御祝儀の米などを担ぐ袋持だ。ちなみにご祝儀の米は一升枡か五合枡に山盛り。その上に金子を入れた御祝儀袋を乗せるのが礼儀だった。

「門付芸人がそんなに大勢来たんですか？」

「この村を廻る人だけでなく、周りの村を廻った人も夜はここに来ましたから」

小倉の周りには小田とか矢柄という村がある。新年になると相川の部落（私は同和地区をこのように言う。他の共同体はそれぞれ農山漁村町とする）、かってのキヨメ役の村から門付芸人が何組も出たのを聞いている。彼らはそれぞれ受け持った村や地域を廻った。そんな人の中で、近くを廻る何組かが夜には常宿の浜野家に集まったのだろう。私は新潟県と山形県の県境近くの山村で「越後大黒舞」の宿をした農家に行って話を聞いたことがある。門付芸人が泊る夜は村人が集まり、芸を習ったり各地の作物の様子などを聞いたりで賑わった。相川の橋にいる井坂照さんも同じ話をしていた。新聞やテレビのない時代は門付芸人がメデアの役を果たした。とはいえ、何組もの芸人が集まった話は始めて聞いた。しかも「宿賃」はない。越後でもそうだった。越後ではその代わりに芸を教えたと聞いている。

浜野さんのこれらの話は非常に大切だと思った。彼女の話からして今後も門付芸の宿を注意深く取材したいと思うのであるが、話からすると、そこに相互了解された一定の社会的、文化的システムが存在していたことになるだろう。そうでないと他の村を廻る門付芸人が大勢集まってくることはなかったはずだ。とはいえ越後と少し違うところがある。越後では夜になって村人が集まり賑わったが、浜野さんの家に村人が集まった様子がない。そのことを尋ねると

「村人が大勢集まったのは隣の家なんです。この村の草分けって言われる家で、春駒が来たらそれこそ村中の人が集まったんです。私も子供の頃何回も見ましたよ」

隣の家に来た門付芸人は春駒だけでなく「俵転がし」などを交え、特別にじっくり時間をかけて演じたという。

「その芸は高尚なものでした。そして、めでたいものと思いました。でも、ホイトと言えば乞食のようなイメー

ジがあって、その違いにとまどいましたね」

「泊った芸人がお礼に何かすることはなかったですか」

「お礼のようなことでは縫い物をして行ったと言いますよ。ボロ布を縫い合わせる刺し子を作ってくれたんです。寒いところなので刺し子で作業着なんかを作りますからね。それと、この家は男手が少なかったので、いろいろと家の仕事を手伝ってくれたと言うことです」

真冬の厳しい寒風が吹く日本海、その海辺での人情ある暖かい人間模様が浮かぶ話ではないだろうか。

このようにして門付芸人は旅を続け、人々に迎えられた。寒い地方の特徴かも知れないが、佐渡の門付芸は土間など家の中で演じることが多かった。

ちょうど私が行く前日、ヒロミさんは従兄弟のたづ子さんに会った。私が行く約束をしていたのでその話をすると、戦後間もなくの話しがでた。ちづ子さんが病気で相川の病院に入院していた時のことだ。病院で偶然、相川の部落の人と出会った。門付芸で毎年会っている酒田という人だった。

「私が入院しているのを知って酒田さんがさわぎにしてくれた」たつ子さんがそのように言った。

たつ子さんが言う「さわぎ」とは「大切にしてくれた」という意味である。酒田さんが見舞いにきて「爪皮の足駄」（つまかわのあしだ）をくれたという。下駄であるが、雨の日に爪先が濡れないよう皮を張ったものだ。高級履物の一つで佐渡では「嫁入りの履物」といわれ、ハレの日に使われる。そのとき酒田さんが「正月にお世話になっているから」といった。以前「春駒宿」に泊っていたことへの感謝があるだろうと、たづ子さんは思った。門付はもうとっくに終わっているのに。

「爪皮の足駄」だけでなく、たづ子さんが入院していた一週間のあいだ何回も見舞いにきていろいろ面倒みてくれた。相川と大倉が遠いので、相川の病院にいる自分に親身になってくれた、とたづ子さんは今も思っている。

宗教的行事に使う「緒太ぞうり」

「春駒宿」と直接関係ないが、ヒロミさんの話でもう一つ大切と思うことがあった。

この地方で「緒太ぞうり」と呼ばれるものがある。特別な草履である。これを相川の部落の人が作り、売りにきた。多くの場合米と交換した。「緒太ぞうり」は、形は普通の草履であるが、名の通り鼻緒が太い。布製の細長い袋に藁を詰めて紐状のものを作り、何本か合わせて太い鼻緒に編んでいる。

草履は江戸時代をはじめ明治時代以降も部落で盛んに作られ、多くの人の生活を支えてきた。かくいう私の祖母も草履作りをし、篭にたくさん入れて背負い、売りに出かけた。一度出ると二三日帰らなかったという話を母や伯母から聞いた。こうした例から「草履作り」が部落の産業のようにいわれることが度々だ。

とはいえ草履は部落だけでなく農民も盛んに作った。草履の原料が米を収穫した後の藁なので、むしろ農民の産業、あるいは生業であり、得意とするものではないかと思う。そうしたことから「草履作り」を部落の産業とするのをためらうことがあった。とはいえ別の視点として、農民の「草履作り」と部落の「草履作り」がそれぞれの意味、あるいは社会的機能としての違いがあったかも知れないと思い、その意味の違いを示すものがあるだろうかと考えていた。

ヒロミさんの話にある「緒太ぞうり」はその違いを示すものではないか。また、たづ子さんの話にある、ハレの日の「爪皮の足駄」も、そうした違いを示す特徴を持つのではないか。

佐渡だけでなく、農民はもちろん藁が用意できる人はほとんど誰でも草履を作った。小倉の村もそうだ。しかしそこには微妙な意味合いがあった。農村で作る草履は、たとえそれが商品になるとしても、日ごろ自分たちが履くものだった。ヒロミさんの言葉では「普段の草履は自分で作る」だ。これに対して、部落の人が作って売りにくる「緒太ぞうり」は普段のものではない。それは盆の墓参りに履くものだった。つまり宗教的儀式として使うのが「緒太ぞうり」だ。

この話の中に私が気にしていた農民などの「草履作り」と部落のそれの違いがあると思う。それぞれの社会的個性の違い、あるいは社会的機能の違いと言ってよいのではないか。もっと多くのデーターを集めたいが、少なくともヒロミさんの話にそれらの違いを示す手掛かりがある。ハレの日に履く「爪皮の足駄」も宗教的意味を持つといってよい。

こうした手掛かりを基に考えると、江戸時代に部落が作った草履の社会的意味、その特徴が想定できる。その特徴を私は職業的カテゴリーとして「キヨメ役」の仕事といってよいと思う。「緒太ぞうり」の例でいうなら、宗教的儀式として「ケガレを避ける」あるいは「ケガレに触れない」ための、つまり人々の身体のキヨメを宗教的に保障するための用具といってよい。『日本民俗大辞典』（吉川弘文館・二〇〇〇年）の「ぞうり　草履」では農民など多くの人が履物として草履を作った、としながら宗教性もあるとし「村境に大きな草履を吊るす風習は、他所から悪者や疫病が入村しないよう、吊るした」と説明する。各地の寺の山門に大きな草履が吊るされているのもよく見かけるが、それらが「悪者や疫病」を避ける、キヨメ的機能としてあるのも確かと思われる。

「緒太ぞうり」はそうした意味があってキヨメ役（穢多・非人身分）の仕事であり、職業あるいは文化だったと考えてよいのではないか。しかもここでは、そのきっかけがどこにあるか明瞭でないものの、農民などとの相互了解にあるシステムの範囲にあるといえるのではないだろうか。

こうした想定を前提にするなら、ここにはまた農民たちからの排外性、差別の原理につながる宗教的観念がありそうだ。しかし同時に、ここに宗教的儀式を含めた社会的分担、分業の形跡をみることもできるのではないか。これをそれぞれが生きるための相互了解とし、あるいはまた新しい認識とし、民間にあった相互了解の社会的文化的システムと考えることで、排除や差別を超えるきっかけを掴むことが出来ると思うのである。

佐渡の皮革業と近代

「爪皮の足駄」が動物の皮を使うことから、江戸時代からその産業が佐渡の部落にあったと思われるかも知れないので、その歴史を少し書いておく。結論を先にいうと、少なくとも江戸時代末期から明治二年まで佐渡では「皮剥・皮細工」を町人が行った。この様子が一気に変わったのは一八六九年（明治二）新政府の統治者・奥平謙輔（長州藩出身）がきた時からだ。奥平は町人が皮剥・皮細工をしているのを知って、それは「穢多」の仕事とし、島内にキヨメ役としての「非人」しかいなかったので相川の「非人」の一部を「穢多」とするよう命じ、彼らに皮剥・皮細工をやらせた。

『佐渡年代記　中巻』（前掲書）で「川原田相川両所町人之内皮剥又は生皮買取皮細工を職業といたし居る者有之由に相聞兼而（欠）（略）全く穢（欠）所為に而良民之渡世には無之以而之外に候」とある。さらに『佐渡相川の歴史　通史編　近・現代』（前掲書）は明治二年になって皮剥・皮細工をするようになったキヨメ役（非人）を「穢多之銘目相唱可申」とする民政役所の指示がある。つまりこの時始めて佐渡にキヨメ役の穢多身分がつくられたことになる。

ここには明治政府高官の偏見・差別がある。先のような、皮革業を町人が行った状況を、差別を克服する視点に立って考えるならば、皮剥・皮細工をする町人を「開かれた世界」とし、奥平は自分の出身地長州や明治政府の政治政策、その思想を見直すべきだったのだ。

初出　『部落解放』二〇〇八年五月号「部落文化を訪ねて④」

第三部　部落文化とルネッサンス

第一章　神から人――門付芸から舞台芸へ

神観念を持つ門付芸が、その観念を脱却し、人間の物語を表現する芸術芸能になる。「エビス舞」では、鯛を釣ってニッコリの像＝漁師の労働＝「神」を演じる芸能……神事芸能から、その像以外の人形＝女や男、武士や農民の人形を使い、人情を語る浄瑠璃にあわせて操る「人形芝居」「人形浄瑠璃」が現れる。そしてこの人形浄瑠璃は、現代、日本の伝統芸能として、歌舞伎や能とならんで世界的に評価される文楽に発展する、江戸時代後期に人形浄瑠璃の一座を率いて活躍した植村文楽軒が大阪で演じたことから始まった。

この流れ＝変化には漁業の豊さを願うことから始まったエビス「神」から、人情物を演じる芸術芸能への変化と流れがはっきり見えるのであり、文化的体系を見出すこともできる。

エビスから文楽の流れでは、部落文化だけでなく、中世の散所の民や江戸時代の農民など、多くの人々の創造力が集合しているし、その集合に見られる文化的関係性がまた部落への偏見を克服する大切な要素といえる。一方、歌舞伎などでは、門付芸がそのまま人間の物語を演じる芸術芸能になっている例が多い。それはこれまで少し説明した鳥追・春駒・大黒舞・万歳などにみられる。

こうした流れと変化に、ヨーロッパ近代を育てたルネッサンスと同じ文化的近代が芽生えていたと私は考える。これが芸能から見た部落文化の特徴であり個性だ。しかしそれがこれまで偏見・差別によって見失われていた。本稿でそれを再発見・再興してゆく。

もっとも、日本には神観念が多い。その中で、祭や年中行事にある（門付芸はここに入る）民俗芸能が持つ神観念は大きく分類することができる。これまではこれらが曖昧なまま「神道」にまとめられがちだったが、そこに自然と人間の関係を取り入れ、慎重に考察したい。まず、呪術の世界総体から整合性をもたない非合理な呪術と、自然の法則、その生命力を「神」とするアニミズムを見出し、この二つを区別したい。アニミズムはエコシステムに対応出来るものとして一定の整合性を持つし、自然に直面しながら働く者が創った文化といってよいだろう。そしてそれは現代、人と自然の共生のために世界的に重視されている。これをあらためて分類し、大切にしなくてはならないと思う。本稿ではその流れをいくつかの門付芸に見出し、それが現代の舞台芸術として、人間の物語として、どのように生きているかみていく。

一　身分差別を超える思想——日本舞踊から——

舞踊に込められた想い

「日舞を通して考える人権と文化再発見」という舞踊公演が〇五年夏、大阪・岸和田の浪切りホールで開かれた。主催は藤間流師範・藤間勘史卯さんが代表する「藤弘会」。六年前の九九年に一回目が始まった画期的な日本舞踊公演だ。今回で二回目。六年の間隔を長いと思う人がいるかも知れないが、決してそうではない。非常に多い舞踊から、人権を表現しているものを選び、練習し、伴奏や舞台演出を改めて考える。非常に多くの時間がかかる。日本舞踊の中に人権を表現する演目を選び、公演するのは日本で初めてだ。とはいえ、江戸時代に創作され、今も人気のある日本舞踊には最初から人権を主張し、当時の身分差別を批判し、克服する思想をもつものがたくさんあった。明治時代以降、欧米の文化模倣をすることで、近代の日本人が気づかなかっただけだと思う。気づくのが遅すぎたといえるかも知れない。そうしたことを認識した舞踊家・藤間勘史卯さんが呼びかけて始まった。

一回目は「春駒」「女太夫」（門付芸鳥追と越後獅子の芸人・越後の農民の恋物語）「峠の万歳」などが演じられた。二回目は「靫猿」〈うつぼざる〉（猿廻が主人公の舞踊）と、「葛の葉」を舞踊化した「葛の葉道行」などを上演した。

その時のプログラムにある藤間勘史卯さんの呼びかけの一部を紹介しておく。藤間さんがどんな意気込みをもっているかよくわかる。

「日本舞踊。日本が世界に誇れる伝統文化です。ただ、その舞踊は美しさだけを伝えてきたのでしょうか。『靫猿』を例にすると、差別の無い世の中にとのメッセージが、『葛の葉道行』は悲しい母の想いを感じます。これらの作者は舞踊を通して人としての尊厳を伝えたかったのではないでしょうか。（略）」

このような意気込みに共感して、歌舞伎界や藤間流家元からの協力・共演があった。私も呼ばれて、春駒や靫猿と部落文化の関係などを話す機会を与えてもらった。

偏見を書いた史料を正す

みなさんは日本舞踊についてどんな印象をもつだろうか。江戸時代に歌舞伎舞踊から派生し、独自の世界を作っている。歌舞伎が男だけで、世襲なのに対して、日本舞踊は男も女も参加する。家元が世襲である場合があるが、芸を磨けば誰でも家元になれる。家元とは本来、家族ではなく芸を継ぐ者のことをいったのである。能の大成者世阿弥は「家、家にあらず、次ぐをもて家とす。人、人にあらず、知る人をもて人とす」とする（『世阿弥芸術論集』「風姿花伝」新潮日本古典集成・一九七六年）。そうした意味で日本舞踊の家元が本物だと私は思う。

とはいえ、これまで舞台を見ていて戸惑うことが多かった。美しい衣装に身をかため、顔の表情がわからないほど化粧をしている。しかも舞踊の型があって、それがわからないと興味がもてない。そんな印象を持っていた。ところがある時期、突然見方が変わった。

私は部落の伝統芸能というべき新年の祝福芸・門付芸を長いあいだ調査し研究してきた。本紙でも書いた「鳥追」「春駒」「大黒舞」「万歳」などなどだ。

「三河万歳」は三河や尾張の農民が演じた。修験者による祈祷的門付けもあって渾然としており、門付芸のすべてが江戸時代のキヨメ役（穢多・非人身分）の伝統芸能とはいえない。特に「三河万歳」は徳川家の特別な庇護をうけた農民が、徳川幕府のために各地の内偵役をしていたもので、例外的だ。しかし、その他の各地で「万歳」と呼ばれたものはキヨメ役が多い。全国的にキヨメ役による祝福芸・門付芸が多かったのはたしかだ。この部分を私は部落の伝統芸能とする。

【注・私は江戸時代の穢多・非人身分を職業的呼称としてキヨメ役と呼んでいる。鎌倉時代の文書『塵袋』（前掲書）に「キヨメをエタと云うは何んなる言葉ぞ…」とする記述があり、本来キヨメと呼ばれていたのである。この頃は職業の呼称だった。この職業と身分が一体になるのが、豊臣秀吉の「身分統制令」にはじまり、徳川幕府のキリシタン禁制の戸籍＝宗旨人別帳で全民衆の戸籍による固定的把握があったためと考えられる。「穢多」を一方的に身分呼称として使い、全国に波及したのは徳川幕府である。なお、江戸時代の身分序列は「武士・平人・賤民」でよいが、職業的カテゴリーで呼ぶ時は士・農・工・商が適当と思うし、現代的認識として、〈賤民〉の層も出来るだけ職業で呼ぶのが適当と考える（拙書『部落差別の迷を解く』（前掲書）】

今も各地に残る祝福芸・門付芸を現場で聞き取りすると、不思議なことに気づく。門付芸を受けてきたかっての「平人」層の話では「春駒」「万歳」などを「神」として迎えている。しかし文字になった古い史料や文献を見ると、「神」というのはほとんど見当らなくて、「乞食」とか「物貰い」あるいは「零落した芸」と書かれることが非常に多い。この落差に大きな疑問があった。

この落差について、いろいろな本に書いてきたが、古代に中国伝来の文字を活用した貴族など社会的上層の者に偏見があり、偏見のまま日記などに書いたからだと思われる。例えば、一四世紀の公卿・三条公忠は、将軍義満が猿楽師・世阿弥を寵愛するのを批判して「かくの如き散楽者は乞食の所行なり」とする（『後愚昧記』・「大日本古記録」・一九八八年）。後の人がこうした文献を唯一の史料とした。日本は本来文字を持たない文化だった。それを口承文化という。文字を使わなくても水準の高い文化を持っていた。大衆的には明治初期まで大半がそうだった。

ところが文字を使う貴族など社会的上位の者がそれを「無学文盲」と軽視し差別した。先の章で書いた「万葉集」の「ほかひびと」に「乞食者」という漢字を当てたこと。「春駒」の発生が中国伝来の「白馬の節会」だとした室町時代の貴族・一条兼冬の記述などが典型的だ。兼冬は「春駒」の表面だけ見て歌の意味を考えていない。「ほかひびと」の「ほかひ」は「寿」という漢字を当て、「神をことほぎ、祈ることばをとなえることによって、幸いを求めること。その人を〈ほかひ人〉という」（『字訓』白川静・平凡社・一九九五年）とするのが的確だ。そうした意味で、猿楽や万歳・エビスなどについての文字文献も、現実の聞き取りによって再考しなくてはならないと私は考える。大衆は長く文字を使わなかったのだ。そうした歴史を前提に口承・口伝の部分を科学的に分析する手法を持たないと、偏見を超えた歴史の真実が見えない。そうした手法については、拙書『和人文化論』（前掲書）で書いたので参考にしていただきたい。

二　歌舞伎・日舞を見直す

こうしたあつかいを受けていた祝福芸・門付芸であるが、しかし一方で、それらが江戸時代から歌舞伎舞踊や日本舞踊になっているのを知って、それらの舞台芸を見る目が変わったのである。そして、見る目が変わると、そうした舞台芸の内容に重要な問題意識、あるいは変革の意識があることにも気付いた。変革の意識と思われるものの一つは、門付芸がもつ神観念と、芸術的舞台芸能が描く人間物語の芸の意味の違いが意識されていただろうと思われること。二つ目は、キヨメ役が、当時「河原者」と呼ばれていた諸芸能者たちと共に祝福芸・門付芸を歌舞伎や能狂言など舞台芸能・芸術に変革していること。

ここでいう神観念は海・山・田などの自然の生命を「神」とし、そこから富を得るため働きかける者が「このようにありたい」と願うものだ。アミニズムともいえる。しかし自然は富だけを与えるのではない。死もある。天変地異の破壊的な部分もある。現代大切にされるエコシステムとか生態系はこの部分を含んでいる。この部分を日本人は主に「ケガレ」といって排除してきた。歴史的なキヨメ役・部落がその部分に触れ、処理・再生して太鼓や人体解剖技術など医術や生活文化を生んだ。また「ケガレ」を再生・キヨメる宗教的儀式の一部として門付芸などをつづけた。この門付芸が歌舞伎など日本の伝統芸能へと発展するのを認識することは、自然の法則としてのエコシステムに対応した文化・文明のシステムをこの国で発見することにつながると思う。

しかも、こうした「神」から芸術芸能への流れ、ルネッサンス的変化には、第一次産業としての農山漁村の文化を移動性のあるキヨメ役や「河原者」など諸芸能者が都市に運び、都市で芸術的な舞台芸とし、それが再び農山漁村に還流する構造がある。この還流の構造に日本文化の体系性を見る手掛りがあると思うし、その体系性が部落への偏見を克服する手掛かりでもあるだろう。差別克服や人権を倫理や道徳として考えるだけでなく、人々が生活する文化の中に「共有」できるものとして見出すきっかけでもある。こうした私の考えに舞踊家の藤間勘史卯さんが共感してくれて、日本舞踊を人権文化として上演するようになった。その演目から「靱猿」〈うつぼざる〉を取り上げる。

歌舞伎舞踊「女太夫」。鳥追の芸人が登場。

日本舞踊の「女太夫」〈藤間勘史卯〉

差別を超克する舞踊・思想

「靫猿」は最初、室町時代に作られた狂言だった。新年の門付芸をする猿廻と、当時領主である大名がからみあう。当時猿廻は厩（馬小屋）の守り〈神〉・キヨメとして歓迎されていた。一方、大名は鷹狩などをリクレーションとした。猟の時、弓矢を背中に背負う袋を靫〈うつぼ〉という。これを猿の皮で作るのが高級とされていた。古くなった靫を新調しようとしていた大名が狩の途中、たまたま猿廻と出会い、猿を殺して皮を靫にすると言いだす。猿廻は断るが、大名の命令は絶対的だった。やがて猿を大名に渡す覚悟をするが、最後に猿の芸を見てからと、猿廻芸を演じる。この芸に大名が感激し、猿を殺すのを諦め、殺そうとした自分を反省する。こうした物語の構成に、動物に対する人間の傲慢さと、それを反省する思想があると思う。この狂言の初演が一四六四年だ。江戸時代の一八一五年（文化一二）、この狂言をもとに常磐津「靫猿」が創られ舞踊になった。辞典などの解説で、狂言を軽妙にわかりやすくしたと書かれるが、背景に、江戸時代の身分制度を批判する思想と人権意識があったと私は思う。常磐津のそれは、狂言の思想をはるかに超えているからだ。

靫を新調しようとする大名が猿廻芸を見て反省するところまでは同じであるが、日本舞踊の常磐津「靫猿」は大名が男ではなく女大名である。しかも、派手な振袖姿で登場する。こうした舞台構成・演出が軽妙だと思われたようだ。私は最初不自然だと思った。大名が女なのはあまり聞いたことがない。狩猟をする大名の姿としても振り袖姿は不自然ではないか。しかし、舞台を見て〝なるほど、これが言いたかったのか〞と納得した。大名が反省した後の展開が狂言とまったく違う。女大名は猿の演技に感心するだけでなく、猿廻の男に惚れこみ、一緒に暮らしたいと言い寄る。その場面の歌詞が次のようだ。

♪わたしゃお前に打ち込んで（略）
納豆納豆の朝ごとに　飛んで行きたや主のそば　見れば見るほど　くっきりと
水際のたつ好い男（略）
こりゃお前ならば構やせぬ　お前と抱かれて寝るならば……

この決めゼリフが言いたいために、大名は女でないといけなかった。舞台構成・演出にかなり無理があるものの、このセリフを言いたいための構成・演出だと気づくと、かえって迫るものがある。つまり無理を承知の構成であり演出なのだ。そこには強力な意志と意図があったであろう。それは、差別された身分の猿回しと、領主であり支配者である大名を、同じ人間として見る強力な思想的意図が見出せるものだ。

そしてまた、先に引用したプログラムにみられる藤間勘史卯さんの意気込みも、それがどんなものか、こうした演目の選択にあらわれている。

江戸時代に創作された他の日本舞踊にも、このような思想的意図によって創られたものが多い。明治時代になって欧米に目がゆき、こうした思想・意図による文化が無視される傾向になるが、私はこうした文化に日本文化の深層があると思うし、他の多くの門付芸が同質の変化をもつことから、日本の伝統的芸能・文化には、本来このような変革の思想があることを確信する（「靭猿」の写真等、次章で取りあげる）。

第二章　対談・神への祈りから人間のドラマへ——日本舞踊の源流と変革

川元祥一・藤間勘史卯（藤間流舞踊家）

一　舞踊の型と意味

藤間勘史卯〈篠弘会代表〉藤間流師範

川元　こんにちは。久しぶりですね。私が日本舞踊家とこうした対談をすると、この雑誌（註『新日本文学』）の読者はびっくりしますよ。

藤間　そうですか。（笑い）

川元　テーマは「神から人への変化」ですが、歌舞伎舞踊とか日本舞踊の原点に神観念を持っていた民俗芸能が多いですよね。「ご祝儀物」といわれるものがほとんどそうですよ。しかし、舞踊と民俗芸能には決定的違いがあるわけで、その違いを「神から人へ」の変化と考えるんです。神から人への変化は現代のヨーロッパの文化ではあたりまえのようになっていますが、日本文化でそれが指摘されるのはあまりないし、日本舞踊の中でもほとんどないと思いますが。

藤間　ないですね。それは芸能の原点をおっしゃっているのでしょうか。

川元　そうです。私は前から門付芸に関心があって、それから農村や海、山の民俗芸能に関心が向き、日本舞踊や歌舞伎舞踊に興味を持ったんですが、今日は門付芸と、それに繋がる舞踊を取り上げましょう。今では門付芸はほとんど見られないですが、私は一九九四年に伝統芸能研究・千町の会をつくって一年後から毎年東京・向島で仲間と一緒に正月にやっています。千町の会は私が「部落の伝統芸能」と呼んでいる江戸時代などの祝福芸・門付芸を研究したり復活を呼びかける会です。その呼びかけで復活したところも全国に結構ありますよ。「鳥追い」「春駒」「エビス舞」や「阿波の箱回し」などですが、「猿回し」はその前から頑張っていましたね。

藤間　先生、そこに「まかしょ」がありますね。［テーブルに置いた資料の一番上に日本舞踊「まかしょ」の写真があった］

川元　「まかしょ」とか「願人踊り」の写真持ってきました。「願人踊り」は大阪の「住吉踊り」から発生しており、それは住吉大社の「お田植神事」の一部だった。今もやってるよね。「おんだ」と言って。日舞ではそうした流れが語られるかなあ。

川元祥一

藤間　先生がお書きになったもので知りました。願人坊主は日舞の「うかれ坊主」のことだと思います。願人が踊った「住吉踊り」から「かっぽれ」になったのは知っていましたが、願人があまりにも江戸の匂いが濃くて大阪の住吉とはうかつにも結びつかなかったのです。「うかれ坊主」はお習いした事はありませんが、日舞では、お稽古と言っても、ほんとに振りを習うだけなんですよ。

歌舞伎舞踊「まかしょ」

【註】住吉神社の「おんだ」は古代からの伝承をもつ「御田植神事」。実際の田植をしながら豊作を願って田の土を囃し、歌や踊りを演じる。「住吉踊り」はその一つ。江戸時代末期になって大阪の願人坊主がこれを踊り、江戸の願人坊主に伝わった。江戸で願人が追放されたあと「深川踊り」となり「かっぽれ」になる。一方、彼らが歌った「ちょんがれ」は浪花節となる。江戸の願人坊主は身分は平人であるが、江戸ではキヨメ役（非人）の集落で生活した。

【註】日舞の「うかれ坊主」「まかしょ」に登場する願人坊主は「ちょんがれ」「あほだら教」などを歌って門付し、伊勢代参もした。

川元　とことん振りばかり?。

藤間　どこのお稽古でもそうだと思います。理屈ではなく、まず体で覚えるのが基本ですから。

川元　でも、振りとか型の歴史ぐらいはやるでしょ。

藤間　何にもないですね。講義を受けに行ってるのではありませんから。振りはお稽古の中で自然に理解していく事ですから。

川元　理屈は何にもないですか。

藤間　ええ。わたしが、少なくとも四つの時からお稽古していただいてたお師匠さんにしても、今のお師匠さんにしても、手順だけのお稽古でしたね。

川元　そうか…。

藤間　だから、どういう意味でそういう振りになるか、どうしてここにこんな間《ま》があるのかというようなことは、疑問を抱かない限りそのまんま素直に習って、そのまま、また次へつながっていく形ですから。でも、教える人の受けとり方で、多少の変化があるのは当然と思いますが。

川元　「どうしてこんな間《ま》があるの」というのはどういうこと?。

藤間　「ここにこういう三味線が入ってるのに、何か手があるはず」いうようなことは、大体分かるんですよ、振りが抜けてる場合は。「この三味線を無視して通り過ごすことは絶対ない」とかね。だから、それをきっちりとメモして、譜表にして残しておられるお師匠さんは抜けることはないんですけども。お師匠さんによったら、全然そういうメモも残さないで、そのうちに抜けていくんですよね、振りがね。習っている方は、そのまんま素直に習っていきますけども、自分が教える段階に立ったときに、やっぱり理解してないと教えられませんからね、やっていて「おかしいな、おかしいな」というようなことがいっぱい出てくるんですね。教える人の責任ですね。メモをしていても手数の多い舞踊だと、ぬけ落ちていく事もあるのですから。

川元　ああ、そうか。自分が教える側になったときにね。

藤間　ただ習っている間は、その通りに動いて習ってますけども…。今になって受けつがれた舞踊の振りの素晴らしさに感動する事よくあります。間《ま》というのは単につなぎ目という意味ではなく、唄、三味線、はやし、の中から受ける迫真的な呼吸が間という形に表れると思うのですが、間《ま》は魔に通じると言われるくらい本当に難しいです。

川元　そういう場合に、自分で「何かある」と思われる間《あいだ》を埋める振りを考えるでしょ?。考えることもできるでしょ?。

藤間　ええ。少しぐらいだったら「これとこれとの振りの間《あいだ》だから、多分こういう振りがあるだろうな」というようなことは大体想像つきますよ。だけど、気になる場合はいろんな流儀の振りを見ますね。

川元　それはそうだね。

藤間　同じ曲でも流儀によって異なった解釈で踊られているし、同じ藤間でも振りが違うんですよ。

川元　同じ藤間でも違うの?。

藤間　違うんですよ。関西と関東でも違いますしね。

川元　なるほどね。私なんかは、それが面白い。つまり、振りが違うというのはすごくいいことと思いますよ。違うんだから、自分で創造してやったっていいじゃないと。

藤間　昔から各流派に伝わる大切な踊りはそうはできないと思いますよ。一つ一つに意味がありますから。今まで受けつがれてきたという事はそれを証明していると思います。だけど、踊りによっては自分の考えを入れてもいいとわたしは思うんですけどね、やっぱり決まった形というものがある場合は怖いですね。

川元　ただ、抜けてるのを自分なりに埋めるとか、もちろん新しい振りを創作するのも含めて、つまり、それが家元だというふうに、私なんか単純に思ってたけどね。そうでもないのかな。

藤間　家元はやっぱりそのお流儀に大切なものを継承して行かれている方であって、新しいものを考えて振りもつけられますが、家元がすべての振りを考えたというようなもんでもないんですよ。大切な事は教える人がきっちりとした振りを適切な間《ま》と共に伝える事です。それを拡大しどれだけ自分のものにできるかどうかは勉強次第というところだと思います。

川元　振りとか型に少しこだわりましたが、歌舞伎では「様式」でもあると思うんですよ。それで、重要なのは、最初に言った「振り」の意味なんだよね。歌舞伎舞踊や日本舞踊の振りとか型はどういう意味を持っているかというのがわかれば、型や振りだけを継承するのでなく、意味とかそれを成り立たせる思想を継承してゆける。意味や思想を表現するのは、決まった振りや型だけでなく、もっと自由になると思うんですよ。伝統の継承というのは、そういうものであってもいいんではないか。つまり、振りや型の奥にある意味や思想を継承するといったものとして。それぞれの家元や流派の創生期は、そうしたことを結構やったんじゃないかな。例えば、神事芸能だった猿楽を人間のドラマの能にした世阿弥親子は、神社仏閣に好まれなくても民衆に喜んでもらう方が大切だと言うし、出雲の阿国は鴨川に小屋を建て、それまでの宗教的な巫女の芸ではなく女の魅力を前面に押し出した物語にして客を呼んだ。ここに大きな変化があり、変化を支える思想があるんだけれど、何もそんなにさかのぼらなくても、同じことが、門付芸から歌舞伎舞踊や日本舞踊に変わった舞踊の流れにあるんです。

二　農耕儀礼の「鳥追」から歌舞伎舞踊まで

農作業の鳥追

川元　じゃあ比較的分かりやすいと思う「鳥追い」からいきましょうか。私も好きなんですが、門付芸の「鳥追い」は、農村で行われる民俗芸能としての「田遊」や小正月の子供の行事の「鳥追い」から始まるんです。その時点ではいずれも神観念をもっています。神といっても、これはアニミズムと見るべきで、このことは別に展開しますが……。それが歌舞伎や日舞などになると人間のドラマに変化しますよね。

藤間　そうですね。

川元　江戸で言えば、正月の町を流して歩いた門付芸の「鳥追」です。その「鳥追」が、正月を過ぎると「女太夫」になり、人情物の小唄・端唄を歌って親しまれているのを知って、最初びっくりしましたよ。この変化は何を意味するのだろうと思って調べていくと、非常に重要で面白いものがある。しかも歌舞伎や日舞は、その変化がわかっていて、江戸時代から身分や差別を超える人間のドラマとして演じる。

藤間　そうですね。お正月に追い羽根突くのもそれですってね、子供の。「追い羽根突いて遊びましょ」いうのも鳥追いの……。

川元　そうなの？。それ知らなかったな。面白いね。どういうことだったんだろ。

農耕儀礼の「鳥追」。駒ヶ根「豊年祭り」より。

藤間　やっぱり鳥追いの、そういうものを子供の遊びにとり入れていたんですよ。

川元　なるほど。

藤間　ちょっとわたし、疑問に思った。七草がゆのときに「鳥追」の歌あるでしょう。あれはどういう意味ですか？

川元　七草粥も鳥追いの歌が入っているよね。

藤間　「唐土の鳥が、日本の国へ渡らぬうちに、ストトン、ストトンとたたきなせえ」ですね。

川元　それが農民などの鳥追の唄ですね。「千町万町の鳥を追うてそうろう…」などもある。他にもたくさんあるけど。その鳥追に七草がゆが結びついた理由は分かんないけど。農業の春の予祝の鳥追が先で、同じ春の健康のための身体的な予祝（健康のための厄ばらい）が結びついたという考えもありますね。七草の野菜も、それをついばむ野鳥を追払うことで作物としてよく育った、それになぞらえて人間も育ってもらいたいと願っている…と私は考えたいですが。

門付芸の鳥追

川元　農民の一連の農作業や予祝行事の鳥追いが門付芸になった。どうしてそうなったか細かいこと分ってないけれど、一説は、京の非田院の芸人がやった「鳥追」が最初じゃないかと言われています。、半裸状態で竹をたたきながら踊って門付けしたことが、芸能史などに書かれています。それが初めてかどうかは別として、文章化されたものはそれが初めての描写かな。

藤間　門付けということで？

【註】門付芸・正月に人々の家の門先に立ってお祝いをした旅芸人による芸。祝福芸とも言う。室町時代や江戸時代に盛んだった。大黒舞、エビス舞、春駒、鳥追、万歳などが代表的。神観念を持ち、定期的に訪れるホカヒ（寿）である。多くの場合キヨメ役（穢多非人身分）の人が演じた。三河万歳は三河の農民が演じた。

川元　そうですね。

藤間　どんな形でやったんでしょうね。

川元　それがね、あまり細かく描写されていないんだけど、白い布で顔を被い編み笠を被って、半裸状態で手を叩いたり、竹を叩いて音をだしていた……。

日本舞踊〈藤弘会〉「角兵衛」。鳥追女と越後獅子（農民）の恋物語

日本舞踊〈藤弘会〉「春駒」

藤間　とりあえず音を出すんですか？

川元　そう、農村の鳥追いも音を出すわけね。音で鳥を追い払うわけだから。

藤間　はい、はい。

川元　「叩きの与次郎」と言う名がついてるくらいなんだ。江戸時代初期に、そういう門付芸人が京に現れた。

藤間　だけど、すごい思いつきですね。その最初にした人は。

川元　「叩きの与次郎」の芸が何を根拠にしたかはっきりしていませんが、日本の芸能史では与次郎も元々は農民だったんじゃないか。何かの理由で農村から離れて、農民として「田遊」などで身に付けていた鳥追いを、町に来てお祝いとか予祝としてやったんじゃないか、と考えられていますね。そうだとしたら、思いつきというか、何と言うか、自由な想像力とか生活力の強い人だなあと思う。

藤間　そんな発想が、たくましいですね。

歌舞伎舞踊、日本舞踊の鳥追

川元　そんな鳥追が、江戸に伝わって華やかになる。江戸の鳥追は、小倉帯・紅染の手甲・日和下駄・編笠姿で三味線を抱えて町を歩く。江戸の粋を代表するとも言われるようになるんです。京のとは全然姿変わって、芸の質も違ってくるわけね。その変化も、芸能史的に面白いんだけど、江戸ではもっと本質的な変化が起こります。さっきいったように正月過ぎると女太夫になって、編み笠を菅笠に替えるだけだけど、神事とか予祝儀礼としての鳥追唄ではなく、人情を歌う本格的な芸を売るようになります。正月を過ぎるとご祝儀がでないから芸を磨くわけですよ。芸を売るために。この変化が実に面白いし、大切だと思いますね。歌舞伎や日舞もこの変化を表現する。

藤間　そうですね。日舞では「女太夫」とか「角兵衛」ていう演目あります。両方とも江戸の中村座で初演されてますからね。実際に町で活躍してた鳥追芸人とか女太夫を舞台化したんでしょうね。

川元　そうなんです。そうした文化が江戸時代まではあった。近代になって生活と文化が切り離されてしまうんですよ。欧米から出来あがったものを導入して、日本人が想像力や創造力を失っていくと私は思うし、現代の、荒涼とした文化もそこに大きな原因があると思っていますよ。

藤間　そうかも知れませんね。女太夫は「太夫」ていう名前を付けられてる、そのこと自体にものすごく誇りというものがあったでしょうから。芸は特に鳥追いのときよりも、さらに磨くでしょうね。

川元　そうか、その「太夫」というのを今言ったけども。

藤間　あれは冠位の五位か何かの。

川元　そうか、冠位を表すのか。

藤間　冠位でしょう。それが浄瑠璃などの技芸ある者の稱に転じ、さらに門付芸人に冠せられたみたいです。

川元　そういうふうに太夫を見ていなかったけども、それはそうだね。「太夫」という呼び方は、職名としてみると、冠位として考えられるんだ。

藤間　そうですね。元々は冠位のもらえる人っていうと、貴族?。どうなるんですか、冠位は?。

川元　いろいろな職業につくんだよね。貴族が上位を占めているけど。芸人でいえば芸に秀でた人だよね。万歳の太夫は、リーダーだよね。

藤間　だから、自分は女太夫という、そういう誇りを持ってて、「卑しき身にも糸竹の…」とか…。わたし、歌詞持ってきてませんけども、太夫と言われることに誇りを持ってる思いが、幕開けの唄のところにあったと思いますが。

川元　いいですね「女太夫」の出だしの唄。「ことはりや　卑しき身にも　糸竹の　道うれしくも　その名さえ女太夫と夕立の……ねぐらは根岸　入谷から…」なんて、粋な言葉が続くんです。

藤間　そうですね。

川元　こういう唄には、人の心を動かすような文化の力を感じますね。

藤間　日舞の「女太夫」には「雨乞い小町」という副題がついてるでしょ。それ、能の「七小町」であるでしょう。その中の……。

川元　その中の雨乞。

藤間　ええ。「七小町」「鸚鵡（おうむ）小町」とか「関寺小町」とかいろいろありますでしょ。この「雨乞い小町」が「女太夫」に変化してるんですって。日舞では。

川元　それで「雨乞い小町」という副題が付くんだ。

藤間　ええ。

川元　なるほど。日舞の中で夕立が降ってきてね、女太夫が軒下で雨をしのぐ場面がありますね。

藤間　ええ。

川元　能の「雨乞い小町」に変えて、江戸時代の人気者だった女太夫にしたんだろうな。つまり、そのころの歌舞伎役者とか戯作者は、形にばかりとらわれない自由な発想を持ってたんだと思う。

藤間　そうですね。素敵ですね。

大阪・住吉神社の「おんだ」にある「住吉踊」

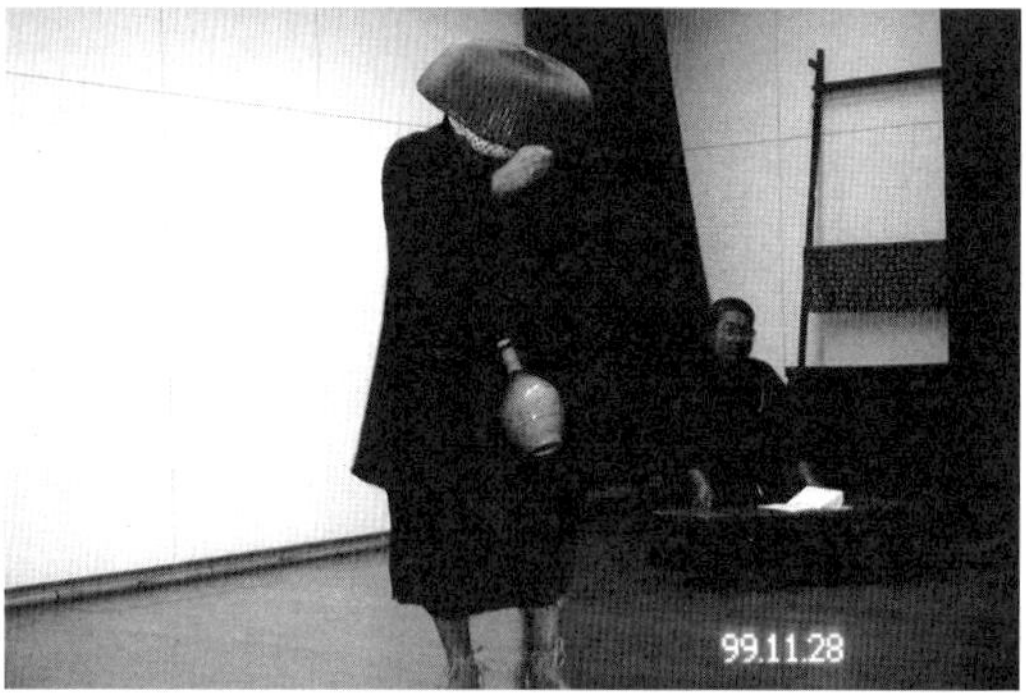

佐渡に伝承された「願人坊主」。
人に愛される酔っ払い。
江戸で「住吉踊」を踊った。

願人坊主が伝えた「ちょんがれ」。
土佐にて。

川元　そうした自由が大切だと思うんだよね。今私たちの周りにある自由は他者が目に入らない我侭のようなものだけど、歴史や伝統を変化させる自由ね。想像力の自由とでもいえるものがこの時代はいろいろなところに表れるんですよ。

藤間　そうですねえ。江戸時代はものすごく歌舞伎がはやったんですよね。あんまりはやったもんだから、幕府がね、このままほっておいたら河原者の世界になってしまうということでね、芝居小屋と遊郭と部落を一つの所にまとめたのが、江戸の浅草、大阪の道頓堀、京都の祇園なんですってね。

川元　そういう話しがあるよね。

藤間　それで、何で歌舞伎がそれだけ流行したかというのは、やっぱり武家社会というものをものすご皮肉ったりね、世間を風刺したりとか、それが庶民にとったらものすごく快感やったんでしょうね。いろんな社会現象をたくましく取り込んで、ねえ。

川元　そうですね。門付芸や大道芸などもどんどん取り込んで、自分たちの舞台芸にしていくんですよ。芸術的想像力による芸能とか文化が開かれていた感じがする。

藤間　そうですね。

三　社会風刺の芸能――「ちょんがれ」「あほだら教」

川元　江戸時代に、武家社会を批判したり皮肉ったりして、それをリアルタイムで歌い、踊って門付したり大道芸にしたのが、最初に言った「願人踊り」ですよ。「住吉踊り」とも言われた。「ちょんがれ」とか「あほだ

「住吉踊」〈願人踊ともいう〉が変化した「かっぽれ」浅草雑芸団。

ら教」とかを歌って踊った。その姿が「ちょぼくれ」「まかしょ」「うかれ坊主」「すたすた坊主」などとして歌舞伎の舞台に取り入れられるんです。「あほだら教」の一部を紹介しましょうか。大老の水野忠邦を直接批判して「ヤレヤレ私欲に引かれてようやるわ。よくよく水野が工風を聞きねえ。する事なす事、忠臣めかして、御時節だの、何のかのとて、天下の政治を、おのが気ままに、ひっかき回して…」。これは天保の改革をやった水野忠邦をリアルタイムで批判しています。この唄の内容は今の状況にそっくりですが、今こうした迫力をもつ芸能・文化があるとは言えない。「ちょんがれ」は、幕末に各地で起こった農民一揆の情宣のために、農民が自分たちで創った「ちょんがれ」を歌い踊っているんです。ちなみに「ちょんがれ」は「おちょくる」という意味ですよ。このような社会・政治批判をするから幕府によって禁止され、願人坊主は江戸払いとなり「ちょんがれ」も歌えなくなります。そのあと「ちょんがれ」は民衆のあいだで「浮かれ節」と呼ばれ「浪花節」に変わるんです。ここにも重要な変化がありますね。しかもそれらを歌い踊った願人踊りの原点は「おんだ」の神観念です。それが「浪花節」や「かっぽれ」まで変化した。京舞などの「住吉踊り」も、「おんだ」に関係あるんですよ。大きな傘の下で踊る…という意味の唄があったと思うけど、それが「住吉踊り」や「願人踊り」の特徴なんです。その系統の日舞で面白いのは「まかしょ」だったかな…。違うな…。悪人と善人の…。

藤間　善玉、悪玉?。「三社祭」ですか?。

川元　「三社祭」もあるけど、願人物で…。

藤間　ああ「浮かれ坊主」。

川元　それだ。「浮かれ坊主」。

藤間　あれ、面白いですね。

川元　ねえ。社会に対する批判とか皮肉とかを、じつにうまく踊りにした感じがしますね。

藤間　本当によくできた踊りで関心します。

川元　手桶を持って踊りながらね、桶の裏をパッと見せたら悪人が出てきて、実は自分は悪人なんだよ、と示しながら演じる。

藤間　面白いですね。人をくった坊主でありながら、どこか憎めないところがありますね。

川元　あれリアリズム演劇では出来ないね。歌舞伎とか日舞だからできる。

藤間　すごいですねえ、ほんとに。よっぽど踊れる人でなければあの味はだせませんね。

川元　踊りながら、悪の世界を標榜するというか…。しかも今のように、人に迷惑をかける悪ではなくて民衆の味方で、権力を批判する。だから権力からは「悪人」と見られることを良しとしているのがそこはかとなくわかってくる。そうした悪ですよ…。

藤間　そうですねえ。

四　大胆な発想・思想としての「靭猿（うつぼざる）」

日本舞踊〈藤弘会〉「靭猿」。猿を殺そうとする女大名。

川元　「靭猿」なんかも好きなんですよ。あれに出る…。

藤間　大名ですね。

川元　そう。能の「靭猿」は物語りとしては単調でドラマ的面白さはないです。それが日舞になるとガラッと変わって、すごいと思ってしまう。

藤間　そうですね。あの時代にして女性を前面に出し、なおかつ身分を越えた愛をテーマとしているのですから。

川元　能は大名として男が登場し、そのこと自体何の疑問もないですが、日舞はいきなり女大名が登場する。唐突だし、どうして女でなきゃならないんだと、ものすごく不自然に思いますよ。ところが、常磐津ですが、唄を聞いてるとね、分ってくる。猿回しの男に女大名が惚れて「こちゃお前ならば構やせぬ、お前と抱かれて寝るならば…」と口説く。当時の大名としては非常に不自然な女大名にしたのは、これが言いたかったわけですよ。他に理由はないですよ。その頃の猿回しは賎視されていた。文化十三年（一八一五）の三代・中村歌右衛門の上演ですからね。その時代に、賎民身分と大名の駆け落ちを設定しているんだよね。こうした大胆なことをやってのける。

藤間　そうですね。全く身分違いの恋をえがき女性の立場を引き立てているんですから、今時男女共同参画社会だのといってるのと訳が違いますね。

川元　そういうものを表現している日舞とか歌舞伎舞踊にね、私は大きな期待をするんです。最初に言った、型とか振りだけにこだわるのでなく、その内側に流れていた思想性といったものに早く気付いて、その思想性を伝統として継いでもらいたいと思っています。

日本舞踊〈藤弘会〉「靫猿」。猿回しの男に惚れる女大名。

「獅子舞」や「春駒」、角兵衛獅子と女太夫の恋を描いた「角兵衛」なんか話したいですが、時間もないし、大切なところは話したと思うので、このへんでやめましょうか。今日は、私が「部落の伝統芸能」という門付芸から日本の伝統芸能の一つである歌舞伎舞踊と日本舞踊を語りましたが、日本の伝統芸能といわれるものの間に門付芸を入れると非常にドラマチックな変革が見えてきます。また文化的な体系も見えてくるんです。そのことは芸能史だけでなく、いろいろな分野でいえることで、つまり「部落文化」がいかに大切なものか、重要なきっかけを語ることでもありました。どうも有難うございました。

初出　『新日本文学』二〇〇四年三・四月合併号「神への祈りから人間のドラマへ」

II

部落文明——リサイクル装置

はじめに

現代的認識において部落史を見ると、それはケガレをキヨメる文明的装置として全国各地に配置された。その配置の初期は身分的属性としてではなく、職業的属性として、中世都市の「キヨメ」「非人」など、あるいは戦国大名の戦略の一つとしての「皮作り」職人などとして各地に配置された。そうした職業者が世襲を原理とする身分制度と一体化するのは、秀吉の身分統制令を契機とし、それを経て徳川幕府のキリシタン禁止に伴う戸籍制度、宗旨人別帳、その別帳作成の過程である。それまで「皮作り」「かわた」「キヨメ」「非人」「河原者」「長吏」「穢多」「乞食」などと各地で主に職業的属性をもとに呼ばれていた人々が宗旨人別帳・別帳の作成形態として「穢多」「非人」に統一され、なおかつ武士・平人とは別のあつかいとして居住地の固定とともに、身分序列化して掌握されるようになる（拙書『部落差別の謎を解く』（前掲書参照）。しかもその後交通の発展、新田開発、都市の拡大等によって幕府や藩、あるいはそれらの機関（寺社や農村共同体などとして）の指示によって分村拡大していく。そしてそれぞれの場で、「ケガレをキヨメる」文明的装置＝キヨメ役としての社会的機能を果たした。ここではこの機能を文明論の装置とし、部落文明と呼ぶ。この文明から日本人の生活を豊にする文化（価値）が生まれた。これを部落文化と呼ぶ。

これらの概念はこれまで部落問題の考察でなかったものだ。しかし、このような概念が部落（同和地区・以下同）へのより的確な認識に繋がり、そのことで部落への歴史的な偏見と差別観を超える思考軸が発見できるだろう。同時に日本文化論・文明論に新しい視点・基軸をもたらすものと確信する。

文明について『広辞苑』（第六巻）は「①文教が進んで人知の明るいこと。②都市化（生産手段が発展し生活水準が上がる。人権尊重と機会均等。宗教、道徳、学芸などの精神的所産に対して、人間の外的活動による技術的物質的所産）」とする。この解説では「都市化」について、かっての「開発」と「未開」の対立に陥らないよう考慮しており、新しい概念を生かしながら、文明概念の歴史を網羅しているだろう。しかも「人権尊重と機会均等」が入るところに植民地解放闘争などによって批判・克服された古い文明概念を超える立場を示している。ただ、文明の行き過ぎを反省し、自然との共生が人類的課題になっている現代にあって、こうした説明に自然との関係がはっきり示されないところに、私には不満がある。

文明・文化の概念について今でもよく引用されるのはエドワード・タイラーの『原始文化』(誠信書房・一九六二年)の冒頭にある「文化あるいは文明とは、知識・信条・芸術・法律・習俗・その他、社会の一員としての人の得る能力と習慣とを含む複雑な全体である」というもの。タイラーが持っていた進化論は現代批判されているものの、この定義は結構よく引用されている。彼はまた同書で「文明とは、人類が個人と社会との進歩により、人の善・力・幸福を増進させること」とする。彼がもつ進化論を批判したとしても、それでもなお自然との関係が弱くて、この定義は文明を把握しているというよりも、文化の定義に近いし、文化と文明の違いがあまり明確でない。

そうした意味において、自然と人間、文化と文明を言い分ける梅棹忠夫の定義がわかりやすいし、より的確だと私は思う。『近代世界における日本文明』(中央公論新社、二〇〇〇年)において梅棹は、その定義に形容的説明を加えながら述べるが、形容をはぶいて私なりに概説すると次のようだ。「文明は自然と人間の接点にあって人間の側の道具、装置、制度などの全システムであり、文化はその内側にあって価値を表す」。

文明と文化をこのように考えるとき、農業・漁業・狩猟などは自然の恵み、つまり自然の生産的な部分に接して食料を獲得する文明的装置であり、それぞれ独自の文化(価値)を作った。部落はそのとき、主に自然の破壊的部分に接しながら独自の文明・文化(価値)を作った。その例は、部落文化としてみてきたキヨメ役としての社会的機能全体①警察機構、犯罪＝「罪穢」などの取締。②「死穢」具体的ケガレのキヨメ（「死穢」に触れて毛皮、太鼓などを作る）。③宗教的ケガレのキヨメ（象徴的行為で「聖」なる時空を造る）などだ。部落の歴史はこれらを実行する社会的機能であり、なおかつ独自の共同体を形成していることから、それをこの国の文明史の中で、「キヨメの装置」と考えることができるだろう。しかもそのキヨメは歴史的な天皇制や神道における宗教的、呪術的清めとは違って、死んだ牛馬を解体処理して生皮を取り、それを鞣（なめし）て腐らない革を作るなど、現代的概念として「リサイクル」に該当すると言える。その意味でその社会的機能を広い意味での「リサイクル装置」と考えてよいだろう。

第一部　リサイクル装置の意味と部落形成

第一章　歴史に見る社会的機能と装置

部落問題に文明的視点を当て「部落文明」とし、それを全国に点在する「リサイクル装置」として概観する時、それは歴史の闇を滑走しながら離陸し、明るい空に飛び立つ飛行機にたとえることができると思う。その乗客・内容についてはすでに「部落文化」として述べた。ここではしばらく飛行機の外観を、おそらく多くの人が初めてみる飛行機、「部落文明」の輝きと形態をみていく。

全国で約六〇〇〇カ所といわれる部落（江戸時代のキヨメ役＝〔穢多・非人身分〕の共同体）は単に差別されるためにそこにあるのではない。一定の社会的機能を職業的に果たすためにそこにある。この機能が歴史的には「御用」とか「役目」などと呼ばれた。

【註・〔I　部落文化　第一部　第一章　三〕で述べたように、一八七一年の「賤民解放令」によってこのような職業的・機能的特性が多くの場合なくなったし、残ったとしてもそれらの職業・機能への偏見・差別ばかりが突出し、それを「文化・文明」として理解する者は皆無であり、社会的機能と認識する者もいなかった。近現代になって偏見・差別が色濃く残るのは、近代初期の「賤民解放令」を含めたそうした状況に大きな原因があるだろう。】

本稿冒頭の〔序説〕ですでに述べたのであるが「御用」「役目」を示す代表的な史料を簡略化した形でここでも示しておく。

江戸時代に、江戸・浅草にいた穢多頭・弾左衛門は、江戸町奉行支配下であり、ここを通して一定の社会的役割を「役目」として幕府に提示していた。現代的にいうと契約であろうが、当時そうした契約関係は存在しなかったと思われ、それは身分的属性としての「役目」と考えられる。弾左衛門が享保年間（一七一六—三六）幕府に提出した「御役目相勤候覚」（『近世被差別部落関係法令集』前掲書）がそれである。主な内容は次のようだ。「御陣太鼓御用次第張上申候」「皮類御用之節、何ニ而茂差上相勤候」「御尋者御用、在辺ニ不限被、仰付次第相勤申候」「御召之斃馬埋申候人足差出、相勤申候」「御仕置者御役一件相勤申候」など十一項目の役目が幕府との約束の形で述べられる。

大阪教育大学の中尾健次はこの十一項目を斃牛馬処理を含む皮革産業、下級警察業務、御仕置・断罪御用と分類する。（『江戸社会と弾左衛門』（前掲書））。

また、この「覚」では述べられないが、上州や武州の農村地域では農業用水の「水番」をする弾左衛門配下の部落が見られる。（『東日本の近世部落の生業と役割』東日本部落解放研究所編・明石書店・一九九四年）。鎌倉では八幡宮の警護・掃除・神輿などの先導を役とする「清目」が知られている（『御家人制の研究』御家人制研究会編・「都市鎌倉における『地獄』の風景」石井進・一九八一年）。

中尾の分類もふくめ、これらを全国的に見ると、①警察機構。②具体的ケガレのキヨメ。③祭礼など宗教的観念的ケガレのキヨメ。これら三つの社会的機能にまとめることができる。

なお、これらの社会的機能を前にした江戸時代のキヨメ役「穢多身分」「非人身分」は、穢多身分が上位にいて非人身分に指示・支配するケースが大半である。そして、その社会的機能を職業、仕事として実行する時、非人身分は多くの場合穢多身分の補助的機能を果たした。とはいえ、京、大阪、江戸など大都市の非人身分は、警備や掃除、芸能などを独自の形態で、身分的上位の共同体、「平人」の町社会や寺社、藩行政の支配に入るケースもある。

また、キヨメ役としてみられる社会的機能は、一般的に分類される第一次産業から第三次産業までのすべてに関連するものであり、社会構成として普通いわれる農山漁村町の分類だけでは包摂できない機能といえる。つまりキヨメ役の共同体はそれらすべての産業、あるいは農山漁村町のそれぞれの共同体間にあるものだ。そのためこれをこの国の農山漁村町と区別し、独自の機能としての共同体とすれば「ケガレのキヨメ」をする機能・装置としての共同体であるが、これまで見てきたように、この共同体もまたこの国・和人社会の社会構成体の一つなのは間違いない。

世界史の多くの場合、ここでいう「ケガレのキヨメ」は独自の機能（共同体）ではなく、農山漁村町の機能の内部で、あるいはそれらの構成員個人個人が行うものであろうが、日本の和人社会は、これを独自の機能とし共同体とした。これが世界的にもめずらしい部落差別の基本構造につながるものでもあるだろう。少なくとも同じ日本社会のアイヌ、沖縄社会にはこの構造がない。

このような「独自の機能」を形成する構造は、基本的には分業の発展過程と考えられる。そして、同じ意味で一定の職業・機能を「独自の機能」とする例がインド社会で指摘されているので、その例をみながら、なぜ「独自の機能」なのか考えたい。

カール・マルクスは『資本論』の中で、インドがイギリスなどヨーロッパに較べて分業が遅れ、停滞する理由を、共同体的規制のためとし、そうした共同体的規制をうけた労働形態を「共同体労働」としながら、その共同体を次のように述べる。（符号は筆者）。

「共同体は土地を共同で耕作して土地の生産物を成員の間に分配し、他方、各家庭は、紡いだり織ったりすることを家庭的副業としている。これらの仕事をしている民衆のほかに、次のようなものが見だされる。裁判官と警察官と徴税官とを兼ねている〈人民の長〉。農耕について計算し、それに関係のあるいっさいのことを記録する記帳人。①犯罪者を追及し、外来の旅行者を保護して一村から他村に案内する第三の役人。②近隣の共同体に対して自分の共同体の境界を見張る境界管理人。③農耕のため共同貯水池から水を分配する水の監視人。④宗教的行事の諸機能を行うバラモン（祭りごとを行う人）。（中略）この一ダースほどの人々は⑤共同体全体の費用で養われる。⑥人口が増加すれば、新しい共同体が元のものを模範として未耕地に設けられる。この共同体機構は計画的分業であるが、マニファクチャア的分業は不可能である」とし、ここでいわれる「共同体機構」を「共同体労働」と呼んでいる。そして「共同体労働の分割を規制する法則は（中略）鍛冶師などのようにそれぞれの特殊な手工業者は、伝統的な仕方に従って、しかし独立的に、⑦自分の作業場ではどんな権威も認めることなしに、自分の専門に属するあらゆる作業を行うのである」（『資本論』一巻・大月書店「マルクス・エンゲルス全集」二十三巻・一九六五年）。

この部分で、上位の共同体といえる〈人民の長〉と記帳人を除けば、その後符号を付けた職業、あるいは社会的機能はすべて、和人社会の部落問題に見る歴史的機能、役目・職業のすべてに当てはまる。①②は追捕や見回りなど警察業務。③は水番。④のバラモンはインドの身分制で最高位であり、日本では天皇・貴族にあたるが、職業としてみればキヨメ役の「宗教的ケガレのキヨメ」＝神輿の「先導」などや伝統芸能にも相当する。⑤は本稿でいう労働形態であり、雇用側、あるいは支配者が個人ではなく共同体（日本・和人社会は村落、又は幕府や藩など上位の共同体）として現れる。⑥雇用側の人口又は政治の都合で分村する例は、和人社会では大名・領主の国替えにはじまり、それに随行する諸職人（キヨメ役もここに入る）をはじめ、農村の新田開発、用水路の開発、都市の拡張や交通機関の発展によって分村する部落と同じである。⑦もまたキヨメ役（穢多・非人身分）が自治的共同体を形成していたのと同じである。

インドのカースト制と部落差別に類似するところが多いのは、よくいわれることであるが、その原因も、このような分業の発展過程にみる共同体的規制の類似性が関係するだろうと私は考える。

ここにある共同体的規制は個人の自由が共同体に縛られ、生活手段の獲得、生産手段の獲得、所有などが共同体の規制をうけ、なおかつ、その共同体は上位の共同体、和人社会では藩や国家などの規制を受ける構造である。また、カール・マルクスがいうインドの「共同体機構」「共同体労働」は、そのままキヨメ役の「御用」「役目」の労働形態に当てはまる。（詳しくは拙書『部落差別の謎を解く』（前掲書）参照）。

この構造が「ケガレのキヨメ」＝キヨメ役の共同体を「独自の機能」とする基本的原因であるが、この基本的構造に天皇制イデオロギーとしての「忌穢」「触穢意識」の差別・排除の観念が加わって部落差別の基本的構造となる。

一　部落差別の構造――三位一体＋《プラス》観念

和人社会では「ケガレのキヨメ」という仕事・職業への偏見があり、ケガレを忌む「忌穢」の観念と、「ケガレに触れてもケガレ」とする観念「触穢意識」によって、「ケガレのキヨメ」の職業集団＝「共同体労働者」の共同体を排除する現象が現れる。これらの観念は天皇が「聖」なる存在として具体的ケガレに触れない、触れてはならない理由であるが、とはいえ現実に発生する具体的ケガレは天皇制信仰として排除しなくてはならないものであり、具体的「ケガレのキヨメ」は社会を構成するうえで必須条件なのである。そのためその社会的機能を必要としながら排除する。

部落差別は、こうした観念を基本的構造としながら、近世的身分制度としての身分・職業・居住地の一体化＝三位一体によって「忌穢」される職業者が身分とともに固定的・世襲的に制度化された時始まる。中世社会は「貴賤・浄穢」観が強かったが、世襲を軸にした身分制度がなくて、三位一体は成り立たなかった。江戸時代にそれが可能だったのは、キリシタン禁止による全民衆の把握としての戸籍、宗旨人別帳の作成の過程で、武士と平人、賤民が別々に把握された（賤民は「別帳」、武士は「武家諸法度」）それが身分序列の固定となり、三位一体として現れたと考えられる。

部落差別形成のこの間の詳しいことは拙書『部落差別の謎を解く』（前掲書）を参照していただきたいが、部落問題は先の基本的構造を基とし、つまり天皇制イデオロギーとしての「忌穢」「触穢意識」の観念と、武家社会の身分制度、身分・職業・居住地の一体化が、革命的変革のないまま合体したことで発生したものと考える。なお、武家社会が天皇制イデオロギーの「忌穢」「触穢意識」を変革せずに踏襲する原因は、東照権現・徳川家康を天皇の位置に置く、あるいは並べるためである。しかも、『延喜式』（巻三・神祇、『国史大系』、吉川弘文館、一九八九年）などで規定された「忌穢」「触穢意識」は朝廷儀礼に参加する貴族間のものであったが、綱吉の時代に大衆を規定する服忌令として強化されたと考えられている。

五代将軍・綱吉の時代（一六八〇～一七〇九）は「生類哀れみの令」で知られるが、これは一つの法令ではなく「鉄砲統制令」（一六八五年）、「人宿・牛馬宿の生類遺棄禁令」（一六八七年）、「捨て牛馬禁止」（一六八七年）「捨子禁止」（一六九〇年）など一連のものであり、これらは「忌穢」「触穢意識」を社会一般に強制したものである。そして、そうした強制で最も広く、厳しく規制したのがすべての家庭の隅々に及ぶ「服忌令」だった。ここでの「服忌」とは死をケガレとして「忌穢」する観念が前提にあるものだ。『日本史大事典』（平凡社・一九九二年）は服忌令一般を「近親の死に際して喪に服すべき期間を定めた法」としながらさらに「死穢を忌む期間」と説明する。こうした意味を持つ服忌令を綱吉は再編・強化してすべての家庭、しかも家父長的家族制を基軸にすべての民衆に強制したのである。これらの法令・制度によって部落差別の観念的原理「忌穢」「触穢意識」が定着し、偏見・差別がこの時期から強くなった（『近世服忌令の研究』林由紀子、清文堂出版、一九九八年）。これが部落差別の社会的構造である。つまり江戸時代に身分・職業・居住地の一体化＝三位一体が起こり、「忌穢」「触穢」の観念が社会一般に強化されて、世界的にもまれな部落差別になったと考える。

第二章　自然を前にした人間相互の関係――部落文明から

はじめに

最近ではめずらしく、あざやかに目の覚める思いがする文章に出会った。「三里塚〈百姓の土地論〉②」における石井好司氏の発言だ。石井氏は三里塚闘争の青年行動隊として最前線にいた人と紹介される。今は壮年の域にあるのだと思うが、長年有機農業で作ってきた土を前に農業について「土だけじゃないよ。うしろの林や吹く風を含めここの風景全体が農業なんだ」「畑で仕事をしていて、隣の林は無縁なものではない」と言い、竹薮で竹を折って野菜の霜除けにしたり、大雨でも林が水を貯めて穏かにする様子などを語る。そして「その林は自分のものではないんですけど、自分はそういう関係の中で生きている」と（『提言』49号・中小企業組合総合研究所）。

彼のこの言葉は雄大な風景と共に、農民だけでなくすべての人が共有する「源風景」のようなものに通じると思われる。そして、そこにある自然観や他者との共有観は現代を超えて未来を示すものに感じられる。

もっとも、この「風景」の中には鉄条網に囲まれた国家プロジェクト成田空港がある。これは傲慢な国家の一方的計画と強制代執行による建設だったがゆえに、先の言葉に対立し「異物」に見えてくるだろう。そしてその場合、国家プロジェクトが三里塚の農民との関係を改めて構築するには、石井氏が言う「風景」の中に戻って再出発すべきだろうと思われる。

ここで語られる「風景」を、すべての人が共有するであろう「源風景」に戻してみると、そこには農村だけでなく町や山村、漁村などがあり、それら全てが石井氏がいう関係を結びながら存在するのも、当然のことながらわかってくる。

ところで、この「源風景」の中に「部落」（被差別部落、同和地区を私はこのように言う。農村などは集落、村とする。いつまでも「被差別」「同和」であってはならない。存在するすべての共同体の歴史と個性を認め、並列する概念が必要と考える）を入れると、そこにどのような関係が見出せるだろうか。

これまでだと、ここで差別、被差別が語られることが多かった、しかしそのような対立関係は早く克服されなくてはならない。そしてそうした意味で、つまり関係を持って「部落」を語るために、「部落」を文明的に把握してみるのが一番分かりやすいと考える。

その理由は、「部落」＝江戸時代のキヨメ役（江戸時代の穢多・非人身分。次章で詳述する）もまた、石井氏がいう農村の風景、あるいは漁村や山村の風景と同じに、直接自然に触れ、それを人間の都合がよいように加工、生産してきたのだから。また、農山漁村が対象とする自然が、それぞれ独自のものであるのと同じに、「部落」もまた独自の自然、動物の死など、あるいはその皮を剥いで腐らない「革」に変えるなど、あるいは文明的装置としての城下町、宿場町、農村などで警備役など、独自の仕事をした共同体なのだから。

部落差別はこの仕事・職業への偏見、天皇制イデオロギーによる「貴賎・浄穢」と、さらにそれを細分化して思考と行動規範にした「忌穢」「触穢意識」（ケガレにふれてもケガレとして忌穢される規範）の社会的対立構造と、そうした仕事への偏見を前提とした武家社会による身分・職業・居住地の一体化という制度のもとで、世襲化され固定化されたものだ。だから今も世襲的な差別が続くといえる。

とはいえ現代、その偏見や身分制を越えるのは決して難しくはないはずだ。その制度も今はない。そんな時代にあって、いつまでも「貴賤・浄穢」「忌穢」「触穢意識」の幻覚の中にいてはならない。現実をしっかり見て、具体的な生産現場で働く者、あるいは民衆の側に立った文化や思想として「部落」を見なくてはならない。

このように考えると、これまで極普通に並列された農村、漁村、山村、町の間に、これまであまり並列されることがなかったかも知れない「部落」があるのに気づく。

ここでいう農山漁村町であるが、それらは地球的規模において文明的存在であり、自然に対応して人類が作りだした文明的装置といわれるのは異論ないだろう。そうした文明論を前にするなら、日本列島の和人社会で、独自の共同体をなし、偏見・差別の中にありながらも一定の自治すらもってキヨメ役の仕事をした「穢多・非人身分」、現代の部落もまた一定の自然に対応し、あるいは人類が作りだした都市機能の一部をも担うシステムとして、文明的存在であり、文明的装置なのがわかってくる。

また、農山漁村町がそれぞれ特徴的な職業によって「差異化」され、差異があるためにそれぞれが人類にとって必要不可欠な文明的装置であるのと同じ意味で「部落」もまた、それを職業的カテゴリーとしてみるなら、本来それらすべての間で、それぞれの存在を必要とする分業的関係、その体系、石井氏がいう「風景」の中の関係があるのがわかってくる。

一　部落の歴史と職業

全国の和人社会、（アイヌ社会、沖縄社会には部落問題はない。以下同）で約六千部落三百万人といわれる江戸時代の穢多・非人身分の職業をキヨメ役とするが、それは農業、漁業、林業、商業などのカテゴリーと同じである。これまで部落だけが別のカテゴリーで呼ばれていた。具体的に概観すると「穢多・非人」は職業ではなく、天皇制と仏教的浄穢観が結合（神仏混淆）した支配的イデオロギーから命名されたと考えられている。とはいえ古代検非違使では、その現場の仕事とその人を職業的にキヨメと呼んだ。一二〇〇年代になってそのような仕事をするキヨメを「穢多」と呼ぶようになったのである。（『塵袋』作者不明・「復刻日本古典全集」現代思想社）。とはいえその後しばらくこの言葉はケガレに触れて働く者の職業名だった。

この、わけのわからない「穢多」呼称が、徳川政権の「盗賊人穿鑿条々」（一六五七・キリシタン弾圧の条令・筆者）で初めて公的に使われ、江戸時代の身分制度に組み込まれた。かつては「士農工商穢多非人」と言われた身分序列であるが、その中で「穢多・非人」のカテゴリーが通じなくて、異質感が生まれる傾向もあった。現代では江戸時代の身分呼称を〈武士・平民・賤民〉とすることが多い。とはいえそれでも〈賤民〉としての「穢多・非人」のカテゴリーは全体に通じるものではない。そうしたカテゴリーをより通じやすくするために本来職業的に使っていたキヨメに戻し、その職業的特性を考えたい。〈賤民〉もまた、何かの仕事をして生きていたのである。私が、江戸時代においてその仕事に、社会的意味をもつ「役」をつけて「キヨメ役」とするのは、江戸時代になってそれが身分制度に取り込まれ、社会的機能、一定の自治をもつ共同体になったからである。

これまで部落の存在や歴史について、権力による「差別分断政策」と言われることが多かった。確かに、当時のキヨメ役は権力によって度々分断政策に利用された。とはいえ、彼らは単に差別されるためにそこに存在したのではない。

その存在の形はほぼ全国の農山漁村町の中に、少数点在ではあるが、それらとの間に何らかの関係をもちながら、独自の職業やシステム、少なくとも藩や幕府領の範囲で独自の支配形態を持ち、一定の自治を持っていた。

全国の部落史にみられる平均的職業は「水番、山番、牢番、街道守、警備役、斃牛馬処理、皮細工、刑場の労役、神社仏閣のキヨメ」等とまとめられる。歴史家・中尾健次はこれらの役目を次のように要約する。「①皮革生産②下級警察業務③仕置・断罪御用など」（『江戸社会と弾左衛門』前掲書）。

一つの部落がこれら全ての職業をやったのではない。農村にある部落は水番、山番が主で都市では警備役や刑場の労役などが主だった。これらの職業は「御用」とか「役目」と呼ばれた。例えば警備役だと、夜の警備だけでなく、農民一揆などの警備・追捕などを行った事例も少なくない。現代の警察機構と同質だった。しかもこれを農民との契約で行ったのではなく、藩や幕府の指示・支配で行った。つまりこれらの職業は「公務」的だったのだ。これが江戸時代のキヨメ役（穢多・非人身分）の特性だ。

また、これら「御用」の労働を継続・再生産するために給付としての日当や、あるいは皮革生産の特権、竹細工の特権などが藩や幕府から保障されていたのである（「序説五」参照）。

「御用」としての、これらの職業はすべてケガレに対応している。背景にある意味として、最も分かりやすい事例は天皇制イデオロギーとして神社などの祝詞に見られる「罪・穢を祓え清め」という呪文だろう。天皇や神職がこれを唱えるが、現実に「罪・穢」が発生した時、天皇・神職は何もしない。具体的な「罪・穢」には賤民が対応し、それらをキヨメる役割として具体的作業をした。例えば、検非違使は天皇直属の機関であるが、天皇が「聖」なる存在であるがために「罪・穢」に触れた賤民には絶対に触れなかった。これを「忌穢」「触穢意識」という。つまり、天皇とキヨメ役としての賤民は、触れることのない絶対的対立関係だった。それが天皇の「聖」を保障した。

とはいえ当時この構造は、検非違使の内部だけのもので、社会一般は漠然とした「貴賤・浄穢」「忌穢」「触穢意識」がはたらいただけだった。武士社会になってこの構造が再編される。まず秀吉による朝鮮侵略で、侵略に必要な武士と百姓（兵糧米を送るため）を身分統制令で確立し、その他は「戦争に役立たず」として統制外だった。徳川時代、侵略の「逆作用」としての鎖国、キリシタン禁止のために作られた戸籍・宗旨人別帳によって、全民衆が身分として把握された。キリシタンが賤民社会に浸透したのでその社会への禁制・把握が特に厳しかった。一方で、徳川家康＝東照宮を天皇の位置に置くため、検非違使的な構造が、戸籍（住居）と身分、職業等を一体化する近世身分制度として社会一般に確立するのである（『部落差別の謎を解く』拙書・にんげん出版）。こうして、「ケガレをキヨメる」（ケガレた状態を再生して〈ケ〉にもどす）職業とともに固定した居住地が現代の「部落」である。

現代の警察機構の現場にあたる警備役、街道守、牢番などが「賤業」だったのは検非違使的構造からだ。そして、それがケガレとして差別されるのは祝詞でいう「罪・穢を祓え清め」に相当するからだ。つまり罪と穢が祓えの対象であり（民俗学では両者がケガレ）、そのケガレのキヨメを具体的に行うのが「賤民」、江戸時代では穢多・非人身分だった。

このような歴史過程をもつ「キヨメ役」の職業を社会的機能としてまとめると次のようだ。

①警察機構（水番、山番、牢番、街道守、警備役）。「犯罪」をケガレとする天皇制イデオロギーが前提。

②「死穢」など具体的ケガレのキヨメ（斃牛馬処理、皮細工、刑場の労役）。

③宗教的ケガレのキヨメ（神社仏閣のキヨメ）。祭礼で「聖」の時空を作る。神輿の先導など。門付芸・祝福芸

など芸能はここに関連する。

部落の歴史がもつこうした社会的機能を考えると、農山漁村町の間でそれがどんな関係をもつかおおよそ想定ができる。そしてこの職業、社会的機能が「部落」がそこにある本来の理由である。

さらにこれを現代的にみておく必要がある。現代の部落では、皮革産業や屠畜関連を除いて、先の職業のほとんどが見られない。原因は一八七一年（明治四）の「賤民解放令」にある。「自今　穢多非人の称を廃し身分職業共に平民同等」とするもの。身分制度と呼称が廃止された。しかし職業が平民同等というのは、実質的に「キヨメ役」の職業の多くが農民や町人、失業した旧下級武士などに移ることだった。特に、きちんと給付があった警察機構は、明治政府が欧米のそれを模倣することで、部落民が切り捨てられた（『部落差別を克服する思想』拙書・解放出版社）。皮革産業は高度な技術を必要とするためかなり残ったが、多くの部落民は近代になって仕事を失い、経済的困窮に陥る。そのうえ偏見・差別が放置されたので新しい職業に就けなかった。しかもそうした部落民をみて社会一般は「貧しいのは自分で努力しないから」とし、政治的には「棄民化」して偏見・差別を増幅した。

こうした歴史過程のため、現代の部落にかってての社会的機能を見出すのは難しいが、その歴史の中から本来の機能をみることで「源風景」の中に関係を見出すのは可能だろうし、それを起点に新しい社会像を持つことが出来るはずだ。そしてそれは大きな可能性を産むと考える。

二　文明的存在

自然に直接触れる第一次産業としての農山漁村は、それぞれが大地、海、山野を対象とした特徴をもつ文明的装置とされる。また第二、第三次産業としての都市も文明的装置なのはいうまでもない。こうした文明論からすると、歴史的な部落（江戸時代のキヨメ役）の職業＝社会的機能もまたそれぞれの装置の間にあって独自の機能をはたす文明的装置なのが理解できるだろう。それは警察機能や「死穢」など具体的ケガレのキヨメ（ケガレたものを日常性〈ケ〉に戻す作業）、祭礼など宗教的キヨメを担う文明的装置といえる。これを私は「部落文明」と呼んでいる。

部落問題をこうした大きな枠を持って考察するなら、日本人（和人）社会、あるいはそこにいる諸個人の内部に、これまでにない新しい思考軸が生まれ、新しいエネルギーが見出せると確心する。

ここにあるすべての文明的諸装置は同じではない。同じであってはならない。同じなら存在価値がない個性的な存在である。またこれらは、日本列島の自然を前に和人が作りあげた文明なのであり、本来どれか一つが軽視されるようなものでもない。

農民の馬の死

このような意味をもつ部落文明を、あらためて石井氏の「風景」の中に見てみよう。石井氏は文明的装置としての農村にいる。その三里塚の近辺に部落がある。私が聞き取りした野田市では次のような伝承がある。

ある農村で農耕馬として働いていた馬が怪我をして死んだ。そこで隣の長吏《ちょうり》（キヨメ役を関東でこう呼んだ。今の部落）に伝えて取りに来てもらった。キヨメ役はそれを村に運んで解体処理する。その夜、農村の一人が長吏の家に来て馬肉の脂をたくさん貰って帰った。馬肉の脂が火傷に効くのはよく知られている。農民の家にひどい火傷を負った子どもがいたのだった。

これだけの話の中に、たくさんの情報、関係性が述べられている。一連の作業がキヨメ役の「斃牛馬処理」なのはすぐわかる。農村との関係でそうした役目だった。農村からキヨメ役に渡る斃牛馬は無料が原則。キヨメ役はその役目を継続するため労賃・生活費として牛馬の皮を生産・販売する独占権を保障されている。肉は肥料（肉食が禁じられていた江戸時代でも、怪我で死んだ場合は食料とした）、骨や毛も細工された。脂は蝋燭や行燈に使われた。ここに、自然の法則としての動物の死に触れて、それを人間の都合にあわせた文明を作っていく過程がある。

この場合、斃牛馬をだした農村の要請があれば、皮以外の副製品としての肉や脂は原則として無料で農民に譲った。農民は動物の肉が健康によいのを当然知っており、制度として禁止されていても陰で食べた。脂の効用もよく知っていた。

この流れで、動物の死をケガレとして避ける「忌穢」と、それに触れた者もケガレとする「触穢意識」が作動して、偏見・差別観があっただろうことは想定できるが、民衆の現実の生活はそんなことを言って居られないものであって、互いの文明が交流し、関係を維持することは度々だ。

自治的警備システムのために

警備役の例を挙げてみよう。その主な仕事は町や農村などの夜の警備、盗賊の追捕や火の用心などだ。「夜回り」「見回り」と呼ばれた。その給付として日当が出たが、農村では日当の替りに盆と暮れに米や麦を支払うケースが多い。農地を持たないキヨメ役もこの米で飯を食べた。

これらの関係性、現代的に契約ともいえる関係が当人同士、農民とキヨメ役の直接的契約であれば偏見・差別観がいつまでも続くことはなかったと私は思う。互いに必要な仕事であることを自覚しているはずだからだ。しかし現実は違った。それは契約ではなく、一部の例外を除いて上位の共同体、藩や幕府の支配体制の中で仕組まれたシステムだった。これは古代天皇直属の警察機構、検非違使の現場で働く放免、下部、非人と呼ばれたキヨメの人々の仕事、そのシステムが、室町時代の「侍所」にいくらかの変質をもちながら継承されたものだ（『検非違使』丹生谷哲一、平凡社、一九八六年）。したがって観念的には「犯罪」を「罪穢」などケガレとする発想が根底にある。

これが日本の封建社会の特徴、天皇制をアウフヘーベンしないままの封建制といえる。こうした支配体制について「今はなくなった」と、考察もせずに見逃すのでなく、思想的営為として自覚的に批判・克服していくことが今でも重要だ。そのことによって、何事も「お上」に任せ「お上」の責任にして済ますのではなく、民衆の間の関係、そこに吹く風を自覚する知性を構築できるはずだ。

江戸時代の十手を数本保存している部落は佐倉市などに何軒かある。これは警備役の追捕の時、捕物道具として使った。テレビや映画の時代劇で十手を持って「御用」「御用」と走る役人は「目明」とも呼ばれ、当時、多くの場合その半分はキヨメ役だったと考えてよい。

このような警備役が、キリシタン弾圧や百姓一揆の弾圧側で仕事をした事例は結構たくさんある。もっとも、一揆の先頭に立って闘った事例も結構あった。また、わが国キリスト教の歴史では、初期の布教対象と、その信者が賤民階層に多かったのはよく知られる。そのような意味で警備役をする「キヨメ役」がいつも権力側であったといえないのであるが、権力側で働いた事例があるのは確かだ。そうした場面については部落の側の反省が必要といえる。

部落史にあるこうした警備役については、現代の民衆にとって特別重要な課題があると思う。歴史的にあった警察機構の現場への偏見と差別、つまり検非違使にあった天皇制による絶対的対立構造を民衆の側から克服し、生活の中の危機管理を、我々の歴史的条件の中で、民衆の自立的自治的機構として構築した経験があるだろうか。ここには、民衆のあいだで解決しなくてはならない重要な課題があると思われる。この課題は我々のあいだで今だ手付かずで残っているると思うが、これは部落問題、部落文明を農山漁村町との関係とし、相互批判しないと解決できない課題だと思っている（I第二部第三章）参照）。

畜産農家と屠畜場

三里塚に比較的近い佐原市で、太鼓屋を営む私の友人がいる。太鼓そのものが文明的道具であり、その製造工場が文明的装置であるのはいうまでもない。今でも太鼓の多くが部落で作られる。そしてそれは、日本人の祭りや行事でいつも大きな役割を果たしている。この和太鼓は牛の皮を使うが、現代その皮がどこでどのように作られるか、その文明的装置を見ておこう。

石井氏の風景の中に、畜産農家があるだろうことは容易に想定できる。そこで飼育される牛は江戸時代と違って、今でははっきりと食肉のためで、牛を屠畜して肉にし、初めて畜産農家の生計が成り立つ。

そのために農家は年に何回か数頭の牛をトラックに乗せて出荷する。行き先に屠畜場がある。その屠畜場の多くが、歴史的には部落だ。今では食肉市場と屠畜場が併設されて、行政や大企業の管理が多いものの、近現代の屠畜場の始まりは、江戸時代の斃牛馬処理場とキヨメ役の解体技術が活用されて屠場になった。そうした意味で、屠畜場は、特にそこで働く労働者、技術者は部落と深い関係を持っている。

さて、こうして運ばれた牛は、農村という文明的装置を離れ、別の文明的装置としての屠畜場に送られて屠畜され、肉と内臓と皮になる。畜産農家は、この時屠畜労働者に手数料を支払う。その後、肉と内臓と皮がそれぞれ問屋に買われることで畜産農家は代金を手に入れる。

牛の固体からいうと、屠畜される直前まで自然の領域にある。屠畜されることでそれは人間の都合による文明的存在となる。つまり屠畜は、自然のままの牛が文明の側に離陸する瞬間である。それは部落文明の典型といえるだろう。もう一つ、大切な典型がある。この後の皮は、そのままでは自然の中にある。放置すれば二三日で腐って自然に戻るのだ。それを腐らない「革」にする。「鞣（なめし）」の工程がそれである。「皮から革へ」変化する。そうすると何百年も腐らない。革カバンが腐った話をきいたことがないだろう。太鼓の革が腐った話はどこにもない。これが皮に対する文明的行為であり、「皮から革へ」の質的変化であり、部落文明である。「革命」に「革」が使われるのは、この決定的変化があるからだろう。

このように見てくると、農村と部落の間を渡る「風」、その間の風景がどんなものか分かるだろう。部落文明によって、畜産農家は文明的な生計を立て、人々は文明的な健康を保ち、和太鼓の音色を楽しむなど、結構多くの、そして豊かな生活が成り立っている。これらが部落とすべての人の「源風景」の中の関係である。

初出　『危機からの脱出』創刊号（伊藤誠・本山美彦編・御茶の水書房・二〇一〇年）

第三章　ナショナリズムの弁証法——列島文化・文明（アイヌ・沖縄・和人）

一　「国」と「民族」の歪み

ナショナリズムの見直しが大きな課題になっている。ナショナリズムについて私は「国」と「民族」が巧妙に組み合ったものと考える。「国」が人工的で「民族」がその地域の自然に規制された言語・食生活・宗教などを共通の紐帯として生まれたものと考える。

こうしたことを前提にナショナリズムの一つの要素である民族を、その初期の姿としての自然との接点と、人々がそこで持っていた自然観を原点に、もう一度見直し、再構築する必要があると考える。それはつまり、この国の文明の見直しでもあるが、その大きな課題の入り口のところで、身近な課題としてのナショナリズムを手掛りにすることとなる。

この国のことを離れていうと、ナショナリズム一般は必ずしも否定的対象と思わない。ほんの二三十年前まで、ナショナリズムは植民地解放闘争、民族解放闘争のアイデンティティとして充分な正当性をもっていた。

また、自然との接点をもつ民族概念が、自然と人間の共生を実現する大きな手掛かりになる可能性があると考えるため、その内部の社会的矛盾の解決を目指しながら、民族概念の可能性を今後につなげたい。

ところで、ナショナリズムや民族のそうした可能性を前に、日本のそれはどうだろうか。植民地解放闘争や民族独立闘争のそれに正当性があったのに反して、植民地宗主国はナショナリズムを侵略・占領の政治的イデオロギーとし、自国の都合だけを他者に押し付けているため、その正当性を失っている。

しかも侵略戦争の加害者として戦後の清算・解決がいまだきちんと出来ない。できないどころか、侵略戦争を正当化する靖国神社を、国の政治的代表者が参拝したり、戦争を反省するのを「自虐」とし、侵略戦争を正当化する教科書ができたりで、偏狭で歪んだナショナリズムが頭をもちあげている。

こうした歪んだナショナリズムへの内外の批判は当然であるが、ナショナリズムが国と民族の組み合わせであるなら、批判だけではすまない。

歪んだナショナリズムへの日本人の対応は、それが歪んでいることに気づかないまま、オリンピックで日本選手を応援するのと同じに思っている人と、そうした人を意識的に育てようとする右派と、歪んでいることを知って最初から近づこうとしない左派的な人、あるいは批判だけする人に分かれるのではないか。

私は右派的な考えに賛同できない。しかしだからといって、それを遠ざけていればよいと思わない。批判するだけでよいとも思わない。ナショナリズムが国と民族の組み合わせであるなら、他のエリアに行って自由に暮らす以外に、それを遠ざける生活があるとも思わない。批判するのはよいとして、そこで生活する以上「ではどうしたらよいか」考えることになる。私はそうした部類の人間だ。

オリンピックで日本選手が勝つとうれしい。アメリカ大リーグで日本人選手が活躍するのを日本のメデアが大仰に報道するのは、いまだ「追いつけ追い越せ」と挑発されているようでうんざりだ。しかし、サッカーで日本チームが勝つとうれしい。

こんな気持をナショナリズムと言う人がいる。そう言われると、意図せず大きく包まれる感じがして私は落ち着かない。では、その私の気持ちは何なのか?。自分でもよくわからないが、愛国心でもないような気がする。あえていえば、そのような気持ちはナショナリズムの一方にある「民族」性ではなかろうか。つまり、言語・食生活・宗教などを共通の紐帯とした「共感」のようなもの。

ここでもう一方の「国」についていえば、この国は侵略戦争、植民地政治の責任を精神的にも具体的にも一刻もはやく解決すべきだ。口先だけ反省しても、それが具体的でなければだめだ。時間がたてばよいというものでもない。六十年もたって、きちんとけじめがつかないのが恥かしい。これは「自虐」ではない。きちんとした清算・解決によってこの国の「自尊」が証明できるし、どんな民族・国の人でも「共感」できる場に立てる。そんな倫理を持った上で言いたいことを言えばよい。その上で常に平和的共存をはかるべきだ。「国」として言えば、隣接する友人国を作り、隣接する国との同盟関係を当然のよう結べることなどだ。

二　国に潰された本来の民族

この国のナショナリズムが歪んでいるといったが、その原因は戦後の清算ができないだけではない。ほとんど同じ意味であるが、日本近代の帝国主義、絶対的天皇制、超国家主義がその原因と考える。

歪みの状態を端的にいうと、ナシヨナリズムのうち「民族」が「国」に取り込まれ、民族が本来もつ自然・自然観を失っていることだ。それを少し歴史的にいうと、国家的権力としての天皇性が自然との接点を持つ民族性を潰し、「国」に刷り込んだ。その傾向が近代の超国家主義で頂点に達する、といえるのではないか。

「大和民族」とか「大和魂」といった民族的言葉はあるが、これらは、背景の自然を完全に失っており超国家主義が民衆を煽動する政治的イデオロギーとなっている。

そうした状況を克服し、本来の民族性を取り戻すために必要な、その端緒となるのは、日本人の「民族」を多様なものとして把握することといえるだろう。少なくともここでいう「日本人」には、アイヌ民族、沖縄民族、そしてその間に挟まれる和人の民族性があるのはたしかだ。そのうえで、それぞれを、独自なものと認識し、差別ではなく区別しなくてはならないだろう。

これまでの日本人のナショナリズムは、そして、現在頭を持ち上げている右派的ナショナリズムは、この区別・差異を認識していない。それどころか、近代の国家権力がアイヌ、沖縄を侵略し、差別したのをそのまま引きずっている。ここに決定的な歪みの一つがあるだろう。「国」＝超国家主義が「民族」を潰している事例の一つでもある。

このように考えることで、あるべきナショナリズムを取り戻すために、まず最初の手掛りとしてアイヌ、沖縄、和人の民族性を列島文化として再構築しなくてはならないと思っている。また、その視点に立つと「民族」を最も失っているのが和人なのがわかる。古代から天皇制によって少しずつ失ったが、近代の絶対的天皇制と超国家主義、そのうえ国家的政策としての欧米模倣が決定的要因といえるだろう。

三　アイヌ・沖縄・和人

和人のこの状態を逆照射するものとしてアイヌと沖縄の民族、あるいはそのナショナリズムを先にみておきたい。

アイヌ民族は国家をもたなかったといわれる。しかし「コタン」を核に北海道全域を四つに分けるグループがあった。また松前藩・和人と戦ったシャクシャインの戦いもある。こうした意味で、自然の連続性とは別に彼らにとって「外部」があり、そこからの「侵略」「侵害」を食い止める境界は、国境という意味以外に、自然を対象とした共有、共感、共存の領域、それらを背景とした民族性があった。あるいは人権意識といえるものが認識されていたと考えていいと思う。この境界を一方的に無視・侵害したのが和人だ。日本人としてこの歴史を忘れてはならない。しかもアイヌの民族概念は今もはっきりしている。そこから生まれた文化もしっかりしており、なおかつその民族がアイデンティティとして活きている。近代和人の偏見と差別からなる「旧土人法」を「アイヌ新法」に変えたことがそれを証明している。

　このようなアイデンティティを「アイヌのナシヨナリズム」と呼ぶことができると思う。そしてそれを、植民地解放闘争や民族独立闘争の中の正当性と同等な位置に置くことが出来ると思うのだ。もちろんそれは当事者が決めることであるが、少なくとも「日本人のナショナリズム」という時は、こうした歴史と多様な実態を入れなくてはならない。近代日本の歪んだナショナリズムの轍を踏んではならないのだ。

　沖縄は国家の歴史を持っている。言語や食生活など民族性もある。その意味でやはり「沖縄ナショナリズム」が指摘できるだろう。こうした沖縄に和人・ヤマトからの侵略的行為が始まったのは豊臣秀吉からであるが、江戸時代は薩摩藩が干渉・支配をつづけ、明治十二年・一八七九年の琉球処分によって植民地化・同化が決定的となる。つまり「沖縄ナショナリズム」の無視が始まるといってよいだろう。しかも現代、米軍軍事基地の沖縄集中などに、その傾向が「差別」として現れているという指摘があり、沖縄の抵抗がつづいているのだ。そうした意味で、そのナショナリズムは、植民地解放闘争や民族独立闘争と同じ正当性があると考える。

　ここでもやはり当事者が決めることであるが、本来あるべきナショナリズムの姿を考える時、あるいは今後ナショナリズムという概念を正当に活かすことを考える時、中国や朝鮮半島を含めたアジア、あるいは世界の植民地解放闘争や民族独立闘争、そしてアイヌや沖縄、あるいは在日がそうであるように、被侵略者や被害者が自立、独立のために支えにしたナショナリズムは、どこにあっても正当性の参考事例なのが認識できる。そしてまた、この国でアイヌや沖縄、あるいは在日のナショナリズムが正当性をもつものと認識することが、「日本人のナショナリズム」を相対化し、本来あるべき姿を取り戻す契機の一つなのもわかってくると思うのである。

こうしたことを前提にして私は、ナショナリズムを母体にした新しい文化基軸、新しい価値観を考える。そしてそのためにナショナリズムの構成要素としての「国」と「民族」を一度分離してみる。交通・通信機能の高度化によって地球は小さく狭くなっている。「国」の概念もまた実質的に様変わりしているともいえるからだ。

一方で「民族」は、前提となる自然を考えた時、そして、自然と人間の共生が人類的課題になっているのを考えた時、自然を前にした人類の一つの共通項として、民族概念の可能性を探求することも、決して無駄とはいえないだろうからだ。

このように、「国」から「民族」を離し、この国、和人社会で歪められたナショナリズムを、人類的課題といわれる自然との共生をテーマに再構築してみる。これをナショナリズムの弁証法とし、新しい機軸としたい。

四　和人の自然観と民族性

和人社会が本来の自然観を失っている様子とその過程、そして本来の民族性、国家とか権力に関係なく食料獲得のため自然に寄り添い、国家ではなく自然界の法則に従って機能していた民族性を失っていく様子とその過程を見、弁証法的考察を試みたい。

そのためにまず自然観からみていくが、厄介なことに、和人社会は、自然観そのものを失っているように私にはみえる。つまり自然との接点にある自然観が、「国」に刷り込まれた状態と思われる。「自然を取り込んだ」といわれる天皇制が典型的であるが、この国の知識人の多くが中国など外国の文献から学んだ例が多いので、文字文献の多くが足元の生活観から乖離している場合が多い。そのため、これまでほとんど学問の世界から外れたところから始めることになる。

長野県上田市別所に近い塩田平の田圃の中に、田の土を神とした「泥宮」という祠がある。田圃の中の小さな祠であるが、そこに次のような説明がある。

「泥宮という名は泥を御神体として崇めたところに由来するといわれる。泥は稲を育てる母として古来神聖なものとされてきた。泥宮はその古代からの祖先の習俗を伝える宮として、きわめて貴重な存在である」

ここにあるような神観念が和人社会の自然観、あるいはアニミズムといえるものと考える。アイヌ社会は人に食料をあたえるすべての自然に神観念をもち、それが自然との共生をはかるアニミズムの典型として世界的に注目されているが、そうした神観念と共通するものがここにある。とはいえ和人社会では、このような自然観、アニミズムがほとんど知られていない。また、いくらか知られているとしても、多くの場合天皇制の体系に組み込まれている例が多い。「国」から離れてナショナリズムの一部としての「民族」を考えたいといったのは、このような神観念を天皇制体系から切り離し、本来の民族性、素朴な土の観念などとして再考したいからだ。

シャーマン的修行者＝修験者である村武精一の『アニミズムの世界』（吉川弘文館・一九九七年）という本がある。アニミズムを「自然の生命化」と考え、岩石に神をみる「盤座（いわくら）」や樹木を神聖視する「神木」を挙げるのはよいとして、釣った魚の霊を弔う「魚霊」や、縫い物の針や茶道の茶筅を供養する「針霊」「茶筅供養」などになると段々遠ざかる。後は「死霊」の世界ばかりを挙げていく。これではこの国、和人社会のアニミズムとしては物足りないし、シャーニズムとの区別も難しい。

村武精一の論理の決定的弱点は、「泥宮」のような、自然に直接触れて食料獲得・生産、労働した人々の神観念がないことだ。彼は取りあげていないが、アニミズムとしては鯛を釣って「このようにありたい」と願う「エビス信仰」や、鹿の肉などを神と共食する諏訪神社の「御頭祭」などの方がはるかにすぐれた事例だろう。

田んぼの中にある「泥宮」

泥宮は「泥を御神体として崇めた」と書かれている。

五　消される自然観、アニミズム

和人社会では「古事記」「日本書紀」の時代から「地神」「産土神」があり、これがアニミズムを含むだろうといわれるが、具体的事例になると村武が挙げるような事例と変わらない。やはり、シャーマニズムとアニミズムの区別がつかない。記紀はシャーニズムの視点だ。別のいい方をすると、後から現れたシャーマンが先行するアニミズムを自分たちの世界に取り込んだ姿と考えられる。

和人社会でシャーマン達がアニミズムを取り込む仕掛けは簡単だ。文字を駆使したシャーマン達がアニミズムを自分たちの世界観で記述すれば史料となる。直接生産者はほとんど口承で伝承しており、文字化していない部分が多い。アイヌも沖縄も和人も本来文字をもっていなかった。にもかかわらず中国の文字を獲得した一部特権階級が、文字を使わない文化を蔑視・差別し「無学文盲」ともした。文字を使ったのは古代から天皇制を支えた貴族やシャーマン、僧侶、あるいは社会的階層的上位の者ばかりだった。彼らの世界観ばかりが文字化され、それが後の学者の史料となった。このようにして、直接生産者、自然に直接触れた者の文化が非対象の世界、闇の中に置かれ、その場に行かないと見えないものになっている。近代になって民衆が文字を持ったが、その時は欧米の文化が優先的だった。

「泥宮」も図書館にある分厚い『日本民俗大辞典』（吉川弘文館・二〇〇〇年）や『日本民俗語大辞典』（石上堅著・桜楓社・一九八三年）では取りあげていない。関連すると思う解説が『日本風俗史辞典（縮刷版）』（弘文堂・一九九四年）の「土」にある。意味深いので少し長く引用する。

「…さて、大地・土壌・土に対する霊力・神秘力は原始の呪物宗教としての呪力の観念からは当然のことであり、その後に陰陽道・仏教などの新宗教が浸透してきても、それとの多少の混淆をみせながら存続していた。まず、地神（つちがみ）信仰は、歴史的にみれば、原始共同体全員のもので母系制意識から産土神に出発して地母神となり、父系制的古代家族体制に移行するようになって氏神となり、さらに封建的中世家族構造が成立すると屋敷神となった。（略）集団全体の神は集団のなかの特定の個人のものとなった。また、大地なり土壌なりの土地に立ち入ったり膚が触れたりすることの禁忌がある」。

最初の「大地・土壌・土に対する霊力」が「泥宮」に該当する。これをアニミズムと考えるのは異議ないと思う。が、記述の通りそれが区分なく陰陽道や仏教に取り込まれ、さらに氏神や屋敷神に取り込まれていく。その後「集団のなかの特定の個人のものとなった」のは地域の王であったり、大王となる天皇につながるだろう。

このような流れにアニミズムがシャーマニズム・天皇制信仰に取り込まれる過程があると思われる。しかも、最後には土・大地に触れることを禁忌する信仰にまでなる。これに類する「禁忌」は王の時代にもあっただろうが、確実なのは天皇制祭祀・国家祭祀のそれである。

天皇制祭祀は古代から天変地異や動物の死・出産などをケガレ（穢・以下同）として「忌穢」「禁忌」の対象とした。最初それは不文律だったが「延喜式」（九二七年）で成文化された。貴族が朝廷に出廷してはならない「忌穢」「禁忌」の期間として「人死限三十日。産（出産）七日。六畜（牛・馬・羊・犬・猪・鶏）死三日。其喫肉（その肉を食う）三日」（カッコ内は筆者）だ。人や家畜の誕生、死、肉食をケガレとするもので、肉食につながる屠畜も禁忌とされた。屠畜、肉食禁止は六七五年の天武天皇による禁令「牛・馬・犬・猿・鶏の宍を食ふこと莫」（『日本書紀　下』日本古典文学大系・岩波書店一九六五年）にその初期的様子がみられる。このときは半年の「禁忌」であるが、だんだんと全面的禁忌となる。

天皇や貴族は聖なる存在として、これらに触れなかった。触れたら祭祀に参加できない。「ケガレに触れたらその人もケガレ」として「忌穢」される「触穢意識」があったからだ（「延喜式」）。このような観念操作としての禁忌があって、聖なる存在が「土に触れない」禁忌に拡大したと考える。各地の大きな神社、仏閣の入り口に巨大な草履が下げられている場合があるが、あれは大地との隔離、「聖」と「穢」の隔離の象徴ともされるものだ。こうした禁忌によって「泥宮」などは存在さえ認められないものになっていく。

「泥宮」だけではない。この後すぐ、次節でみるが、田や山、海で自然に触れて働く者の文化、なかでもそのアニミズムがこのようにして軽視・無視される。地域のシャーマンや貴族は、それらの軽視・無視をあえて天皇制の権威に結びつけ、自分たちの権威に取り込んでいく。

それだけではない。さらにその深層で、排除されたケガレに触れる仕事が社会的機能、あるいは文明として続いていた。分かりやすい例は、ケガレとされる牛や馬など動物の死躰に触れ他の価値・生活文化に再生・リサイクルする仕事である。例えば先にみた屠畜、肉食禁止であるが、にもかかわらず天皇や貴族は「薬猟」をしたし、「薬肉」も食べた。皮革製品も用いた。そのため、その生産者もいた。他にもたくさん例がある。しかし天皇制祭祀とその禁忌によってそれらの人が、ケガレに触れたとして「禁忌」の対象となり排除・差別されるようになる。これが部落問題の原点である。ここでも自然の循環のひとつとしての「死」に直接触れる技術や文化が排除され、無価値なものとなる。

このようにみると、アニミズムがどのように潰されたかおおよそわかるだろう。しかし今でも、その場に行けば古くからのアニミズムが、アニミズムとも思われず存続している。私はこれをシャーマニズムとしての天皇制から切り離し、単独の個性ある価値・アニミズムとして抽出すべきと考える。それは「共生」の哲学のためであるが、同じ意味で、和人の本来の民族性がどのようなものか知る契機でもあると思うからだ。

奥能登のアエノコト。田から招いた「神」にご馳走をふるまう。

六　本来の民族性

自然に接した和人のアニミズム、あるいはアイヌ、沖縄を含めた日本人のアニミズムを抽出する必要があるという私の発想がいくらかわかってもらえたかと思う。そのため私はけっこう多くの事例を調査してきた。ここでは紙数の制限があって数例になるが、拙書『和人文化論』（御茶の水書房・二〇〇五年）で詳しく書いたので参考にしていただきたい。

二〇〇四年の中越大地震で壊滅的被害を受けた新潟県山古志村（現・長岡市）の「牛の角突き」（闘牛）は、テレビの地震報道とともに放映されたので知っている人が多いかも知れない。「牛の角突き」が神事なのも伝えていた。しかしなぜ神事なのかテレビで説明したのを聞いたことがない。ちゃんと説明したら面白いのにと思いながら見ていた。

野生の牛は、自然な習性として角突きをし、強さを競う。リーダーを選ぶためだ。一番強い牛がリーダーになる。この習性を自然の生命力とし、飼育する牛が強く育つよう願う人間の側の行事・神事として「牛の角突き」を行う（『山古志村史　民俗』山古志村役場・一九八三年）。ここにも自然の生命力を神とするアニミズムがある。

奥能登に伝わる「アエノコト」も自然の生命力・稲を育てる田圃の土の生命力を神として迎える神事だ。「アエ」は「饗」で「神と共食の事」だ。稲刈り後の田に農民が行き、稲を育てた田の神に豊作のお礼をいう。その後神の手を引く真似をして神を家に招き、共食し、春まで泊まってもらう。休んでもらうのである。実際農民はこの間田圃を休ますという。次の年の春、神を田圃に戻し「今年もよろしくお願いします」と祈願する。

この神事は多くの場合奇祭といわれた。柳田国男的に「祖霊神を迎える」とか、折口信夫的に「常世から神を迎える」などの説を読んだ記憶がある。それでもわけがわからず、やはり奇祭かと私も思った。しかしやがて、和人の神にアニミズムが多いのに気づいた時、この神の意味がわかった。私はアエノコトを行っている家に行って話を聞いたものだ。

これらは天皇制からいうと周縁の神であって、中央から外れている。しかし私にとって今はそれが幸いだ。それぞれの伝承者に感謝したい。和人の初期的で基礎的な神観念はこれらにあるといいたい。そして和人の本来の民族性も、ここから考え再構築するのが最もふさわしいと考える。

古代から天皇制は、中国から伝来した漢字によって天皇の権威を高めようと「古事記」「日本書紀」の完成に勤めた。中国の律令制を真似て律令国家を成し、それは今でも大きく評価される。しかしその法体系は、農民など、当時ほとんど文字文化をもたない民衆には馴染まないものだったと思われる。しかも、民衆は文字がなくても立派な文化（これまでみたアニミズムなど）をもっていたのだ。しかし天皇や貴族たちは、そうした足元の、自然に直結する神観念、神事は理解していなかった。『日本書紀 下　（六七一年・天智期）』（日本古典文学大系・岩波書店・一九六五年）に貴族が「田儛」を見る場面がある「皇太子・群臣、宴に侍り。是に、田儛再び奏る。」だ。田儛について『年中行事辞典』（西角井正慶編・東京堂出版・一九五八年）は田遊、田植祭と同じ「予祝儀礼」としながらも「紀」のこの場面について「すでに早い時期に、田遊の神事の芸能化が行われていたことが知られる」とする。引用した文にあっても、貴族たちが神事として理解しているようには読めないもので、やはり「めずらしいもの」を見ている印象が強い。神事芸能の芸能化が悪いのではない。ただ、基本的なアニミズムを理解するには、ここでの「神事」と「芸能」のけじめ、区別が重要だ。

こうした事例をみたうえでいえることであるが、天皇も天皇制も、本来の意味で和人の民族性を代表していないといえるし、本格的に伝承もしていないだろう。そうすると彼らがいう伝統文化も本来のものではないといえる。そして、和人の中の本来の民族性と伝統文化は、農山漁村で自然と向き合い、食料獲得のために自然の法則に沿って、あるいはそれを文明化しながら働いた人々の中に生き続ける。これを全面的に取り上げ、集約して体系化し、本来の姿を取り戻したい。

七　近代の歪み

「博多ドンタク」という祭りは結構知られている。「ドンタク」の意味も辞書などに書かれている。オランダ語の日曜日だ。転じて休日になった。以前「半ドン」という言葉があった。半分の休日、土曜日だ。「博多ドンタク」は室町時代に始まった祭りだという。ではなぜ「ドンタク」という名がついたのか。

この祭りは伝統的には「松囃子」といった。松囃子は和人社会に古くからある。松や竹、榊など常緑樹が枯れた姿をあまり見せないことから「ケガレ」、「気枯レ」ないものとして神聖視された。このような松を囃し立てるのは、自然の生命力を囃すことであり、同時に人間の生命力を類似の法則によって「このようにありたい」と囃す。アイヌ舞踊に「ブッタレ・チュイ」（松の木の踊り）というのがある。松の生命力を讃えながら、自然に感謝する踊りだ。これと同じ発想・思想があるといってよいと思う。つまりアニミズムだ。

明治時代の初め、この祭りを明治政府が禁止した。地元から禁止に対して抗議がで「ドンタク」とすることで許可した。現地に行けばそのことを書いた冊子がたくさんある。今もドンタクの中で伝統的祭りとしての「松囃子」が演じられるものの、今は松囃子だけでなく港祭りなどが合流した祭りになっている。

他の地にもドンタクという祭りが結構多い。「横浜ドンタク」は代表的だ。そしてそれらの祭りが同じ経過をもっている。

当時政府は各地の祭りに干渉し「淫風」「妖怪の言」を禁止した。それが「文明開化」と思っており、オランダ風にすればよいと考えている。欧米模倣の最たる例だ。視点を変えれば、政府は自分達の足元の神観念をしっかり把握していなかった。欧米と天皇制しか見ていなかった。ここが間違いだ。

幕末「生麦事件」が起こった生麦村の隣の鶴見で古くから行う「田遊」神事（「日本書記」の「田儛」と同じ）があった。明治政府はこれを「外国人にみられたら品位が落ちる」と禁止した（『鶴見の田祭り』鶴見田祭り保存会・一九九五年）。百年たった一九九〇年代になって、住民の意思によってやっと復活した。

「田遊」「田祭」「田舞」などは、米作りのために農民が一年間行う農作業のすべてを凝縮し、作業が始まる春先に模擬的に演じ、田の神に「このようにありたい」と身体表現で願うものだ。昔は二晩寝ずに演じた。ここにも自然の生命力に願うアニミズムがある（「Ⅰ第二部第五章四」参照）。

これまで私はそれぞれの神事に「このようにありたい」とする願いがあるのを指摘した。これは豊田国夫の『日本人の言霊思想』（講談社学術文庫・一九八〇年）から私なりに学んだ概念であるが、さらにその背景として、イギリスの人類学者ジェームス・フレイザーが世界中の呪術を分析して抽出した「類似の法則」（『金枝篇』岩波文庫・一九五一年）を参考にしている。ジェームス・フレイザーは植民地主義を正当化する者で、私はこの思想に反対するが、彼の呪術の分析、分類は優れたものと思っている。

和人の神事や風俗・縁起物は「類似の法則」で読み取ると分かるものが多い。豊田国夫が指摘する「このようにありたい」という願いも同じ法則であることを彼が認めている。その上で、フレイザーがいうところの呪術と、和人社会の神事・風俗を重ね、その中から主にアニミズムを抽出したいと私は考える。その場合、アニミズムの法則は「自然の生命力」を神としていることと考える。

とはいえ、フレイザーは呪術全般の中に「自然の法則」に沿ったものがあり、そこに合理性を認めるもののアニミズムを抽出してはいない。彼はキリスト教の立場から呪術を「未開」とし、アニミズムとシャーマニズムの区別なく分析する。これが彼の弱点といえるだろう。

八　エコシステムと文明システム

私が「部落文化・文明」といっているものをここで考えなくてはならない。これまで部落問題にアニミズム、あるいはエコシステムをみる視点はなかった。しかしそこには、自然と人間の共生（以下・共生）を考えるために、避けてはならない世界がある。和人社会の「共生」、あるいはエコシステムとの調和は、これまでみたアニミズムの世界と、これからみる部落文化・文明の世界の両方を見ないと成り立たないといえるからだ。

アニミズムはエコシステムの生命力に依拠している。しかしエコシステムにはもう一つ欠くことのできない重要な部分がある。それは生命力の反対の部分、自然界の「死」の世界。破壊的世界とでもいえるものだ。エコシステムはいうまでもなく、この生と死の両者を含めたシステムなのだ。しかし、和人社会は、主には天皇制の確立以降、「死」の世界を「ケガレ」とし、忌避し、タブーとしてきた。二十一世紀の現代にあって、そのタブーは、欧米文化の模倣、あるいは交流によってあたかも消えたかのようにみえるが、それは見えにくくなっただけで、本格的な変革があったわけではない。その証拠にタブーの一つとしての部落差別は根強い。神事での女性の差別（出産、生理＝生としての自然の出血をケガレとして忌避する）も決して緩んではいない。

エコシステムは二十世紀前半イギリスのジョージ・タンスレーが提唱したもので新しい概念だ。それは生物間の食い食われの食物連鎖、生と死が含まれる物質循環、群生や寄生を含む共生、天変地異などのシステム・循環である。

エコシステムの全体をこのように考えると、和人社会の天皇制がいかに偏狭で歪んだものか改めてわかってくる。天皇をはじめ取り巻きの貴族たちは、エコシステムの破壊的世界をケガレとし、「忌避」して触れようとしなかった。「延喜式」でそれが成文化され制度として強化された。この制度がその後戦国時代を通して大衆化した歴史がある（『検非違使』丹生谷哲一、前掲書）。さらに江戸時代になって、主に綱吉の時代に、人間や動物を大切にするかのように装った「生類哀れみの令」といわれる諸法や、武家社会の家父長的家族制を固める「服忌令」によって、「死」を触れてはならないケガレとして大衆的に忌避・タブー化したのである。その歴史が江戸時代の部落差別に直結している。

農山漁村の漁労・採取・生産活動が、自然の生命力としての生産的な側面、そこから生まれる「富」や「幸」なのはよくわかっている。しかし一方に、エコシステムの「死」など破壊的世界があり、人は本来その破壊的世界にも触れて生産活動をし、あるいは宗教活動をして生きている。その意味でアニミズムはエコシステムの全体像に対応していないといえる。特に和人社会は、動物や人の死や自然の破壊的部分を、すべての人の生命活動に不可欠であるにもかかわらず、一定の人に押し付けて、その人も含めてタブーとし、差別したのである。そうした歴史があるがゆえに、和人社会におけるエコシステムに対応した、人間の側の文化、文明の全体像を確立するには、そのタブー・差別された部落問題、そこから抽出される文化・文明を取り込まなくてはならないと確信する。ここでいった生と死・破壊的部分を含んだ文明を、エコシステムの全体像に対応した文明システムと呼んでおく。言い換えるなら、和人社会の文明システムを把握しなければ、和人社会で、地に足の着いた自然との共生は実現しないということだ。そのことは、先にいった「泥神」を忌避するのではなく、周縁に置くのでもなく、日本の文化・文明の一つとして把握することとまったく同じ意味である。別の言葉でいえば、アニミズムだけではエコシステムの全体像に対応出来ないということだ。その全体像に対応する「文明システム」を和人社会で考えるには、「部落文明」ぬきには出来ないといえることだ。

日本人、中でも和人社会で歪められているナショナリズムの、その構成要素としての民族性を、このような課題をもって見直し、ナショナリズムそのものを変革したいと考えるものである。

初出　『アソシエ』No.17号　二〇〇六年

第二部　呪術の世界と部落文明

第一章　「キヨメの塩」の原理──部落文明の背景をみる

はじめに

この国、その中であるべき姿のナショナリズムを失っていると思う和人社会の中で、他者に押し付けることのないナショナリズムを発見するために、その構成要素としての「民族」を取り上げ、そこにあるシャーマニズムとアニミズムの区分けを試みようとしている。今回は、私がそこにアニミズム的要素を見出している「キヨメの塩」を取り上げ、その反対にあると思われる祝詞と比べながら、部落文明の意味を考える。

まず考えたいのは塩によるキヨメ（清め）だ。葬式の後に「ケガレを払う」意味をもって身に掛けるあの「キヨメの塩」。大相撲の土俵を「キヨメる」として撒かれる塩。料亭などの入り口に清爽を象徴して置かれる塩。負けが続くプロ野球球団のブルペンに「厄除け」として置かれるあの塩。これらの塩の背景にアニミズムを見出すといったら、多くの人が「眉唾もの」と思うかも知れない。

たしかに、今ここに挙げた事例の範囲では、それは縁起物であり、根拠のない民間信仰といえるだろう。その意味で、それはシャーマニズムともいえない「俗信」でもあろう。

しかしその背景には、確かな根拠がある。私がここで強調するまでもなく、すでに気づいている人がいると思いたいし、きっといると思うのであるが、私の周りでは、「ケガレを払う」という観念的作用が部落差別に繋がっているとして、「キヨメの塩」を批判的、否定的にみる人が多い。かくいう私自身、これらの事例は縁起物とか俗信の範囲にあると思うし、そしてそれは、ほとんど意味がなく、批判されて当然と思っている。

とはいえ、そうした縁起物とか俗信の範囲をくぐって、自然の塩が持つ、本来の力、その生命力を考えると、そこにはしっかりした根拠、自然の法則といえるものがある。シャーマニズムだけでなく、ほとんど意味がないと思われている民間信仰、そう思われながら意外と根強く習慣化されている「俗信」から、本来の意味の根拠、アニミズム的要素を発見するために、単なる物質の塩、自然の形成物質としての「塩」を考えてみよう。

「キヨメの塩」は部落問題そのものではないが、部落差別の観念的原理といえる「忌穢」「触穢意識」に繋がるものとして、差別の観念的原理がいかに虚しいものであるか認識するきっかけにもなり得るだろう。またそれ以上に「ケガレのキヨメ」から生まれた部落文化・文明が日本社会、なかでも和人社会の本来の民族性を発見するためにいかに重要な意味をもつか認識できるきっかけにもなるはずだ。差別で言えば、部落差別によって和人社会がいかに大切な価値観、その体系を失ってきたかわかるはずだ。また一方、自然と人間の共生的関係を構築するために、文明の、最初のきっかけが何なのか、「泥宮」でみたように、和人がそのきっかけを、いかに歪めてきたか知るきっかけにもなるだろう。

一　「キヨメの塩」の風俗と呪術

「キヨメの塩」はこの国の風俗のなかで結構多く見られる。先に葬式の塩などを挙げたが、反対に祭りの祭具や神棚などのキヨメにも使われる。あるいは家庭の井戸やカマドのキヨメに使われる所もある。『年中行事辞典』（前掲書）は「塩」について「調味料のほかに食料の保存や味噌・しょうゆの醸造に、また食品加工に用いられる。日本人は塩に不浄を払う一種の霊力のあることを認めている」とする。

『広辞苑』（第五版）に「キヨメの塩」はないが「きよめ」について「①掃除②不浄を去ること③不浄なものの清掃に従事する人」とする。また「不浄」について「①清浄でないこと。けがれていること。②月経③大小便。④便所」とし、さらに「けがれ」を「①きたないこと。よごれ。不潔。不浄。②神前に出たり勤めにつくのをはばかる出来事。服喪・産穢・月経など。③名誉を傷つけられること。汚点」と解説する。

ここにある「きよめ」「③不浄なものの清掃に従事する人」は、本稿あるいは部落史にとって重要な意味をもつのをこれまで述べてきた。『大辞泉』（小学館）は「清めの塩」を「不浄を清めるための塩。葬式から帰ったときに用いる塩や、力士が仕切りの際に土俵にまく塩」とする。

それぞれの説明は徹底した客観性を欠いていると思うが「キヨメの塩」の意味やその対象とするものはだいたいわかるし、多くの人が認識しているものだろう。しかし、ここに挙げた事例や文献の範囲でいうと、それらの意味、あるいは目的に科学的・合理的根拠が示されているとはいえない。

このように科学的・合理的に説明のつかない「キヨメの塩」は一方で、部落差別と関連して考えられることが多い。江戸時代の「キヨメ役」（穢多・非人身分）が「ケガレのキヨメ」を社会的機能としての職業としたことが背景にある。その職業が世襲を原理とする身分制度に取り込まれ、「忌穢」「触穢意識」の観念が「服忌令」など服喪の徹底によって一般社会に強化されることで、その職業を行なう者への差別が固定的になってゆく、その歴史経過が前提になっている。

そうした経過があって部落解放運動で「キヨメの塩」が話題になり、多くの場合否定的に考えられた。しかしその場合、先の辞書で説明する程度の風俗、俗信とみられる傾向が強く、それがもつ本来の意味「キヨメ」と「塩」がなぜ結びつくのか、宗教性としての「キヨメ」と、自然の産物であり物質である「塩」の特性を考えあわせた議論はなかったと思う。

例えば、真宗大谷派の僧侶が「キヨメの塩」が部落差別に結びつくとして廃止する動きを示している。が、そのための論議もほとんど表面的で現象的だと思う。今のところ私には、その動きがどのように実現しているかわからないが、教祖・親鸞の教学を持つ仏教徒、信仰者がそれを廃止し、自ら信じる教学に沿ったものにしようとするのは、ごく当然と思う。「キヨメの塩」は縁起物や俗信としてあるかぎり、教学的な理論を持たない呪術、風俗だからだ。また「キヨメの塩」はこの国で漠然としたまま祭礼のキヨメなどをとおして神道に把握されており、仏教と神道は宗教論理が異なるからだ。

こうした実情を背景にいうのであるが、真宗大谷派だけでなく、もろもろの仏教徒が「キヨメの塩」を廃止するなら、部落差別との関連ばかりでなく、自分たちの本来の信仰の問題として、最初から教学とは異なる風俗をなぜこれまで続けたのか、そこのところをしっかり見直し、人々に示しながら廃止すべきではないだろうか。そうでないと、本当の変革にならないと思うのである。

二　塩の生命力と呪術

自然の中の石や草や木と同じように個性を持ち、一つの固体である塩が、なぜ宗教的・俗信的「キヨメ」に使われるのか、そこには、宗教性とは関係のないところで、多分宗教性以前に、民衆が生きるために創った塩の生活文化・文明がある。先に引用した『年中行事辞典』（前掲書）も、調味料や食料の保存、また味噌、醤油の醸造や食品加工に用いられると説明する。生活のなかでこのように利用される塩を考えると、それが宗教的に活用される前に、生命力として活用されたのがわかってくる。世界的にもそうした活用が多いのである。

私たちの食生活の中で塩の活用は調味など多様であるが、私がここで最も注目するのは食品の保存、腐敗防止である。これも古くから、かつ世界中で活用されている。そしてそれは、最近の化学保存剤に較べ、自然保護のためにもっともっと大切にされなくてはならない物質・食品であり文化だと考える。

この国では豆を素材にした味噌、あるいはさまざまな野菜を使った漬物はすべて塩で保存し、味付けするのを誰でも知っている。そして、それは多くの人が作れるだろう。魚も塩を付けると腐敗が止まる。塩鯖、塩さけ、いかの塩からなど。肉は肉食禁止が長く続いたので目立たないが「近江牛の味噌漬け」や「干し肉」（さいぼし）は江戸時代から活用された部落文化だ。これらも塩の生命力で保存されている。日本人の食卓に欠かせない醤油も塩が効いて腐敗しない。挙げればきりがないが、塩は日本人、あるいは人類が食料の腐敗防止、保存のため最も有効に使用した自然の中の物質といえるだろう。

これがなぜ宗教的呪術に使われたのか。「キヨメの塩」の本当の意味は何なのか。その意味について日本の風俗辞典などで本格的に書かれたものを私は未だ見たことがない。先の『年中行事辞典』（前掲書）は「塩」について「不浄を払う霊力」とするが、それは現象でしかない。それらに徹底した客観性がないといったのもそうしたことからだ。

さてその本当の意味、客観的合理性、整合性であるが、これは「部落の伝統芸能」などで説明した類似の法則、日本では「このようにありたい」として表現される神観念によって読み解くことが出来る。

塩が食物の腐敗防止に使われたのはわかったと思う。ここでいう腐敗は動物などの死と植物などの「枯れ」「気枯れ」、それに続く腐敗に繋がっている。そしてそれは和人の間の観念としての「ケガレ」、あるいは「死穢」に繋がるものだ。「死穢」だけでなく「病」「怪我」「出血」などに繋がり、そうしたケガレ・腐敗を防ぐものとして、塩の生命力を前提に「このようにありたい」とする類似の法則で宗教的呪術的に利用されていると考える。自然の形成物としての塩は、人間の利用、活用いかんにかかわらず、自然の生命力として食物の腐敗をふせぐ力をもっている。人間はそれを文明的・宗教的に活用した。つまり、自然がもつエコシステムとしての腐敗、そのために生じる人への害毒性を塩が現実的に防いでいる、その合理性、整合性を根拠に「キヨメの塩」の宗教性が成り立っている。そのように考えてよいだろう。

三　祝詞に見る「神観念」

「このようにありたい」＝類似の法則で願望を宗教的に表現する例は他にも多いが、ここでは「キヨメの塩」と同じほどによく知られており、しかし「キヨメの塩」の対極にあって、背景に整合性をもたない呪術として、祝詞を取り上げる。この両者の違いを知ることで、シャーマニズムとアニミズムの区別、あるいは呪術の中に整合性のあるアニミズムを発見することがどのようなものか、いかに大切かわかってくると思うのである。そしてその区別の中で、アニミズムの世界が、宗教的観念としての祝詞にある「忌穢」「触穢」を背景にしながらも、具体的ケガレをキヨメた部落文化・文明に、それが具体的であるがゆえに繋がることもわかってくると思われる。

祝詞は神社の性格や地域によって異なるが、多くの場合「罪・穢を祓え清め」と唱えるのが共通している。これは宗教的「キヨメ」を言葉によって表現する形態である。その言葉による「キヨメ」の表現手法・思想が「このようにありたい」とする類似の法則であるとする指摘がある（『日本人の言霊思想』前掲書）。私はこの指摘が的確と考える。その証明もふくめ、古代から天皇が国家祭祀として唱えた「大祓詞」「フトノリト」等と呼ばれるものから祝詞の中心部分といわれるところを次に引用する。

「天の下四方の国には、罪という罪はあらじと、科戸（しなと・筆者）の風の天の八重雲を吹き放つ事の如く、朝の御霧・夕べの御霧を朝風・夕風の吹き掃う事の如く、大津辺に居る船を、舳解き放ち・艫解き放ちて、大海の原に押し放つ事のごとく、彼方の繁木がもとを、焼鎌の敏鎌もちて、うち掃ふ事の如く、遺る罪はあらじと祓へたまひ清めたまふ事を…」と表現される。

なお、本祝詞は「穢」とはいわず「罪、災」と表現している（『古事記　祝詞』日本古典文学大系・岩波文庫・一九五八年）。豊田国夫は『日本人の言霊思想』（前掲書）でこの部分を祝詞の中心だとし、それが類感呪術（類似の法則による呪術・筆者）で成立するとしながら「大自然のちからをあげることによって、人の世のケガレやワザワイを祓い去ろうとする雄大壮渾な思想とその修飾表現は、ノリトの代表」と書く。

この例のように、天皇による国家祭祀や各地の神社での祝詞も「このようにありたい」＝類似の法則で読み解くとその思想的手法がわかってくる。つまり、人の世の罪やケガレ、災を排除したいという願いを「風が雲、あるいは霧を払うように、また波が船を沖に流すように」掃き去りたいと言葉で唱える。あるいはその願いを「祓え清め」と言葉で唱える。これが古代から天皇が、国を対象に行った国家祭祀の中心的な部分、信仰上の「神観念」であり「祓え清め」の内容なのである。各地の神社の神職は、その神社がある地域を対象にこのように唱えた。

豊田がいうとおり、この手法・思想が祝詞の中心であり、神観念をもつ思想的理由なのである。そしてこの範囲でわかることはその願いに質的変化がなくて、場の移動が願われていることだ。その意味でこの願いは「境界線」

の内が前提であり、本質的にはこの祝詞が何百回唱えられたとしても、偶然以外には具体的効果が現れないのはすぐ認識できるだろう。一方、同じように言葉によって「このようにありたい」と類似の表現をする伝統芸能の「春駒」（手駒）を考えてみよう。その歌詞は養蚕事業の具体的手順、自然の富、生命力を人間が活用する手順をリアルに歌うのである。同じ言葉による類似の法則でも、そこには大きな違いがあり、なおそれを現実的にみるとまったく異なる結果がもたらされるのだ。こうした違いを早く発見して、区別をつけないと、日本人、殊に和人社会の自然観、アニミズムは見えないものとなるし、民族性も国家に掌握されたままになるだろうと杞憂するのである。

四　具体的技術としての「キヨメ」

「キヨメの塩」と「祝詞」のキヨメを対照的にみたが、そのうえで、部落が行った「キヨメ」をこれらに対置すると、部落文化・文明がどのようなものであるか、それがいかに人々の生活を具体的に支えていたものか、明確にわかるはずだ。例えていうなら「キヨメの塩」の原点にある自然としての塩の生命力、その具体性を活用した文化・文明と同じに、「部落文化・文明」は、人々の生活を今も具体的に支えている現実がはっきりとしてくる。

「穢多」と呼ばれた人々が、本来キヨメと呼ばれていたのは、鎌倉時代の『塵袋』（「復刻日本古典全集」・現代思潮社・一九七七年）で知られる。また最近では江戸時代の穢多・非人身分がキヨメの仕事をしていたのが認識され始めている。この場合のキヨメは、ケガレに触れてそれをキヨメ、再び人々が利用出来るよう「ケ」の状態に再生＝リサイクルする仕事と考えてよい。これが江戸時代のキヨメ役の仕事であり、部落文化・文明の特徴・個性である。

キヨメ役はケガレだけを扱ったのではないとする考えもある。農業をしていた部落は多いし、弾左衛門の灯心作りや竹細工などもある。そうした場合の農業について、全体を把握できる史料は見つかっていないと思われる。しかし部分的、地域的な史料は示されている。特徴的なものが二つあると考える。一つは、本来農民だった者が穢多身分になった例（『被差別部落の形成と展開』三好昭一郎・柏書房・一九八〇年）だ。もう一つは、戦国大名などから、皮革専業者として支配下に入るため、土地を与えられる例だ（『近世被差別部落関係法令集』小林茂編、明石書店、一九八一年・今川氏の例）。水番などのために土地を与えられ開墾した例（『東日本の近代部落の生業と役割』明石書店・一九九四年）などもある。弾左衛門の灯心作りは、警備・行刑役の代償だった（『近世被差別部落関係法令集』前掲書）。現代の労働賃金のように、当時はキヨメ役の労働を維持するため農地や他の生業が保障された。ここには当時の労働力再生産の形態がある。この労働形態を読み解くとケガレをキヨメ＝再生するキヨメ役の社会的関係、労働形態がみえる。これまではケガレとその排除・差別ばかりに関心が向いて、キヨメの労働、その賃金形態や所有形態が論じられなかっただけだ。

こうしたキヨメ役の労働から生まれた文化・文明を私は「部落文化・文明」と呼んでいる。

このような部落問題、その歴史の特徴を把握してわかることは、江戸時代のキヨメ役は、その差別観も含めて天皇制イデオロギーとしての「罪・穢を祓え清め」の宗教的観念を基幹にしながら、近世的身分制度、身分（世襲）・職業・居住地の三体化によって固定したといえるだろう。その意味で、宗教的「清め」と部落史の具体的「キヨメ」は同じ概念から始まっている。とはいえキヨメ役のそれは具体的であるため、具体的、合理的技術や科学（たとえば人体解剖技術、皮のなめし、太鼓作りなど）を生み、実効的に人々の生活を支えた。宗教的「清め」とのこの違いは、少なくとも部落差別を形成した和人社会の文化史、文明史にとって小さくはない。特に今後、人と自然の共生をめざす未来を考えた時、この課題は避けられないものと考える。

第二章　宗教的装置として——佐渡・佐和田——神輿を担ぎ、先導するキヨメ役

はじめに

部落文明を農山漁村町の間にあるリサイクル装置としてみてきたが、そこでは主に、キヨメ役の社会的機能として「死穢」など具体的ケガレのキヨメと「罪穢」に対応した警察業務の事例が多かった。しかし社会的機能としては三つ目に挙げた「宗教的ケガレのキヨメ」（神社仏閣のキヨメ）がある。これがどのような機能を果たしてきたか見ておく。それはつまり、宗教的意味で、精神性のリサイクル装置といってもよいものだ。

「宗教的ケガレのキヨメ」としてはこれまで「部落の伝統芸能」の中でみてきたが、この章では、その原点といえる和人社会の神事、各地の神社などで行われてきた祭礼で、キヨメ役がどのような機能を果たしたか、具体的にみていく。

各地祭礼で江戸時代のキヨメ役、現代の部落が果たした機能は結構たくさんあるが、その代表的なものは、岡山県児島の熊野神社での「御神行の先導役」、群馬県大胡町の八坂神社で一八七五年（明治八）頃までやっていた「御神輿の掛」、鎌倉八幡宮における「祭礼の先立」、江戸時代のキヨメ役ではないが中世非人として知られる「犬神人」（つるめそ・以下同）による京・祇園祭での「神輿渡御の清め」、福井県敦賀の気比神社における犬神人による「神輿の先

導」などがある（拙書『部落差別の謎を解く』前掲書参照）。

同じ宗教的装置といえるものでよく知られる京の「八瀬童子」がある。彼らは天皇の葬送の時に棺を担ぐことで知られる。近代になって一時中断するが、「大正」天皇の棺を担ぎ、「昭和」天皇ではオブザーバー参加だった。しかし、私が彼らをキヨメ役といわないのは身分が穢多・非人でなく、「雑種賤民」と呼ばれることと、その共同体が全国的展開をもたないことからだ。個的固定的機能といえるのではないだろうか。とはいえ文明論では彼らも文明的・宗教的装置なのは間違いない。ちなみに、彼らはその機能の代償として、京の町で薪や木炭、木工品を売る特権を持っていた。こうした労働形態を見落としてはならない。厳密にいうなら、その代償としての特権を誰がどのように認めるのか、その分析をすることでその社会的関係性が明確になる。

『中世の民衆と芸能』（阿吽社・京都部落史研究所・一九八六年）で河田光夫は京の祇園社の「神輿渡御の清め」を行う「犬神人」と、敦賀・気比神社の「犬神人」による「神輿の先導」の歴史的姿について「鎧姿の仮装」をして「鳳輦の前を行く」としながら「つるめそ（犬神人のこと・筆者）を装う事が厄落しになるという観念があったとすると、〈犬神人〉が神輿の前を行く事自体がキヨメであったとも考えられる」と述べる。岡山県児島の「御神行の先導役」も「鳳輦の前を行く」ものだ。

鎌倉・鶴岡八幡宮の「祭礼の先立」について、永田衡吉は「極楽寺村の長吏（キヨメ役・筆者）が鶴岡八幡宮の祭礼にあたり烏帽子素袍を着て行列の先立を勤めた」『神奈川県民俗芸能誌』神奈川県教育委員会編・錦正社・一九八七年）とする［カバー・口絵参照］。そして、彼らはふだん八幡宮の掃除や雑用、警固をし、その代償として祭礼の祭、境内の興行権を与えられて収入源にした、とする。ここで述べられる「行列の先立」をはじめ掃除、警固のすべてがキヨメの概念に相当するもので、「神社仏閣のキヨメ」とはこれらすべてであるが、これまで詳細な事例を示していないのでその内容を佐渡市佐和田の諏訪神社の祭礼にみることとする。

一　初めて行った時の部落——佐渡・佐和田

佐渡市佐和田の海浜にある部落（被差別部落・以下同）T村に「御旅所」と呼ばれる大きな石台があるのを知ったのは一九八七年だった。エビス信仰の画像「エビスさん」を島内に配布する歴史がその村にあるのを知ったのもその時期だ。しかしエビス画像の配布は「昔は」とか「かっては」という話だった。

金山のあった佐渡相川では、江戸時代のキヨメ役の頭（非人頭）・久六がエビス信仰の画像を配布していた史料がある。だから佐和田のT村もそうしたことがあっただろうとは考えていた。

「御旅所」は京都の祇園祭のものが知られていると思う。京都の御旅所は境内としての空間がほとんどなくて、町家に挟まれているとはいえ、しっかりした社殿を持つ神社だ。祇園祭の神輿が必ず立ち寄る。京都のそれと同じではないまでも、T村の御旅所が類似した宗教的機能を果したことも『佐和田町史　通史編』（佐和田町史編さん委員会・一九八六年）によって知られる。同書では、江戸時代のT村で神楽や能が演じられたことも書いている。しかし現代エビス画像の配布が行われていないのと同じに、御旅所の機能も「かっては」と、うかつにも私は思っていた。

佐和田・諏訪神社の祭礼の神輿が今もT村の御旅所に立ち寄るのを聞き知ったのは昨年（二〇〇七）秋のことだ。つづいて「昭和四〇年頃までT村の人が白装束で神輿を担いでいた」という話が『佐和田町史』を編纂した関係者の声として耳に入った。

この話を耳にした私の脳裏に関連する歴史が浮ぶ。中世後期の西宮神社（兵庫県）には散所者といわれた人々がおり、その中に「夷昇」（えびすかき）と呼ばれた人々がいた。この夷昇が、エビス画像を全国に配布するきっかけを作り、また西宮神社にある「エビス神」の神輿を担いだとする説がある（『中世賤民と雑芸能の研究』盛田嘉徳、雄山閣、二〇〇四年』）。

中世後期の散所者は江戸時代の身分制度とは異るが、中世的貴賤浄穢観によって差別される人たちだった。もしかしてT村の人々は中世西宮神社の夷昇に繋がる人か、あるいはそうした歴史を背景にしているのではないか。

こうした関心があってこの調査が始まった。少なくともT村御旅所での神事をみとどけ、神輿を担いだ歴史を可能な限り実証したい。

二　二十一年前の様子と画像配布の歴史

佐渡市佐和田のT村は「佐渡一国宗帳写（非人）」の「天保八年改」に「中原村　小屋十三軒　五十四人」と書かれている。この写しは『佐渡国誌』（一九〇七年刊行）編纂の時原本から写されたと思われているが、同書には載らず原本も不明なのを、今年（二〇〇七年）四月まで佐渡市教育委員会相川支所にいた浜野浩氏から聞いている。文中の「中原村」がT村の江戸時代の村名であり、非人身分であったことを傍証する史料と考えられている。

私が初めてこの村を訪ねたのは一九八七年（当時は佐渡郡佐和田町）だった。広々とした海浜の防風林に囲まれた一角に十五戸くらい、こじんまりとした家が軒を重ねていた。村の中に建設して間がない集会所があって五人くらいの壮年男性が集まっていた。

当時はどこにでもある村と同じに男女の姿が見られた。が、その後数年に一度立ち寄る私の目には、人の姿が急速に減っていくのがわかった。とくに男の姿が減った。仕事を求めて島外に出ているためだ。二〇〇八年四月現代、七十歳を越えた高齢女性ばかり九人。一人が一戸を守っているというので生活を保つ家が九戸。それぞれ島外で働く家族がある。

初めて行った時、村の海側に「御旅所」といれる石台があるというので見に行った。縦二メートル横一メートル高さが大人の背丈くらいの石台が二つあった。それが今も活用されているのを知ったのは極最近のことだ。

一九八七年当時、私は佐渡金山の相川で春駒（ハリゴマ）を伝承する井坂照さんたちの聞き取り調査を始めており、その中で佐和田のT村でエビス画像を配布していたという話しを聞き、確認のため立ち寄ったのだ。今でも一般的に民家の土間や台所の柱に貼られている、あのエビス信仰の「エビスさん」だ。

その時の村人の話で、エビス画像を自分たちで印画し、配布していたのがわかった。その証拠として真っ黒になった版木と、それで印画したエビス画像を見せてもらった［写真］。印画の方法は版画形式で、画像を彫刻した版木によって印画する。つまりこの村はエビス画像を自分達で印画し島内に配布したのだ。しかしその版木がどの時代に製作されたかは不明だった。

佐渡のエビス信仰と画像配布については、相川の非人身分についての歴史史料があるのでみておく。

『佐渡年代記　巻之十六』（佐渡郡教育会・一九八四年）によると一八二九年（文政十二）に相川のキヨメ役（非人頭・久六）に対して生活にかかわる禁令が出た。「非人ども」と身分を特定し、髪結を禁じて「ざんぎり乱髪に」するべきとする。続いて「小屋頭久六持伝のよし而恵比寿の像を板行いたし在町へ配り候趣非人の身分不相応に付板行取上」とする。服装などの差別が強化されるとともに、「夷像」の板行が「身分不相応」として禁じられているが、それまで板行（印画と配布・筆者）が行われていたのがよくわかる。ちなみに、ここにある「身分不相応」の発想が、部落の

佐渡・エビスの図像と版木。

Ｔ村にある「御旅所」

Ｔ村「御旅所」での祭り。
神社本殿と同じ「神楽」が演じられる。

社会的役割・機能を理解出来ない為政者の限界を示している。このようにして差別ばかりが突出してくる。『佐渡相川志』（佐渡高等学校同窓会編・一九六八年）は一七三八年（享保十六）頃の久六を「下浜非人」とし「其先能州ヨリ来ル（略）久六昔ヨリ夷三郎ヲ祭ル。毎年十月二十日国内へ夷ノ図ヲ弘ム」とある。この久六が江戸時代の佐渡全域の頭だった。

「恵比寿の像を板行」はそうした立場での久六の職業的、あるいは宗教的性格であると考えてよいだろう。したがって『佐渡年代記』（前掲書）の禁令は、小屋頭・久六に対して出されているとはいえ、エビス画像の配布、そしてその禁止を含めて、佐和田など島内のキヨメ役（非人身分）に及ぶものと考えられる。とはいえ、それでもなお、彼らは「夷像」を板行しつづけていたことを先の板木が示しているかも知れない。

三　西宮神社の「夷昇」と画像配布

本稿のテーマである「佐和田・諏訪神社祭礼における神輿キヨメ役」に直接関係ないかのように見えるが、エビス画像配布の原点と考えられる西宮神社（兵庫県西宮市）における「夷昇」の歴史に通低する可能性があるので、背景としてそれを少しみておく。

森田嘉徳の『中世賤民と雑芸能の研究』（雄山閣・一九七四年）がその背景を示唆している。同書によるとエビス画像を全国に広めるきっかけを作ったのが中世後期の西宮神社に依拠していた散所者の一部で「夷昇」と呼ばれた人々だ。

森田は同社の資料を挙げ「夷昇」と呼ばれた理由について「蛭子神の守札を諸国に配布しながら、人形を舞わしたから」と考えられていたのを紹介し、彼らが蛭子神（エビス神）のお札を諸国に配布したのを認めながら、自説として「夷舁という呼称は、やはり夷神を舁いだゆえにつけられた名称で、散所の者の役務として祭礼の節、神輿をかついだことから、この呼称が始まった」とする。

ここにある「蛭子神の守札を諸国に配布」「神輿をかついだ」人が本稿主題の解明に繋がる示唆を持つと考える。中世後期、西宮から出て諸国を廻った「夷舁」が行く先々で定着する例があるのではないか。そして江戸時代のキヨメ役に繋がる可能性があるのではないか。そうした関心が起こるが、佐和田ではそれを解明する史料は見つからなかった。これは他の機会に考察したい。

四　T村の地籍は「御旅所」

冒頭で「T村で神楽や能が演じられた」と書いたのは、諏訪神社の一六五七年の記録で「御旅所下蔵にて能あいつとめ」（『佐和田町史』前掲書）という記述からのものだ。ここにある「下蔵」は、江戸時代初期のT村の名なのを町史編纂にたずさわった菊池初雄先生に教えてもらった。

一方、二〇〇四年にT村のKさん（現・七七歳）から聞き取りをしている時、たまたま彼女が取り寄せていた戸籍謄本を見せてもらっていて、村の地籍が「御旅所」と書かれているのに気づいた。村に御旅所があるだけでなく地籍もそうなのだ。

これを知った私は、自分の聞き取りの姿勢を強く反省した。御旅所の石台は最初から話を聞いており、見ていたのに背景を調べていなかった。時代によって村の名が違うのも原因であるが、ほかにも「かって使っていた」という印象があって、現代どうなっているか、きちんと聞かなかったのが悔やまれる。佐渡に来るのは、めったにないことなのに…。

地籍のことを知ってからKさんに「祭りの神輿は今もお旅所にくるの?」と尋ねた。

「来てるよ」いとも簡単に答えるのだ。

「神楽もやるの?」

「神楽というか稚児舞なんかあって、にぎやかだよ。一度祭りにくればいいよ」

このように言われ、もっと早く聞いておればよかったと悔やんだのだ。

その後私は、当時まだ教育委員会相川支所にいた浜野浩さんにT村の地籍のこと、今も神輿が「御旅所」に来ることを話し、他の部落史によくある祭礼の「キヨメ」と同じだろうかと、見解を求めた。彼も神輿が今も「御旅所」に来るのを知らない様子だった。彼はすぐ佐和田の知人で『佐和田町史』の編纂にかかわったH氏に確かめた。H氏の話では、昭和四〇年(一九六五)頃までT村の人が白装束で神輿を担いだ。その後T村で担ぎ手がそろわなくなり、担ぎの専門グループに頼んだらワッショイワッショイと揺すって担いだ。佐渡諏訪神社の神輿は揺すらさずに担ぐのが伝統だった。そのため町内から異議が出て、今は車に乗せるようになった。「T村の人はしずしずと担いだよ」という話だ。つまりH氏はT村の人が神輿を担ぐのを見ていた。

御旅所の話がいきなり「神輿を担いだ人」まで進んでいた。

五　T村「御旅所」での神事

毎年四月二十六、七日佐和田諏訪神社の諏訪祭りがある。二十六日は前夜祭で、神社の拝殿で神楽と稚児舞がある。二十七日昼ごろ神輿が出る。そんな情報をもとに二〇〇八年四月二十六日私は佐渡にいた。その前年十月、佐渡在住の高校教師を中心に地域住民の立場で部落問題を考える「佐渡・扉の会」が結成されていた。その会の人が協力してくれた。

その時点で私の関心は、T村の御旅所での「神事」、稚児舞などを見届けること。T村の人が神輿を担いだのを史料で確かめられるか、の二点だった。扉の会の人も祭りの資料集めに協力してくれた。しかし諏訪神社は大火にあったことがあり、大切な資料を焼失しているらしい。そんな状況のなかでH氏と同じ『佐和田町史』の編纂にたずさわった菊地初雄先生にお会いできた。

二十六日夜は、神社の拝殿で演じられる神楽と、小学生が男女に分かれた二組の稚児舞を見た。神楽は老女一人による巫女神楽だった。稚児舞は雅楽風の音曲によるもので男子十五人くらい、女子二十人くらいでの舞だった。

次の朝、菊地先生にお会いした。先生も火災によって史料が焼失したのを残念だと言った。しかし「T村の人が神輿を担いだのは間違いない」と確言された。H氏が見た話とあわせると、それはこの町の古くからの常識のようだ。菊池先生は、江戸時代頃のT村が諏訪神社の社地だったことを教えてくれた。中世西宮神社の散所者や夷舁に似ているのを考えずにはいられない。

猿田彦を先頭に神主や氏子代表、稚児たちが行列を作って神輿が出る。神輿は四つのゴム車を付けた一メートル四方くらいの台車に乗せられ四、五人の白装束の人が押したり曳いたりした。町内の人と聞いている。

私たちは先回りして、T村のKさんの家に行った。Kさんには昨年秋から御旅所や「神輿を担ぐ人」についていろいろなことを尋ねた。同じ村人にも話を向けたのであるが、「私はお嫁さんにきたので村のことはわかりません」と多くを語らない。その中でKさん一人が話してくれるのであるが、Kさんもやはり島外から結婚してきた人で一定の限界がある。しかし興味深い話がある。

彼女は「神輿を担ぐ人がこの村の人かどうかと思って見たことはない」と言う。だからはっきりしたことはわからない。しかし「私の旦那が黒い礼服を着て神輿を誘導していたのは見たよ。神社からずっと付いていた」という。

この旦那は一九九九年に亡くなった。白装束で神輿を担ぐ人の姿ではないが、「誘導」は「先導」と考えられないわけではない。私がこの村に初めて来た一九八七年頃、この旦那は元気だった。悔やまれるのはそのことだ。その頃直接聞いておけばよかった。しかも、Kさんの話は「神輿を担いだ人」を否定するものではない。

彼女が結婚でT村にきたのは昭和三十七年（一九六二）。二十三才の時だ。自分の生活はともかく、村の文化などに注意を払う余裕がなかったかも知れない。またH氏が言う「昭和四十年ころ」とは一、二年の誤差があるとも考えられる。新婚ほやほやといえるその時期、自分の夫の印象だけを残している彼女の気持ちもわかるというものだ。

Kさんの家で話していると神輿が村にきた。猿田彦や神主に続いて山車の縄を曳く稚児、山車の上で笛や太鼓を鳴らす稚児。その後を神輿がゆっくり進む。神輿が御旅所に着くとその前で神主の祝詞が始まる。

祝詞の後、前夜祭と同じ神楽と稚児舞が御旅所で演じられた。その間約一時間、神楽などが終わると人々が御旅所の周りで一休みし、その後神輿が町に帰っていく。

このようにしてT村の御旅所での神事を見とどけることが出来た。一方T村の人が「神輿を担いだ」のは、歴史史料としては証明することが出来なかった。しかし地元で歴史研究をされる菊池初雄先生をはじめH氏の証言で、口伝としてはほとんど疑いのないものに思える。Kさんの記憶にある「御輿の誘導」も、京、鎌倉などで「神輿の先立」と呼ばれた人々と同じと考えてよいのではないか。そしてそれらは文明的視点からの宗教的装置に相当するものといえるだろう。

【この記事は新潟県立歴史博物館が福武財団の〈次世代歴史・地理教育支援助成〉を受け「佐渡における伝統芸能（春駒）・祭礼の調査」（二〇〇八年四月二十六、二十七日）に協力した時の私の記録を一部訂正したものである】

初出　『部落解放』二〇〇八年八月号「白装束で御輿を担いだ村」

まとめ——リサイクル文化と現代文明

現代、全国に点在するかってのキヨメ役の村＝部落で調査しても、キヨメの装置としての歴史の全体を明確に示すものはほとんどない。そこには理由がある。

一八七一年の「賤民解放令」は近世の身分制度を廃止したが、同時に部落の職業であったキヨメ役＝社会的機能を廃止し、多くの場合明治政府の一方的施策、欧米模倣の近代化によってその継続性を失った。しかし忌穢と触穢意識による差別観には手をつけなかったため、近代の部落は職業を失ったうえ、差別観の中で再就職の機会をも失なって、経済的破綻をきたし、多くの歴史的足跡が消えていく（拙書『部落差別の謎を解く』（にんげん出版・モナド新書・二〇〇八年参照）。これら二つの事情が、近現代になってその文化・文明の継続性を失う主要な理由である。

もっとも、高度な技術を必要とする鞣（なめし）、和太鼓などの皮革産業は一部、都市の部落で継続的に残っている。主にはこれらが、現代見られる部落文化・文明の歴史を示すものであり、実証的現状でもある。

こうした現状ではあるが、歴史の上の部落文化・文明は、社会全般に、つまり現代の人々の生活の中に生々と存在する。太鼓や革製品、伝統芸能の一部がそうなのだ。これらは、それを部落文化・文明として認識し、農山漁村町などの文化と並列することで、今後もなお日本の文化・文明の新しい視点になり得ると考える。本稿の論考からも次のようなことが指摘できる。①動物の「死穢」などケガレとしたものをエコシステムの一環とし、そのキヨメをリサイクル文化とみることで、二十一世紀の課題としての循環型文化の基層を内在的に発見・展開することができる。②警察機構や水番の歴史を共有することで農・山・漁村・都市・部落を含めた地域の自立的自治の内在的基盤を見出すことができる。③芸能にみる「神から人への変化」によって日本文化に変化の伝統とその思想や体系を発見する。主にはこうしたことがいえると考える。

Ⅲ　部落学

はじめに

「部落学」は、この国における教育システムにおいて正規の科目ではない。しかし私はこの国に古くからある部落問題を正面から取り上げ、考察・科学するシステムが、少なくとも大学のレベルにおいて必要だと主張してきた。部落問題という社会的問題が、日本人社会にあるのは多くの人が認識しているところだ。にもかかわらず、その問題を正面から取り上げ、問題の答えを求めようとする学問、あるいは教育システムがないというのは、まったくおかしいことだと思うからだ。日本人の、本当の意味での探究心、主体的に現実の課題に取り組む科学的、あるいは思想的意欲の不足を指摘されても仕方ないとさえいえる課題だと思うからだ。

一九九八年、私は立教大学の非常勤講師として招かれ「人権とマイノリテー」という科目を始めたが、それを機会に二〇〇一年より科目名を「日本文化の周縁」としテーマを「部落学」とした。そうした形で二〇〇八年まで続けてきた。このテーマとしての「部落学」が正規の科目になるのを願うが、私の力不足もあって、そこまでは達していない。今後多くの人の関心が向くのを期待し、これまで主張してきたことを本稿にまとめることとする。

なお、「部落学」の講義の内容は、講義録をもとに新しい認識を加筆する形で『部落差別の謎を解く』（にんげん出版モナド新書・二〇〇九年）にまとめたので参考にしていただければ幸いである。本稿においては、そうした内容の重点を示すとともに、教育システムの課題、教育科目として「部落学」が、なぜ重要なのかを述べたい。

これとまったく同じ意味において、二〇〇二年アメリカ中西部教育学会（ＭＷＥＲＡ）総会において発表した二つの論文（加筆訂正を含む）も掲載する。ＭＷＥＲ総会の発表は、北イリノイ大学（Northern Illinois University）の清水秀則教授との協同作業として行った。この紙面をもって清水秀則教授に感謝する。

また、第一部第一章の「部落学について」は、二〇〇一年から始まったテーマ部落学の趣旨であり、毎年講義の最初に学生に配布したペーパーである。第二章は雑誌『部落解放』(二〇〇六年十月号より)に三回連載した「生きている部落文化」から、「部落学」に関連するものを加筆訂正して掲載した。第二部はアメリカ中西部教育学会(MWERA)での報告原稿である。

第一部　立教大学の講義

第一章　部落学について

部落学、それは日本文明あるいは日本文化の基層を読み解く重要な鍵である。

部落学とは、これまで部落問題として歴史学、社会学、民俗学、心理学などで研究されてきた分野である。それぞれの分野で大きな成果をあげてきたのであるが、しかしそれぞれの分野はそれ自体として部落問題の全体像を把握することはできなかった。そして、この問題を本格的に研究すると、それぞれの分野に分散されて、一定の個の主体を前提とするなら、まとまりがつかない結果をもたらす。そのため部落学の分野が必要となる。

これまで部落問題は人権問題として取り組まれることが多かった。そこでは部落問題の中にある差別を克服し解決する目的が置かれており、その課題は今後も大切である。

しかし人権問題は他にもさまざまな要因のもとにおこっており、それらすべての中では「差別はいけない」とするステレオタイプで終ることが多い。人権問題の解決は必要であるが、それはそれぞれの要因の特性から解決の道が発見されることが望ましい。少なくとも多くの研究分野にまたがる部落問題は、その多彩な内容を豊さと捉え、その内部から生まれる新しい認識によって解決の道が模索されるのが望ましい。また多彩な豊さは差別だけに収斂できるものではなく、積極的な意味をもつ研究課題として、あるいは学問分野として把握されるべきであるし、それに応える十分な内容をもつ。

文明と文化について次のように考える。文明は自然と人間の接点にある人間の側の道具、装置、制度など、あるいは全システム。文化はその内側にあって人間の精神にかかわる造形、価値である。

以上のように考えると、これまでさまざまな分野で研究されてきた部落問題は、文明・文化の概念によってはじめて総体化され、カテゴリー化することが可能なのがわかってくる。具体的にいうなら、部落問題は歴史的に、日本人のあいだでケガレ＝カオスと思われる諸事象に直接対応し、その諸事象の再生・処理を行ってきた人々への社会的対応（制度や文化的システム）の問題である。この時、制度のひとつとしてケガレ＝カオスに触れた人はその人もケガレとする観念＝触穢意識と、ケガレを忌避する制度が前提となって排除・差別の対象となってきた。

しかしこれを世界史的にみると、カオス＝ケガレの諸事象（動物や人の出血・病・死、天変地異、人の世界の規範破りなど）に直接触れ、それに挑戦してこそ文明・文化が生まれたのである。これは否定しようのない事実であろう。

このような視点に立つと、部落問題こそ、日本人の文明・文化の創造の、その基層を具現してきた分野といえるだろう。そしてまた、これまで人権問題として取り組まれた差別克服も、こうした視点による新しい認識によって、解決の第一歩を踏み出すことができると考える。

こうした理由によって部落学をうち立てる。

二〇〇一年四月

第二章　生きている部落文化——共感の糸を奏でる

部落問題の解決のために行われてきた同和教育、啓発のなかで、部落問題の建設的なイメージが求められている。その背景にはこれまでの同和教育や社会的啓発の体質があることも指摘される。

同和教育や社会的啓発は多くの人がたずさわっているので、一概に決められないが、大きな傾向として、被差別体験、差別の結果としての生活環境の格差、差別の歴史を語る傾向が多かった。そこで厳しい差別が今も続いているのを聞いた生徒が「そんなに差別されるのなら、差別される原因が何かあるんじゃないの」と言ったという類の話もよく耳にする。そうした発言に部落のマイナスイメージがあるのは確かだ。そして、こうした傾向を脱却するため、マイナスイメージとしての差別ばかりでなく、建設的なイメージが求められている。

私は一九九八年から立教大学の全学カリキュラムの中で「人権とマイノリテー」を受け持ちこの問題を講義したが、部落問題をより身近な課題とし、なおかつ現代も人々の生活に密着した生活文化として存在することを主張するため、二〇〇一年から科目名を「日本文化の周縁」とし、講義のテーマをはっきりと「部落学」とした。

ここでいう文化、つまり「部落学」の内容は私がこれまで主張してきた「部落文化」が主軸であるが、いうまでもなく差別の構造やその形成史、労働などの社会的関係など全体像をみたうえでの文化論である。具体的なことはこの後書くが、江戸時代のキヨメ役（穢多・非人身分）が「御用」とか「役目」としてきた仕事から生まれた技術、生活文化、芸能などだ。

とはいえこの文化は、大学生にとって講義を受けるまで予想のつかないもののようだ。私にしても、テーマを「部落学」とした年、受講生が一人もいないかも知れないと、やたら心配だった。三人いたら続けようと決意していた。最初の日、教室に入ると六十人くらいの学生がいてホッとした。その後受講生が増えて今はその四倍以上になっている。

そうした学生の中に高校まで同和教育を受けた者が二、三十人はいる。しかしそのような学生はほとんどまじめに講義を聞かない。教室に来ないのである。にもかかわらず試験のレポートは長いものを書く。そしてそうしたレポートに一定の傾向がある。ステレオタイプといわれるものだろう。「講義を聞くまで厳しい差別があるのを知りませんでした。それを知らない私が差別者であることを先生の講義で痛感しました。これからは差別がなくなるよう、あらゆる機会をとらえて努力したいと思います」。ニュアンスや事例の違いはあるものの、概ねこのような趣旨だ。

その文面からして学生が本気で書いているようには思えない。このように書けば許される、あるいは単位がもらえると思って書いているのが見え見えなのだ。だから講義に出ずに、レポートだけ書くのだと思う。私の講義の受講生になるだけで、この単位はいただきと思っているのではないだろうか。しかし私はこのようなレホートを不合格にする。講義を聞いていないのがすぐわかるからだ。するとそうした学生から抗議がくることがある。「講義を聞いて真面目にレホートを書いた。この点数は何かの間違いではないでしょうか。もう一度見直してほしい」といったようなものだ。しかしレポートに講義の内容はまったくない。

同和教育がこうした人物ばかり育てたとは思わない。こうした人物は特例だろうと思う。しかし、大きな傾向として、信念もないのに立派なことを、しかもステレオタイプを書く傾向があるのではないか。そしてもしそうなら、同和教育は早急に立て直さなくてはならない。私の講義では先のレポートのようなことを教えたことはない。私の講義では「部落文化」の内容を書いて初めてそれなりの点数の対象となる。

その文化の具体性はこれまで部落史のなかで「役目」とか「御用」、現代的に部落産業などとして把握されてきたものであって、特別難しいものではない。しかし歴史の中ではそれらが個々に指摘されるだけだった。私はそれらを総体とし、社会的関係性、労働形態などを分析、そのうえでそうした関係性、労働から生まれた文化を抽出し、それを文化的体系とし、あるいは文明として把握してきた。

文化といえば、映画や芸能、音楽、俳句のようなものばかりイメージされがちであるが、もっと広く技術や科学を含んだ生活文化総体である。そしてその総体を体系的に把握したとき、日本人全般の生活の中で、部落文化が非常に重要な建設的意味をもっているのがわかる。生活に役立っているという意味だけではない。精神的思想的に重要だ。しかもそれは「自然と人の共生」など、現代的国際的課題においても重要だ。

次に、「部落学」の内容としての「部落文化」あるいはその文明について、基軸になるものの概要を示す。

なお、沖縄やアイヌ文化に部落問題がないことから、ここでの日本人は「和人」というべきであるが、この言葉が十分定着しているとは思えないので、以下限定したうえで、適時「日本人」「和人」を表記する。

一　さまざまな文化と部落文化

ボーダレス時代がいわれ、人種や民族あるいは国境や宗教の境界を超える動きや発想が報道されることがよくある。そしてそうした動向を差別解消の手掛かりのように言い、部落差別もそうした大きな流れの中で解消していくだろうと思ったり、そのように希望する傾向が一部であった。しかしボーダレスは経済のグローバル化の一つの現象であり、経済的動行が文化におよぼす風潮のようなものだった。本体としての経済のクローパル化は、確かに国境や人種・民族・宗教などの境界を越えて進んでいるが、それは画一的な市場経済・弱肉強食が原理である。そこでは弱者や少数者の価値観や文化的個性が排除される。その原理は資本主義であり、しかも背景にアメリカ資本、「帝国」がある。

これまでの帝国、帝国主義は軍隊を一方的に送り込んで他国を侵略・支配したが、それとは少しちがって、画一的な市場経済・競争原理が進攻し、それを政治や文化、あるいは軍隊などが後追いして補強する。そうした傾向だ。当然ではあるが、そうした帝国に抵抗・対抗する思想や文化の動きもある。「マルチチュード」と呼ばれる発想がその一つだ。わかりやすい日本語に翻訳された言葉があるように思えないが、多様性のある大衆文化と考えてよいだろう。多文化主義も当てはまる。私は日本近代の天皇制を軸にした帝国主義・国家主義と、最近の右傾化にみる国家観に対抗するため、民間主義を考え、それを主軸にした民衆の文化基軸といえるものを重視したいが、ここでは国際間でいわれる多文化主義を私の思考軸として展開する。

私はこの多文化主義が部落問題を解き、差別解消に向かう確かな手掛りと考え、この国の文化的課題として究明していきたたい。差別は厳しかったし、今も結婚差別などが根強い。しかし現代部落民といわれる江戸時代のキヨメ役（穢多・非人身分）は差別されながらも、人々の生活を支える産業や文化を生んできた。皮革生産としての鞣（なめし）や加工技術、人体解剖技術、あるいは新年の祝福芸・門付芸などだ。これを私は「部落文化」と呼んでいる。この文化を農山漁村の、あるいはそれらが交流した町の文化を含め、それらをそれぞれの特長とし、個性として認めあうことが、偏見や差別を越える確かな手掛かりと考える。

それはそれぞれの歴史や文化の個性や差異、境界線を否定するものではなく、それぞれの差異を認め尊重する発想である。私はここにある差異や境界線を三味線などの糸に例え、多文化として、この国の例でいうなら農山漁村・町・部落の、それぞれの文化が平和的共存・共生を確立する「共感の糸」として描きだしたい。

現代の世界で進む「帝国」を前にいうなら、それぞれの国、民族、文化や宗教の差異を認め、それらの差異を前提とした境界を大切にしながら、それぞれの個性をもった民間の共感を見出し、地域の再生・自立と主体的解放をめざす手掛かりとしたい。

二　ケガレとエコシステム——文明として

「部落文化」でもう一つ、忘れてならない現代的課題がある。地球的規模でいわれる自然と人間の共生だ。これは国・民族・文化や宗教を超えてすべての人が解決しなくてはならない共通の課題だ。

そのためよく言われるのが、エコシステムの再生だ。これは自然の美しさや、食料採取など表面的なところだけでなく、目に見えないところでの生死や淘汰、天変地異や食物連鎖といわれる「食い食われ」の世界などを含めた自然の全体像である。日本語で生態系と呼ばれる自然循環だ。人と自然の共生というのは、この循環を正視しながら、循環を本来の姿として回復すること。

すでによく知られるとおり、ゆきすぎた文明、科学技術によって農薬や食料品に自然界になかった物質が使われ自然が破壊され、このままだと人類生存の危機が迫っている。そのため自然を破壊しない経済・産業・文化の確立が二十一世紀最大の課題となっている。

このような課題の前提となっているエコシステムとか生態系と呼ばれるものを、私たちの具体的生活の中で考えると、どんな、イメージ、思想になるだろうか。

私たちが毎日食べる米を例にとると、一粒の籾（米の種）を土に落すことから始まる。これは人間の労働だ。すると、籾が土（自然）の生命力を得て芽を出し稲に育つ。稲の根には毛根があって土の栄養や水を吸う。それによって育った葉が太陽光を受けて合成し、栄養と熱をあわせて稲の幹を成長させ、新しい籾を実らせる。すると、人間の労働としての最初の一粒の籾が、数百倍の籾としての稲穂となり、米となる。これが自然の生命力・循環である。その時の土の中の栄養は、動物や植物が死んで腐敗し、微生物になったり、発酵したり、化学変化したものだ。

私たちはこのようにして得た米を、自然が与える「富」とか「幸」といってきた。しかし自然は「富」だけを人に与えるのではない。土の中の栄養がそうだったように、生きとし生けるものすべての死がある。稲の生長をさまたげる天変地異としての台風や旱魃などもある。自然の循環の一つとしての破壊的部分だ。日本人はこれら破壊的部分を「ケガレ」と呼んで触れるのを避け、忌避してきた。しかしいくら忌避してもケガレは自然の循環として必ず起こる。その時、キヨメ役がこれに触れて処理・再生し、例えば皮革製品のように、人々に有効な生活用品・文化を生んだ。ところが、社会一般にあったケガレを避ける「忌穢」と「触穢意識」（ケガレに触れるとその人もケガレとして「忌穢」の対象になった）の二つの観念によって差別された。これが部落差別の観念的原理といえる。

とはいえ現代、新しい認識としての自然の循環を考えると、エコシステムとしての自然は「富」だけでなく「ケガレ」が含まれており、これら両方の循環によってはじめて自然・エコシステムが成り立っているのがはっきり認識できる。

エコシステム・生態系とはこれら「富」と「ケガレ」の両方を含んだものだ。つまり日本で二十一世紀の人類的課題としてのエコシステム・生態系の再生、自然との共生を考え、それを実現するためには「ケガレ」を避けたり排除してはならないのである。それに触れた人々の歴史、そこで生まれた文化を認め、共有・共生しないかぎり、人類的課題に応えることができない。

こうした意味からも、部落文化を認識し、農山漁村・町などの文化と共に、その間を繋ぐ「共感の糸」を描きだし、皆でそれを美しい音色として奏でることが、部落差別を克服しつつ、さらに人類的課題に応える作業なのがわかってくる。

エコシステムの前では、「部落文化」だけではいけない。第一次産業として自然の生産的な部分「富」に触れてきた農山漁村の文化を含めなくてはならない。それらを総合して考えた時、私たちの生活に根ざしたエコシステム・生態系のすべてが誰の目にも見え、あるいは認識できるものとなる。

現実の自然は、私たちがそれを認識するかどうかにかかわらず、「実り」「富」と「ケガレ」、あるいは生と死、成長と破壊、食物連鎖などを繰り返し、それをシステムとし、あるいは自然や宇宙の原理として活動し続けている。人間の生命活動もその中の一部なのである。

このことを人間の立場から考えると、どんな国や民族、文化や宗教をもっていようと、すべての人が個人として生と死、成長と破壊をもっている。あるいは一人一人が「実り」と「ケガレ」をもっている。

もう少し身近な例でいうと、人を含めた動物はすべて物を食べて生きている。食べないと生きられない。その時食べる物は、それが生物であれ植物であれ、腐食したものではなく「生」でなくてはならない。そこにはそれら動物、植物との間に「生と死」の連鎖が、否応なく生じている。しかもそれは日本人のなかの和人が、ケガレとしてきた世界が含まれる。つまり人も動物も、ケガレを体に取り込むことで生きている。そうしないと生きられない。

こうした認識によって、ケガレを「忌避」し、「ケガレに触れてもケガレ」として「忌避」した二つの観念、「忌穢」と「触穢意識」から自由になり、部落差別の観念的原理・その偏見を超克・解消する道筋を見だすことができる。同時にそれは、二十一世紀の人類的課題を自分たちの足元から実現する道筋でもある。

三　部落文化の特色

「部落文化」とは歴史的な意味でケガレをキヨメる仕事から生まれた文化である。これは新しい概念なので少し説明が必要かも知れない。キヨメとはケガレに対応した概念である。ケガレについては部落問題の中でいろいろ論議されているので詳しく書く必要はないと思うが、宮田登が述べた「『気・枯れ』もまた、生命力が衰退する、枯れていくという状況を表しています。（略）『気・枯れ』は『気・離れ』に通じてくるのです」というものが要領を得ていると思う。宮田が示すとおり、漢字で表記する場合は「気枯」が的確といえるが、日本列島の文化は本来文字表記ではなく、音表記・口承文化なので、特別に漢字表記する必要がないとき、私は「ケガレ」と表記する。

このようなケガレ・気枯観に不浄観が加味されるのは後のことといわれる。宮田はさらに「その『気・離れ』の状態をなんとか挽回しようとしてハレの儀式をサブ・カルチャーとして、しばしば行うようになる」とし、その儀式をキヨメとする。（『ケガレ』解放出版社・一九九九年）。つまりキヨメとはケガレの状態からの再起・再生の儀式・行為である。私はこのようなケガレ観、キヨメ観が正しいと考える。

このキヨメを、視点を変えていうと、農業や漁業、あるいは通勤など普通の日常的な生活（ケ・気）のなかで、非日常的な状態としての怪我や病気、死など、あるいは天災などによる非常事態の状態をケガレとし、それを早く克服し、再起・再生しようとする、これまた生きとし生きるものすべてが行なうであろう生命現象、その行為であり儀式なのだ。キヨメから生まれた部落文化はそうした行為と儀式から生まれた。

このような観点に立つとき、キヨメについてもう一つ言及しなくてはならない行為・儀式がある。キヨメという言葉は部落問題以外でたびたび使われているからだ。キヨメの塩（Ⅱ第二部第一章参照）とかキヨメの手水などだ。こうした例で最も典型的なのは各地の神社で神職が唱える祝詞ではなかろうか。これはすべて同じということではないが、その中心課題は、神社がある地域の「罪・穢れを祓え清め」と唱えることだ。その意味は、その地域に犯罪や、ケガレ・気枯れが無いように、そして、地域の住民が安全で健康な生活がおくれるよう「このようにありたい」と願望を唱えるものだ。これは古典文学研究で認識されている。歴史上の天皇は国を対象に同じことを唱えた（『穢と大祓』山本幸司・平凡選書・一九九二年）。

とはいえ、これを唱えるだけでその願望が実現するならいいが、願望とは別に、生きとし生けるものすべてケガレをもち、誰もが遭遇する。また残念ながら犯罪も絶えない。そうした現実の生活で具体的「罪・穢」が起こった時、神職や天皇は何もしない。それらが具体的となった時は、江戸時代だとキヨメを「役」・職業とする穢多・非人身分がキヨメ役としてそれらの処理、再起、再生にあたった。江戸時代以前も、ほぼ「賤民」「賤業者」が行った。このときの作業が、祝詞で言う「祓え」であり「キヨメ」とも言われる。宮田登も「祓え」と「キヨメ」が同じであることを認めている（『ケガレの民俗誌』人文書院・一九九六年）。

古代の警察機関としての検非違使の現場で働いていた「放免」「下部」「非人」を「キヨメ」と呼んだのも典型的な例だ。このような職業をするキヨメを『塵袋』（前掲書）の時代（一二八〇年代）に「エタ」と呼ぶようになったのがわかっている。私が江戸時代の「穢多・非人身分」の職業的呼称を「キヨメ役」とする根拠はここにある。なを、民俗学では「罪・穢」の両方をケガレと捉える（『ケガレの構造』前掲書）。なおまた、ここで私が「キヨメ」と「キヨメ役」を使い分けているのは、江戸時代になって職業が世襲的な身分制度と一体となり、職業としての「役」が身分的・世襲的に固定したことからキヨメに「役」をつけて「キヨメ役」としている。中世の「キヨメ」は「浄穢観」にさらされたとはいえ、身分的固定がほとんどなかった。

こうしたキヨメ役による現実的ケガレのキヨメが具体的であるため、処理、再起、再生には具体的な技術や手法、科学的知識が必要であり、そこに新しい文化が生まれる根拠がある。農家などで役牛として働いていた牛が病気になったり死んだりした時（これがケガレ）それを処理する「斃牛馬処理」の専門家としてキヨメ役が解体し、例えばそこで得た生皮を高度な技術と知識によってなめし（鞣・生皮を腐らない革にする）、さらに精密な技術と知識によって太鼓や馬具に再生した。これが具体的キヨメの典型的なものだ。そこでの再生を現代的認識として考えると、この国のリサイクル文化の原点といえるだろう。

太鼓は今でも「和太鼓」としてこの国の文化を代表する位置にある。和太鼓のこのような位置が価値であり、その価値が文化なのである。文化とは、使用価値や交換価値、精神的価値など新しい価値を生み出すことである。現代誰でも重視するリサイクル文化がそのような価値を最もよく示すだろう。しかも「和太鼓」は今でも伝統的技術・知識によってほとんど部落で製作される。そのためこれを「部落文化」と呼ぶべきと考える。

このほか斃牛馬に高度な技術・知識を加えて作られた文化・価値は非常に多い。馬具や防寒具など。伝統的「日本画」や墨筆の墨、民具の製作等を支える「膠」などなど。杉田玄白の『蘭学事始』に書かれたキヨメ役（穢多身分）の解剖技術、あるいは山脇東洋に人体解剖してみせた「屠者」（『復刻日本科学古典全集三』前掲書）の技術も、こうした技術・知識に関連して開発されたものと推定できる。

これら個々はすでに部落史解明の中でよく知られることだ。とはいえ、これら総体を個性的文化や文明、あるいは世界観として体系的に把握することはほとんどなかった。この個性や世界観、あるいは役牛から太鼓までの過程等にみられる文化体系の例が日本文化を構成する重要な要素であることも、これまで把握されていなかった。したがってここであらためて、それらを部落から生まれた文化として把握し、それを体系的に把握して日本文化の全体像のなかで位置づけようと考える。そしてその時、部落問題の建設的要素が明らかになってくる。

ここでいう日本文化の全体像とは、農山漁村・町・部落の職業、その労働から生まれた文化を基層とする。そのことでその全体像にこれまでにない新しい基軸、体系、本稿でいう「共感の糸」が見えてくるはずだ。このことは拙書『和人文化論』（御茶の水書房・二〇〇五年）で詳しく書いたので、参考にしていただきたい。その書名は沖縄とアイヌ文化に部落問題がないことから必然的に考えたものである。

祝詞で唱える「罪・穢」のうち、具体的「罪」の処理・再起・再生に当たった古代、中世、近世における警察機構の現場の仕事＝「キヨメ」の技術や知識、そのノウハウもまたあまり解明されていない。その主な原因は明治以降の近代警察が、それまでの「賤業者」やキヨメ役の仕事・歴史をまったく無視して西欧を模倣したからである（拙書『部落差別を克服する思想』解放出版社・二〇〇一年・参照）。しかし今からでも、この国の文化史、思想史としてこの部分を解明すべきと考える。江戸時代の捕り物道具は今でも部落の家の鴨居などに設置されているのを見かける。これらの使い方や、使うための訓練など重要な文化があったはずだ。

また、警察機構の現場の仕事は、江戸時代の農民一揆などの取り締まりの仕事をしているケースがある。これは民衆の視点に立つとマイナスイメージであるが、そうした部分も部落史や「部落文化」の一端として直視する必要があるだろう。

以上、江戸時代のキヨメ役の職業として、斃牛馬処理とその関連、警察機構の現場の仕事の一部をみたが、もう一つ大切な部門がある。それがケガレをキヨメる儀式である。キヨメ役が行った宗教的部門といえる。これは神職や歴史上の天皇が行った宗教性と同じで「このようにありたい」という願望をあらわす。この部門が新年の祝福芸・門付芸となって現れたといえるだろう。

とはいえ、それら神職や天皇とキヨメ役の歴史的、具体的内容はかなり異なっている。農村など各地の神職と天皇の宗教性は古くから変化しないことに大きな価値が置かれている。これに対して、キヨメ役による「部落文化」は、その儀式・宗教性を革命的に変革＝質的変化をし、人間の喜怒哀楽を表現する芸術芸能、舞台芸能に変化していく。これが「部落文化」の大きな特長である。そしてこの特長によって「部落文化」が日本文化全体に与えた建設的な要素が典型的なものとしてわかってくる。またこの変化の中に文化の流れ、その体系が見出せる。

四　部落の伝統芸能

天皇などを含んだキヨメの全体像から生まれた儀式・宗教性としての「部落文化」は、道の芸ともいえる祝福芸・門付芸であり、これを私は「部落の伝統芸能」と呼んでいる。これがどのような内容と質的変化をもつか具体的にみる。

祝福芸・門付芸というものは解放運動や研究活動の中でかなり明らかになっている。とはいえ、今も新年の門付けをしているところはほとんどない。一九九四年、私は数人の人たちと伝統芸能研究・千町（せんちょう）の会を結成し、門付芸の復活を主張しながら芸の調査を全国的に行ってきた。同時に東京・向島で千町の会として新年の門付けを復活した。その後中断も考える時期があったが、一九九九年は佐渡から井坂照（舞手）さんと飯山弘（地方）さんが駆けつけてくれて「佐渡の春駒」（乗馬形）を門付けした。二〇〇一年からあらたに浅草雑芸団（代表・上島敏昭）による独自の活動としての協力を得て、かなり広く華やかに行えるようになった。門付けを始めた当初は、江戸の町で人気があった「鳥追い」を演じた。浅草雑芸団は上越の農村に伝承していた「春駒」（手駒）を演じている。上越では、かってキヨメ役が門付けしていたものを農民が演じるようになったのである〔I第二部第五章参照〕。

一方、調査で新潟県村上に行った時、当地のキヨメ役がやっていた「越後大黒舞」の復活を呼びかけた。それから八年たった二〇〇四年、復活しようとする女性が現れたのであるが、一部の人から「大黒舞をやったら村に置かない」といわれ再び停滞したのである。それを聞いて私は「それなら私がやる」といった。以来暇をつくって練習をしている。そして二〇〇六年には、新発田市での人権集会で披露したものだ。また、東京学芸大学で非常勤講師として行った「同和問題と社会教育」（二〇〇七年度、二〇〇八年度）で部落の伝統芸能として演じてみせたものだ。

「越後大黒舞」はいくつかの芸があるが、なかに稲が力強く育つ様子を舞いにしていると伝承されるものがある。稲の力強い成長と人生を類似させ「このようにありたい」と願望する「神事」と、私は思う。こうした意味の大切さを新聞『新潟日報』にも書いてきた（二〇〇三年四月）。こうした私の動きが刺激になったと聞いているが、二〇〇五年頃から、その村で、「越後大黒舞保存会」が生まれ、芸の復活が盛んになったのである。

村上の例でいうなら、その活動が門付けの復活に結びつくわけではない。もしそこに結びつけば、「働く者の文化」の復活、あるいはアニミズム的な「神観念」の復活として大きな価値をもつと思うが、仮にそうでないとしても、そして人々が単に楽しむ芸、自分で踊り、みんなと踊る芸、あるいは「お座敷芸」や「宴会芸」として楽しまれるとしても、それはまた大きな価値を持つ。少し大げさに聞こえるかもしれないが、そこに「神から人」への変化があるからだ。しかもそれを自分たちの力、協力によって行っているからだ。

「神から人」の変化といえば、何かヨーロッパから伝わった概念であり、文化のように思っている人が多いのであるが、それだけではない。日本文化の歴史に部落文化、その伝統芸能を入れて考えればすぐわかる。先に少しいったが、これまで一般的にいわれた伝統芸能、中でも農山漁村町で民間において演じられる「民俗芸能」は、変化のないところに価値を置いている。その意味で「神から人」への変化は起りようがない。しかし、部落文化は違う。本稿〔I部落文化・第二部　部落文化、五つの柱〕でもいったとおり、部落文化一般も、宗教性として始まっている。しかしそれが具体的「ケガレのキヨメ」であるため、そこから具体的な技術や科学を生んでいる。芸能にあっても同質の変化がある。宗教的神観念をもつ門付芸から、人情を歌う歌舞伎舞踊、能、日本舞踊などの演目を生んでいるのである。

さきに門付芸「春駒」や「鳥追」が歌舞伎舞踊になっている例をみた。こうした大きな動きだけでなく、例えば「佐渡の春駒」は、門付芸から島民みんなが楽しむ「お座敷芸」となり、「宴会芸」にもなって、多くの人がそれを楽しむようになった。こうした変化の歴史も、部落の、そして日本の芸能史として大切にすべきと考える。そのことによって、日本文化に「変化」の歴史があるのを認識できるし、「変化」を伝統とする基軸も把握できるはずだ。

五　文明として

もう一度具体的ケガレに戻る。このケガレは世界的な概念でいうとカオスに含まれる概念であろう。そうした共通性が前提となり、カオスを排除するのは人間の本性であり、それを排除することで社会秩序が形成されるとし、だから社会秩序としての差別はなくならないという考え方がある。私が認識している範囲では今村仁司の『排除の構造』（ちくま学芸文庫・一九九二年）が典型的だ。この本への私の意見を先にいうと、今村はここで「差異」と「差別」の違いをしっかりふまえていない。何はともあれ少なくとも、日本社会にいて、日本語でそれを分析し語る以上、日本社会の歴史と現実の中の部落問題を踏まえて論じるべきであるが、この本はそうした過程をぬきに、抽象概念をもてあそんでいる。今村は『部落解放』（一九九八年三月号　解放出版社）において「人間は他人に直面すると、自分の尊厳価値を他人に承認してもらいたいという欲望をもち、同時に他人の価値を否定する」とし、それが「人間の本性」だから差別はなくならない、という。日本社会の部落差別を前にすると、こうした論調は薄っぺらでしかない。文献の研究ばかりでなく、同じように現実の矛盾とも格闘すべきといいたい。

日本社会の部落差別の特質を私は次のように分析する。

①差別は何らかの差異から始まっている。（私はこれを職業（かつていわれた皮革業、食肉製造だけでなく、警備機構や芸能などを含む）の差異、一定の職業への偏見からと考える）

②差異が社会的・制度的に固定されている。（江戸時代の身分制度である身分・職業・居住地の一体化・固定）

③固定は歴史的に世襲としてあらわれ、現代では世襲を構造的価値とする制度・風俗としてあらわれる。（江戸時代の身分は世襲が原則だった）

④部落差別は一定の共同体を前提にはじまり、個人の差異を否定する。（総理大臣候補になっても差別される）

⑤資本主義もこの国では本質的な差異化（自由化）ができす、均質、差別構造を取り込んで成長している。（産

業の二重構造と、天皇制を象徴とする家父長的家族制を会社になぞらえるなど）（拙書『部落差別の謎を解く』前掲書）

この分析がすべてとはいわない。もっと異なった分析があってよいと思う。しかし、全国の主な部落をルポしてきた経験からして、これらが歴史と現代を結ぶものと考える。

今村の『部落解放』での論法は『排除の構造』に依拠しているが、私はこの本の趣旨は面白いと思っている。彼はそこでカオスを排除するのは人間の本性とし、それを「第三項排除」とする。そして次のようにいう。「第三項排除は、一方では何らかの形で現れるカオス的状態の永続を中断し、停止させて、特定の組織、制度、体系を樹立せしめる」と。カオスを排除することで社会秩序が形成されることを意味するが、一方でその第三項排除作用は、その秩序・システムを解体する二面性を持つとする。その意味で差別・排除は「誰もが標的になる」という。面白いと思う。しかし、これは部落差別に当てはめると「差別」ではなく「差異」の範疇に入るだろう。

日本中世の「賤業者」は、世襲的身分制度をもたないので「差別」ではなく、差異の世界と私は考えているが、そうした世界と同質だ。しかしそうした世界と、世襲を原理とする身分と職業、居住地が一体化（三位一体）した江戸時代の差別、それが今も世襲的に続く部落差別の特性をもつ世界とは質がちがうのだ。こうした世界、自分の足元の世界を今村は無視している。しかもこうした知識人が今もこの国に多いのが悲劇的だ。部落民が悲劇的という前に、日本の知性が悲劇的なのだ。

また、カオスを排除することで社会秩序が形成されると、もっともらしくいい、部落差別がなくならないと諦念する知識人にもよく出会うが、その認識や論理の薄っぺらさになぜ気付かないかと不思議でしょうがない。日本社会の重層性、アイヌ、沖縄、在日、女性、心身障害者などへの差別体質を考えると、抽象概念を玩んでいるとしかいえない。身近な現実をみれば、あるいはさまざまな科学、哲学を考えればすぐ気付くはずだ。

ジル・ドウジールはフエリックス・ガタリとの共著『哲学とは何か』（河出書房新社・一九九七年）で「わたしたちが若干の秩序を要求するのは、カオスから自分を守るため」としながらも、人はまたカオスを征服するとし「哲学者、科学者、芸術家は、まるで黄泉の国から帰ってくる者」のようにそれを克服するという。いうまでもなく「黄泉の国」はカオスの世界だ。

ともあれ、普通に現実を直視すれば、こんな文献を引用する必要はまったくない。

二〇〇九年、鳥インフルエンザが人間間で感染する「新インフルエンザ」に変転して世界が大騒ぎした。人類にとって始めての病原菌であってワクチンがない。まさにカオス状態であって、人間はこれに対応してさまざまなシステム、制度を作った。今村のいうカオスを排除する秩序だ。しかし人類は、その歴史のうえで初めて遭遇するカオスを排除ばかりはしていない。「新インフルエンザ」の患者に触れ、その病理を研究しながら「タミフル」などを開発した。

これは文明的行為である。つまり、これまで触れてきた文明、「部落文明」も含め、それはカオス、ケガレに挑戦して作られたといっても過言ではない。排除し逃げてばかりいたのではない。そして「新インフルエンザ」も二〇一〇年になるとほとんど「沈下」したといわれる。このような現実を考えたうえで、そうした病原菌に触れ、挑戦した人を排除・差別するのではなく、尊敬し人類の英雄として評価する社会、文化を構築すべきと考える。

これらのほかにも、かなり身近な免疫学の発展をみておく。

野口英世（一八七六〜一九二八）は黄熱病が流行しているガーナに行ってそれを研究、同病気に感染して死亡した。

北里柴三郎（一八五二〜一九三一）はペスト菌に挑戦して病原菌を発見した。世界的にみるとこうした事例は実に多い、人類はこのようにして文明を発展させてきた。医学だけでなく宇宙、海、素粒子などカオスにつつまれていたものが次々と解明され、文明の側に移っている。今ではその文明が行過ぎて、自然、あるいはそのなかの神秘、カオスが尊重される時代だ。和人社会でカオス・ケガレに触れてきたキヨメ役も含め、いつまでもそれを排除・差別の論理でみている時代ではない。「部落文明」は、そうした人類の挑戦の一つといえるだろう。そして、そうした意味において、それは和人社会ではより根源的であり、世界を含めた未来、人と自然、カオスも含めた共生へのより確かな手がかりとなるはずだ。

初出　『部落解放』（二〇〇六年十月号より）に三回連載した「生きている部落文化」を修正加筆。

第三章　部落学としての考察――立教大学への提言

はじめに

全学共通カリキュラムにおいて一九九八年に始まった本校（立教大学）の科目「人権とマイノリティー」は、この国、厳密には和人社会で今も解決したとはいえない社会的問題であり、重要な人権問題と考えられる部落問題（同和問題・以下同）をテーマにしてきた。なお二〇〇一年より科目名を「日本文化の周縁」としテーマを「部落学」とした。私はこの「部落学」が正規の科目名になるのを期待するし、大切な課題と考える。本稿はその理由を述べることになる。

部落問題は少数者の被害・被差別が話題になりがちであるが、被害をもたらす原因、加害の問題性を考えると、決してマイノリテーの問題ではない。つまり社会全体で考えなくてはならない問題であり、課題なのだ。そのような意味において、私はこの問題をマイノリテーの問題だけにしたくなかった。しかも部落差別は、今は制度ではない。それは社会的、産業的二重構造や家父長的家族制を構造的に残す社会に隠されていると思われるが、多くの場合、それは文化的体質、価値観として歴史的な慣習や習俗として現れる。その意味で、日本の生活文化を含めた文化総体を部落（周縁）から見直そうとした。そうした視点に立って、このテーマをどのように展開してきたかを述べるとともに、今後の大学教育について私の考えを述べることでもある。

一　問題を解く努力

部落問題を科学的に考察しよう。こうした発想を私は長年提案してきた。部落問題といえば、これまで多くの場合「部落差別」が話題であり、それをどのように克服するかが課題であった。差別は今も現実的なので目を逸らしてはならないが、部落問題は差別に集約して終わりではない。部落問題には、それを「問題」として成り立たせる主要な要素がある。そうした要素を考えると、極平凡な意味で、「問題」を解く志向とか努力が生まれるだろうと考える。しかしこの問題が長く続いているにもかかわらず、それを解こうとする動きが教育界や思想・文化の世界でなぜ一般的でないのか、そうした思いが私の脳裏にある。同時にまた、そのように思う私自身が、非力でありながらも、解答を求めて頑張ってみようと考える。そのような志向が、テーマとしての部落学の第一歩だ。科学的考察を進めることで偏見・差別が克服できる。そのことも確信する。

こうした科学、学問の第一歩は、さまざまな人から多様な形で始まってよいと思うが、立教大学では、ある研究者（以下K氏）による差別的な講演があり、学生によって告発され、K氏による偏見・差別の対象となった東京の食肉市場の労働者・芝浦屠場労働組合と、この国・和人社会でその職場の歴史的前提となる部落問題を解決しようとする部落解放同盟品川支部から糾弾され、そのことでK氏と学校側が差別に気づいて反省した。これがきっかけで第一歩が始まる。そして先の科目が始まり私が非常勤講師として担当した。

こうした第一歩も大切と思うし、同じ例は全国に多い。しかし理想的なことをいうなら、糾弾がなくても、何らかの社会的問題があれば、それを解決する姿勢や動きが大学側にあるべきではないか。私が「部落問題を科学的に考察しよう」というのはそうした姿勢のことだ。

そうしたことを前提に、この時点で考えることは、その必要を一人一人の研究者、科学者が真実感じるのかどうかだ。多分多くの場合、必要を感じないから放置されていると思うが、差別的講義が糾弾され、差別に気づき反省したことからして、しかも同じように、糾弾されてはじめて「反省」する事例が全国に多いことを考えて、差別と糾弾が偶然の出来事ではなく、一定の必然性、歴史や社会構造として、あるいは学校を含めた人々の生活に、部落問題が何かの影、あるいは影響を及ぼしているのは確かではないだろうか。つまり、部落問題、あるいはその差別が、それらの人々の、教育か、あるいは生活の中に影のようにひそんでいるのでは、と思われるのだ。そうでないと、この場合の反省という精神的行為が生まれないのではないかと思われるのである。

そうしたことを考えながらいうのであるが、それでも糾弾がないと何もしない。そうした姿勢が私には理解できない。今いっている次元は、部落出身かどうかの次元ではない。この社会に部落問題という問題があることを知っているかどうかであり、知っているとしたら、なぜ「問題」を解決するため、あるいは「答」を出そうとしないのかという問題意識なのだ。これはそのまま大学の学問、研究の課題といっても過言ではないと思うがどうだろう。まさか「脱亜入欧」的に、他人が解決したものを模倣する姿勢が今も生きつづけているというわけではないだろうに――。

ともあれ、いかなる歴史・事情があろうと、自分たちの間にある問題は自分達で思考し試行錯誤しながらも解決をめざす。そうした学問的姿勢が、何の前提もなく常識であり重要だといいたい。

二　差別の現実と講義の内容

K氏による差別講義の内容を概略しておきたい（以下《　》内は一九九七年、立教大学での私の講義の前提、その第一歩の一つとして大学が発行した『部落問題とは何か』より）。

《一九九六年学生部主催の公開セミナー「環境と生命Ⅶ　飽食の病理〜実力はおもしろ農民からのメッセージ」において、K氏は経済のグローバル化に対抗し農業の可能性を語った。その中で彼は肉食について、人は肉をあまり食べてはいけないとし、その理由について牛や豚が「殺される時に断末魔の叫びを上げるわけでしょう。（略）その断末魔と恐怖が肉に入る」その肉を食べて「本当に命を養えるか」「おそらく人間の命を養うことにはならない」「日本には屠畜場があります。たとえば芝浦屠場。そこではみんながわかっていて、（断末魔のこと。筆者注）みんなが秘密にしている」「屠殺されて出てきた内臓の大半は使い物にならない」》など。

この発言にはあきらかな事実誤認と歪曲がある。しかも彼は肉をよく食べているそうだ。

こうした発想・発言に科学的思考があるとは思えない。ここにあるのは偏見でしかない。そして、歴史的につくられた観念＝部落差別の社会的・観念的構造が無意識の中に組み込まれた通念のようなもの、といっても過言ではないだろう。しかし、K氏および学生部は、その時それが偏見・差別的であるのに気づかずセミナーの報告書をつくり学内、関係者に配布した。その報告書で一人の学生が差別に気づき、告発した。この学生の認識と勇気をたたえたい。

部落差別は今も根深い。典型的なのは結婚差別だ。一九九三年政府が実施した意識調査によると、自分の子が部落民＝被差別者と結婚すると言った時の親の態度として①「絶対に結婚を認めない」五％。②「家族の者や親戚の反対があれば結婚を認めない」七・七％、③「親としては反対するが、子どもの意志が強ければしかたがない」四十一％である（『転換期を迎えた同和問題』総務庁長官官房地域改善対策室・監修・一九九三年）。③は親として部落民との結婚に反対しているのである。そのうえで、①②③を合わせると五十三・七％が反対、もしくは消極的である。

K氏の偏見も含め、ここにある現実は非常に深刻と思うが、この大学関係者はどう思うだろうか。少なくとも学術的機関としての大学関係者は、なぜこうした現実があるのか関心を向け、そこにある問題の答えを求めるシステムを設置する、そうした志向があってよいのではなかろうか。そうでないと、この国の民主主義は実現しがたいと思うが、どうだろうか。

三　科学としての主要な要素

部落問題を科学的に考察する手法としては文化、人類学、社会科学、民俗学、心理学などあるし、本稿でもその内容に少し触れてきたと思う。しかしそうした手法で、あまり語られていない一つの要素を示したい。

それは江戸時代の「穢多・非人身分」を成り立たせる社会的構造から始まる。これを私は社会構成体として考察すべきと考える。江戸時代の「穢多・非人身分」も、その時代の社会の一つの構成体なのだから。

ここでいう社会構成体は、これまで農山漁村町の歴史では結構語られ、考察もされている。しかし部落問題になると、差別については語られ考察されたとはいえ、それを農山漁村町のレベルで、少なくともそれらの共同体と同じレベルの共同体として本格的に考察されたことはないと私は思う。

差別があってもなくても、そこに人がいて共同体があり、しかもほとんど全国的に展開されている以上、その共同体は何か、なぜ存在するのか、そしてその共同体を構成する個人は、どのような労働活動をし、社会的関係、あるいは労働形態をもつのか、歴史的解明をする必要があると思う。

こうした学問的な関心がこれまでなかったのは確かだ。しかし、現実は、つまり現実に生存する個人や共同体は、学問的関心があってもなくても、何かの仕事をし、労働をし、人々との関係性をもって生きている。よく知られる歴史的な一例を挙げるなら、江戸時代の「穢多・非人身分」による皮革の生産・労働によって「和太鼓」が作られており、これは今も昔もこの国の、なくてはならない文化領域にある。私がいう文化とはそうしたものだ。他に、歌舞伎などが関連するのは、漠然としてではあるがこれまでも結構語られている。

和太鼓は牛革を張るが、江戸時代の牛革の生産関係、生産手段の所有形態はどうだったのか。この形態が存在しないということはありえない。また、当時の農民などの生産手段、所有形態との関係はどうなのか。少なくとも牛皮は、当時農民の役牛が斃れたとき斃牛馬として「穢多・非人身分」によって解体処理された。この場合、農民と「穢多・非人身分」間の皮の移動にどんな形態・関係性があったのか。

また、この時解体された皮は「生皮」であり、そのままだと二三日で腐食して型を成さない。しかし、太鼓の革が腐った話は聞いたことがないだろう。牛革のカバンや靴は今も人々の必需品だ。これは今でも多くが部落の歴史的技術が関連したかたちで生産される。そしてその技術の一部は古代から続く。なぜ「生皮」は腐れて「革」は腐らないのか。私はよく学生にこれを訪ねたのであるが、この質問に、正確に答えた学生は一人もいない。このような状況、学生の現状自体私には不可解だ。そこには「鞣〈なめし〉」という技術が加わっている（第二部　部落文化、五つの柱参照）が、これを大学生が知らないということ自体、悲劇的ではないだろうか。

つまりこうしたことが小・中・高を含めて教えられていないのがわかる。これでよいのだろうか。非常に心配である。

以上は部落史、あるいはその文化のほんの一端であるが、このような問題を考える中で私は「部落学」という学問・科学領域が必要なのを主張してきた。

初出　『大学教育研究フォーラム　14号』（立教大学・二〇〇九年）

第二部　米中西部教育学会（ＭＷＥＲＡ）レポート

（Mid-Western Educational Research Association 二〇〇二年総会）

第一章　部落学

一　諸学問の糾合と新しい視点

日本の社会で、長い間タブーの領域にあり、現代も未解決の問題とされる部落問題を、そうした歴史と現状であるが故に学問として確立する必要がある。それを部落学と名づける。

学問としての科学、文化・文明は常にタブーに挑戦し、解決のプロセスを発見してきた。その意味で部落学は、日本人の社会的タブーの領域を解明し、その歴史と現代に、新しい視点を確立し、新しい文化・文明の光をあてることになるだろう。

部落問題はこれまで、歴史学、社会学、民俗学、心理学などで研究され、それぞれの分野で一定の成果をあげてきた。とはいえ、それぞれの分野で解明された成果が、総合化され、その全体像を把握し、指摘することはなかった。部落学は、そのような弱点を克服し、それぞれの分野の成果を糾合することで、全体像を把握し、新しい学問分野とする。タブーの対象として、差別されながらそこで生活してきた人々は、学問的対象である前に、一人ひとりの生活や心情、肉体をもつ存在であり、同時にまた共同体でもあったのだから。歴史学、社会学、民俗学、心理学などの対象であると同時に、それらを超えた、総合的、実存的存在なのだから。

そうした意味の部落学は、日本社会の歴史のなかで、江戸時代の身分制度によって、身分と職業と居住地が一体化され、それらを固定する戸籍制度の中で「武士・平人・賤民」と身分序列されたうち、賤民身分とされ、穢多・非人と呼ばれた人々を対象とし、その階層を究明し、タブー視された原因を解明、そこにあった差別を克服することをめざす。

これまで部落問題の研究は、しばしば穢多身分と非人身分を同時的に「穢多・非人」と捉えることがあったし、部落学も両者を把握する。しかしそれぞれの身分は構成の違いがあり、身分差別の構図も違っている。穢多身分は「生来のケガレ」などといわれ、ケガレを忌避＝タブーとする観念の直接的対象になってきた。ケガレは世界的な概念でいうとカオスに含まれるが、日本社会の和人のあいだでは「特殊で異常なもの、不浄・穢れたもの、邪悪・罪、不幸・不運（死・病気・怪我・災難など）」（『ケガレの構造』波平恵美子・前掲書）と考えられる。穢多身分はこれらの現象に触れ、再生処理してケガレではない正常な状態に戻す仕事を社会的機能＝社会的役割とした。

「生来のケガレ」と言われた原因も、「ケガレに触れたらその人もケガレ」とする触穢意識という観念が作用した。他の身分には見られない観念的作用である。こうした観念と、身分・職業・居住地の一体化が制度になってその身分、あるいは職業を脱出することができなかった。

非人身分にはこのような観念や作用がみられなくて、アウトサイダー的観念を持たれていた。「平人」が犯罪を犯して非人身分にされることがあったが、しかし一定の期間を経ると元の「平人」身分に戻ることができた。私が提起する「部落学」は基本的に「賤民」としての穢多・非人身分を対象とするが、本レポートは両者の違いを前提に、観念的にも制度的にも厳しいタブーの中にあり、世襲的に縛られた穢多身分に焦点をあてる。このレポートを書く私自身の先祖が穢多身分であり、そのタブー＝差別が、結婚の時今の私にも及ぶ現実も一つの理由である。

「穢多・非人」の共通性もある。非人身分が行う仕事・職業の一つ「掃除」や「斃牛の処理」などは穢多身分と同じタブーの観念的原理としての「忌穢」「触穢意識」の対象であり、その観念が差別的・排除的に作用した。そのように共通する部分では、それを説明しながら進める。なお、非人身分の仕事・職業は主には穢多身分の補助的なものが多い。

ここで差別＝タブーの観念的原理といったケガレを忌避する「忌穢」と、ケガレに触れた人もケガレとする「触穢意識」は、古代からの天皇制祭祀の規定であり、十世紀に成文化された「延喜式」で貴族の間の制度となった。これが大衆的な生活規範となったのは、江戸時代のキリシタン禁止による戸籍制度＝宗旨人別帳成作過程と、五代将軍・徳川綱吉による「生類哀れみの令」や、忌穢と触穢意識の観念作用で家父長的家族制度を社会一般に強化した「服忌令」が原因である（『近世服忌令の研究』林由紀子、清文堂出版、一九九八年）。

二　文化＝価値を創った存在

これまで部落問題の教育は、差別の現実と、被差別体験、あるいはそれらの歴史や、差別を告発・抗議する運動の歴史と現実が中心であった。「同和教育」や各地における部落差別解消のための啓発活動で「差別から学ぶ」といわれるのは、そうした傾向の典型である。厳密な言葉の活用からいえば、差別に学んではならないものであり「差別を超える学習」とでもいうべきであるものの、「超える」イメージや言葉が十分でないためと、この問題のタブー視があまりにも慣習化されていて、放置すれば差別が当然のようにあつかわれる現実があるためだ。だから運動体などが、まず差別の現実を認識しようとよびかけ、「差別に学べ」という。私の経験からしても、結婚差別は今も根強いものがあり、告発・抗議がなければ、何もなかったかのように、闇から闇に葬り去られる可能性が非常に高いのである。

このような現実を前に最近では「人権を守れ」という呼びかけも多くなった。どんな人にでも当てはまる普遍的な価値観として共感を持たれやすい。そうした意味で部落問題の教育にあっても、有効であり、これまで以上の広がりをもっている。

しかし、他のあらゆる人権問題でいえるし、いうまでもないことであるが、「人権を守れ」といっただけでは、根本的な意味での解決はしていない。解決のために、人権が引き金になるとはいえ、それぞれの課題の内部から、新しい認識や価値観、思想が生まれ、それらに基づく具体的な動きやシステム、文化などが必要になるだろう。

そうした意味において、部落学は、部落問題の総体、その全体像の内部から、ことに、そこにあった生活と、生活を支えた仕事がもっていた周辺社会（農・山・漁村や都市）との関係性や労働形態を抽出し、差別・排除の構図を見るだけでなく、部落が社会的機能として存在していた歴史を見る。また、社会的機能としての仕事によって、日本人の生活に必要なさまざまな文化を創り出してきた歴史を見る。こうした機能＝仕事と文化を一つの概念で表現するなら、つまり、部落問題の全体像を、新しい視点として、一言でいうなら、その歴史は文明的存在であり、そのことで文化＝価値を創ってきた、と言える。

部落学はこれらのことを明らかにする。差別＝タブーを克服するプロセスは、古い差別的偏見に変わる、新しい認識・価値観、文化、思想の構築によって示されるだろう。

三　部落学の時代的性格

すでに部落問題として、特徴的になっているが、差別を含めて、この問題の形成史は江戸時代にある。したがって生活・仕事もその時代から見ることになる。しかし、この問題をより明確に認識するため、江戸時代以前に遡ることはたびたび起こるだろう。

江戸時代に、戸籍制度と身分制度に縛られたのは全民衆であるが、その中で「忌穢」「触穢意識」（以下「触穢」とする）のタブーによって縛られた穢多身分は、他の民衆と同じように何かの仕事・職業を持って生き、生活していた。しかもその仕事・職業は他の民衆と同じように身分制度に縛られ規定されたもので、自由な選択によるものではなかった。それは時代的制約であるとともに、身分的に規定されたもので、それを私は身分的属性としての社会的機能と呼ぶ。

江戸時代の身分序列は従来「士・農・工・商・穢多・非人」とされたが、最近見直されて「武士・平人・賤民」が的確と考えられる。「武士」は従来どうりである。「平人」は百姓（農民・漁民・猟師を含む）・工・商であり、「賤民」は穢多・非人である。従来の身分呼称もそうであるが、最近の呼称の場合にあっても「穢多・非人」だけが、職業的カテゴリーが不明なのである。そのためタブー視の傾向がいっそう強まったとも考えられるので、私は「穢多・非人」の職業的カテゴリーを「キヨメ役」とし、従来の「士・農・工・商」がもつ職業的カテゴリーに「キヨメ役」を繋げて考察する。このことで、身分とか差別だけでなく、ある意味で普遍ともいえる、その時代のすべての人の仕事や職業を考え、その労働形態や、それぞれの社会的関係、あるいは職業的個性を見ることが出来ると思うのである。

四　穢多身分の仕事＝「役目」はキヨメ

全国に約六千部落といわれ、江戸時代から各地の農山漁村町のあいだに点在していた穢多身分、その共同体には一定の社会的「役目」があった。非人身分もその範疇から出ることはなく、主には穢多身分の補助的役目であった。その「役目」は、社会的制度、職業と一体化した身分制度に規定された仕事・職業であり、多くの場合公的意味を持っていた。当時これを「御用」「役目」と呼んだ。そしてこの職業・仕事に対して給与にあたるものが、金銭、または米・豆など、あるいは農地など現物支給があった。これが権利である。そして、公的意味を持つ「役目」＝仕事が義務である。「役目」は地域によって異なるが、全国の例を要約すると次のようだ。

水番、山番、牢番、警備役、街道守、斃牛馬処理、皮細工、刑場の労役、神社・仏閣のキヨメなど。

この要約は私が全国をルポする過程で独自に集約したものであるが、これらを裏付ける主な史料は、当時の穢多頭・弾左衛門が享保年間（一七一六～一七三六）徳川幕府に提出した「御役目相勤候覚」である（『近世被差別部落関係法令集』小林茂編、明石書店、一九八一年）。

そこにある「役目」は「一、皮類御用之節、何ニ而茂差上相勤候（皮類ご用の節は、何にても差上げあい勤め申し候）。一、御尋者御用、在辺ニ不限被、仰付次第相勤申候（お尋者捜査は、周辺に限らず、仰せつけられしだいあい勤め申し候）」など十一項目に及ぶ。

この史料を論評した中尾健次は弾左衛門の社会的「役目」を分類して皮革生産と、仕置・断罪を含めた下級警察業務とする（『江戸社会と弾左衛門』中尾健次著、一九九二年）。

私の集約にある水番や山番は農村部の特徴であるが、警察業務の一環と考えてよい。神社などのキヨメは、弾左衛門の「役目」にないが、鎌倉などで祭礼にあたって境内の掃除とケガレ（動物の死体など）の処理、「御輿」の先導などをした（『御家人制の研究』御家人制研究会編・吉川弘文館・一九八一年・「都市鎌倉における『地獄』の風景」石井進）。

こうした「役目」（役）を私は社会的機能として①警察機構の現場。②動物の「死穢」をキヨメる（再生して日常性に戻す）。③宗教的ケガレのキヨメ（宗教的にいわれる日常のケガレを象徴的行為によってキヨメ、聖なる時空をつくる。この象徴的行為が芸能に結びつく）とまとめる。

この中でわかりにくいのは警察機構の現場がなぜケガレなのか、ということではないか。しかし、日本の和人社会では、天皇制イデオロギーの中で犯罪、罪がタブーとされ、ケガレとされた。典型的例は古代天皇制による警察機構としての検非違使である。『検非違使』（丹生谷哲一・平凡社選書・一九八六年）ではそれを「罪・犯罪・ケガレの国家管理」としながら「ケガレに対するキヨメが中世非人身分の基本的機能であった」「神と天皇が穢を最も忌避さるべきものとされていた」と解説している。また、「忌穢」「触穢」も十世紀の延喜式で規定された天皇制イデオロギーである。

これら穢多身分の「役目」＝社会的機能は、天皇制イデオロギーからタブーとされながらも、人の社会的生活にとって必要不可欠な仕事なのはすぐ理解できるはずだ。

これらの社会的機能を日本・和人社会の中で一定の職業的カテゴリーに分類できる。それはケガレを処理してケガレではない状態＝日常性に再生する機能といえるだろう。日本の民俗学ではそうした処理・作業を「キヨメ」と呼ぶ（『ケガレの民俗誌』宮田登・人文書院、一九九六年）。

このように見ると、「役目」すべてがケガレに対処し、それを処理・再生するキヨメの機能なのがわかる。そうした意味で、江戸時代の穢多身分の「役目」・職業としての社会的機能を私は「キヨメ役」と呼ぶ。

十三世紀の風俗辞典『塵袋』に「キヨメをエタというは何なる詞ぞ」（『復刻日本古典全集』現代思潮社・一九七七年）

とある。「エタ」「穢多」という言葉が初めて文献に登場するものであるが、この文献からも、穢多は本来キヨメと呼ばれていたことがわかる。しかしその頃は身分的規制がなくて、職業名と考えるのが的確だ。その意味で江戸時代と区別し、中世の「穢多」「キヨメ」の職業的カテゴリーを「キヨメ」とし、江戸時代のそれを、制度的規制をうけたものとして「キヨメ役」とする。江戸時代の非人身分も、職業的カテゴリーでは穢多身分と共通するところが多いので、「キヨメ役」とし、身分的違いを示す時はそこに「穢多」とか「非人」と表記する。

このように、歴史上の身分制度とその序列とは別に、職業的カテゴリーの全体を示すことで、部落問題のみならず、日本人が自らの歴史を体系的、思想的に考察するきっかけがつかめると考えるのである。身分呼称などは時代的制約をうけ、そのイデオロギーの枠内にあるものといえるが、科学や思想はその枠だけにこだわってはならない。枠をこえたその時代の社会構成体、その構成員すべてをみる普遍的ともいえる視点が必要なのだ。そしてそうした視点をもつために、最もわかりやすく身近なのは職業的カテゴリーといえるだろう。部落問題においてはこれまでこうしたカテゴリー化が弱くて、そのため見失なったものは多いと思う。部落問題の難解さの一つの原因はここにあるとさえ私は思う。

江戸時代の「キヨメ役」（穢多・非人身分）の職業的カテゴリーの全体像をみることで、そこに文明的要素をみることもできる。江戸時代の、従来の身分序列、士・農・工・商は最初から職業的カテゴリーだった。そこに「穢多・非人」が続くので全体のカテゴリーを失っていたが、それを「キヨメ役」とすれば、職業をとおしてあらためてその時代の全体像が把握できる。そしてそこに文明論としての視点を当てれば、キヨメ役の職業すべてが文明的装置なのがわかる。そしてそうした認識に至れば、国家とか天皇制イデオロギーを離れて、日本列島の中の、よくいわれるところの「本土」＝和人＝ヤマトの自然を対象に人々が働きかけてきた歴史を、新しい思考、文化軸として抽出できるはずである。しかもその時は、すでにキヨメ役はタブーの世界に隠されるのではなく、農山漁村町などの文明的装置に並ぶ、その中で自然の「富」ではなく、その破壊的部分としての動物などの怪我や死、あるいは社会的規範の破壊などに触れて、文明的道具、そのシステムなどを作る独自な、しかも分業的な装置なのが認識できるだろう。

農山漁村が自然の生産的要素、米や魚、食肉（狩猟）などを生産、獲得する文明装置なのは説明する必要がないと思う。一方、町は、それらの生産物、獲得物が交換され、情報化される装置だ。その中にあって、かってのキヨメ役、現代いわれる部落が、すくなくとも歴史のうえで文明的装置なのを次に具体的に説明する。

五　文明的存在

文明について「人と自然の関係にあって人が創った道具、装置、制度、あるいはすべてのシステム」〔序説参照〕と考える。人は初期的に海や山や野、あるいは田畑で食料の採取・狩猟・生産によって文明を創り出す。漁業・狩猟・農業などがその典型だ。

一方、人は自然の破壊的部分に触れて、医学などの科学を創り、あるいは危機管理装置を作り、さらには芸術や宗教を創った。これらも文明の主要な要素なのだ。

この国、その和人社会では、古代より自然の破壊的部分をケガレとし、忌避＝タブーの対象として、多くの場合社会的身分の低い者、賤民階層がそれに触れ、対処する仕事をしてきた。江戸時代になってその仕事が穢多身分の世襲的専業になり、非人身分がその補助的仕事をした。

さきに見た江戸時代の身分制度（身分・職業・居住地の三位一体）と観念（忌穢・触穢）の結合からいうと、その仕事の世襲によって触穢が世襲的となり、特に他の身分からの参入がなく、他の身分への移行もほとんどなかった穢多身分が「生来のケガレ」とされ、世襲的に忌避＝タブーの対象になった。

しかし、この仕事を文明的に見ると、自然のなかの破壊的な部分に触れる仕事によって、人の生活に必要な道具・装置・システムなどを作ってきた。また、そのなかで文化＝価値を創ってきた。部落学はこの文明的、文化的要素を重視する。次にこれらを具体的に見る。

斃牛馬の所有を考える

①私有権を失う農民

これらの社会的機能＝文明的装置からさまざまな文化が生まれた。これを見ることで、日本文化全体に新しい視点、あるいは体系が発見できる。わかりやすい例は、斃牛馬処理だ。

斃牛馬は、農民が飼育していた牛や馬だ。今はエンジンを持つ機械が動力として使われるが、その前は、江戸時代を含め、動力として牛馬が使用された。そのため、怪我や病気、死などで動力として使用できなくなると、処理した。これを斃牛馬処理という。

斃牛馬は動力としての使用価値を失っている。しかし、他の目的としては、まだ多くの使用価値をもっており、したがって商品価値をもっている。毛皮製品が代表的だ。骨・角・爪は装飾品など。毛は筆になる。肉（怪我で死んだ牛馬の肉は食べられた）は一八七二年（明治五）まで食肉としては和人社会で約千年の間禁じられていた。しかし、「薬肉」などとして使われた。その他全ては熱処理して肉骨粉として肥料になった。

これら使用価値、商品価値を農民が知らないわけがない。動力としての牛馬は農民個人の私有なのだ。したがって処理後のすべての部分、部品の価値も、本来農民の私有であってよいはずであるが、事実はそのようにならなかった。

ここに曖昧な構図がある。斃牛馬はケガレであり、農民は触れてはならないし、私有することができない。忌穢と触穢意識があるからだ。したがって、斃牛馬は「捨てる」のが制度だった。キヨメ役はそれを「拾う」のが制度だった。一八七一年（明治四）の「斃牛馬勝手処置令」まで売買もできなかった。そのため、基本的にキヨメ役にも所有権が成立しない。例外は多いものの、原則的にその所有はキヨメ役の共同体的所有であり、基本的にいってそのような共同体は自立性がなくて（一定の自治はあった）、天皇制国家の成立以来常に上位の共同体、国家や藩の支配下にあった。したがって、斃牛馬から生まれた毛皮や革などは、キヨメ役が上位の共同体に「上納」した。そうしたキヨメ役の仕事が「役目」であり「御用」とも呼ばれた。「上納」して残ったものが、キヨメ役の所有（原則としてキヨメ役の共同体所有＝共有）となり、キヨメ役はそれを「株組織」として維持、売買し、株の所有数によって利益を分配した（『近世部落史の研究　上巻』西播地域皮多村文書研究会編、雄山閣、一九七六年）。この共同体所有と株組織が、斃牛馬を無償で手放す（ここにも上位の共同体支配がある）農民を含め、和人社会の特性を示すものと考えられる。キヨメ役が形成、維持してきた文明的システム、装置も、そうした規制の中にある。

②差別の構図と曖昧

農民が斃牛馬を無償で手放す構図をもう少し考えてみよう。農民が牛馬をしっかり私有した場合を考えると、その私有が代償もなく、あるいは主体的動機もなく失われることは考えられない。不可解としかいえないだろう。なぜこのような不可解なことが起こるのだろうか。実はここに、前近代の和人の大きな特徴があると考える。そしてその特徴が、近代的自我＝自立した個の成長に大きな障壁であったと考える。

前近代、あるいは近代にあっても、日本人・和人における自立した個の遺失を示すのは部落差別が典型的なのだ。一九九五年日本政府が行った意識調査がある。これによると、自分の子が部落民と結婚するといった時、親の態度として五三・七％が結婚に反対、もしくは消極的なのだ。しかも反対の内訳は「絶対に結婚を認めない」五％、「家族の者や親戚の反対があれば結婚を認めない」七・七％、「親としては反対するが、子どもの意志が強ければしかたがない」四一％。である。ここで特徴的なのは「家族の者や親戚の反対」と「しかたない」とする姿勢であろう。一方「子どもの意志を尊重する。親が口出しすべきことではない」は四五・七％である。（『転換期を迎えた同和問題』総務庁長官官房地域改善対策室・監修、中央法規出版・これが最新の調査である）。現代にあっても差別者が多数を占める部落問題の状況がわかると思う。人間の結婚と牛馬の私有は次元が違うという人がいるかも知れないが、両者が自立した個に関連するのはいうまでもない。

そしてここにある「曖昧な構図」には政治的な要因が二つある。一つは、一六一二年（慶長十七）の幕府の禁止令「牛を殺す事御制禁なり、自然死するものには一切不可売事」（『近世被差別部落関係法令集』小林茂編、明石書店、一九八一年）である。本章のテーマでは最後の死んだ牛を売ることの禁止が特に関連する。死んだ牛・斃牛は制度として売れなかった。二つ目の原因は、当時の身分制度に関連するイデオロギーとして、部落差別の観念的原理「忌穢」「触穢」の観念連合が、動物の死をケガレとし、忌避する動きが社会一般に厳しく定着していたのである。これをここで「差別の構図」と呼んでおく。

こうした二つの要因がみてとれるが、しかし一方でキヨメ役の頭・穢多頭弾左衛門は徳川幕府と「皮類御用の節、何にても差上相勤申上候」(「御役目相勤候覚」一七二六〈享保十一〉『近世被差別部落関係法令集』小林茂編、明石書店、一九八一年）を役目としていた。つまり幕府は牛馬の皮革製品を必要としていたのである。歴史上の権力者は一貫して皮革製品を主に武器製造に使ってきた。そのために歴代の権力者は皮革製造の専業者を作ってきた。中世に「かわた」「キヨメ」と呼ばれたのはその人だ。しかも弾左衛門をはじめ各地のその専業者は牛馬を飼育してはいない。

このような現実を前提とした幕府の斃牛馬売買禁止である。そこには権力者の意図が読み取れる。それを「武器に必要な皮革製品を無償で調達する」と推定できると思う。推定ではあるが、結果として徳川幕府は皮革を税と同じ意味で無償で獲得している。こうしてみると農民にみた「曖昧な構図」の原因はこうしたところにあるといえるし、その真因が「差別の構図」にもつながるともいえる。政令だけでなく「死穢」を忌避する観念が作用していると考えられるからだ。そしてこの両構図が日本人・和人における自立した個の遺失につながっていると考えるのである。

ここに見る「斃牛馬の無償譲渡」が制度的に廃止され、斃牛馬の取引が自由になるのは一八七一年〈明治四〉である。この後、売買や流通は自由になるが、部落差別の観念的原理を内部に持つ「差別の構図」は近代的・意識的に対象化されたり、克服されたことはなく、欧米の制度、システムを模倣して、まるでこれまで何の歴史もなかったかのように皮革取引などが行われた。しかも近代日本は天皇制を復活させ、そのイデオロギーは強固になったといえるものだ。そこに「曖昧な構図」も残ることとなる。

近代の皮革産業は「富国強兵」「軍国主義」をすすめる明治政府・国家によって強力に主導され、国家と結びつく政商が、欧米の技術を導入して大量生産をめざした。そこに畜産農家や部落の皮革業者が、それまでの歴史を忘れたかのように巻き込まれていく。しかしそのため、経済の二重構造も生まれる。伝統的な技術を蓄積していたキヨメ役と彼らによる皮革産業は、零細企業として残る。しかも「部落産業」といわれるほどに、さきの差別の構図のなかにとり残され、同じく農民など一般的にあった「曖昧な構図」が積極的に論議されたり、意識的に克服されることはなかったのである。これをよそに、欧米を模倣した「近代」皮革産業は、国策をバックにした政商たちによって成長していく。

これらは日本産業の課題であるとともに、精神的、文化的課題でもある。物質的、経済的成果だけは世界の一流であるが、精神性や人権意識がともなわない現代日本人の姿も、こうしたところに原因の一端があると考える。

③忘れられた「膠絵」

キヨメ役が自然の破壊的部分に触れて作った文明・文化のわかりやすいもう一つの例は膠（にかわ）である。皮や骨を煮詰めて作る接着剤だ。現代も細工物に使われているが、歴史的な美術作品の日本画に膠が使われるのはあまり知られていない。近代になって西欧から伝わった油絵は学校教育で取り扱われており誰でも知っている。絵といえば油絵と思われるくらいだ。そこには近代日本の欧米模倣の影響があるが、その前史として、動物の死をケガレとしタブー＝「忌穢」とした背景があり、重要な文化財、文明的道具であるにもかかわらず、製作過程が評価されない現象が強かったといえるだろう。

京都や奈良の古い寺院や神社にある世界に誇る日本画や壁画、屛風絵の色の接着と保存には伝統的に膠が使われ、効果をあげている。しかし、この膠が日本の教育に、正当に登場したことはない。

六　文化の体系を取り戻す

日本文化に哲学なし、体系なしと言うのは、日本の進歩的知識人が繰り返し指摘したことだ（『日本人は思想したか』吉本隆明・梅原猛・中沢新一・新潮社・一九九五年）。一方で、保守的な人は天皇制を軸とした国粋主義や国家主義を主張してきた。とはいえ、国粋主義や国家主義にしっかりした哲学や、文化的体系があるわけではない。ただ、進歩的知識人がややもすると、欧米（古くは中国）を軸にした発想を強くもっているため、反動的に国粋主義などが台頭する傾向がある。最近の「右傾化」もそのような要素が強いのでないかと私は観測する。つまり、保守的な人の「右傾化」を批判する進歩的と考える人々の論理や主張に、内的要素が不足していて、いきなり「普遍性」が持ち出され、民衆的広がりが持ちにくい。そんな状態ではないかと思われる。

しかも、両者のこの傾向は日本史のなかで繰り返されたといえる。しかし、その繰り返しから生まれた新しいものが実感できないのが現状と思う。

その原因は、進歩派、保守派の両者が見落としているものがあるからだと私は考えている。見落としたものは周縁の文化である。別の言い方をすると、日本の口承文化である。日本の大衆の多くは、明治初期、一八七二年（明治五）の学制制定まで文字を使わなかった。しかし、立派な文化を持っていたし、そこには一定の思想性や体系があったと私は考える（拙書『和人文化論』前掲書参照）。これを見落としたら、日本文化の本質を失うことになるだろう。

芸能史を考えるとよくわかる。典型的に言うと、農産物の豊穣を願って行われる農耕儀礼（狩猟、漁労も同じ）のほとんどが口承文化として伝承された。それは今も多くが残る。そしてその芸の一部が歴史的には非農耕民によって都市に運ばれ、そこで道の芸、新年の祝福芸・門付芸となり、それが歌舞伎など、現代の日本を代表する舞台芸能になる流れがある。

こうした流れの中で、それぞれ個々の事例、例えば農耕儀礼とか、漁労儀礼、狩猟儀礼、あるいは歌舞伎や能楽など、それぞれ個々の研究、解説は非常に深く、詳細に行われている。しかし、それら全体を繋ぐ思想や体系はほとんど語られない。そうした状況を生む原因があると私は思っている。その原因は、日本の伝統芸能の中で、祝福芸・門付芸を芸能史として正当に取り上げなかったからだ、といえる。

例えば、先にいった農耕儀礼と、祝福芸・門付芸、あるいは歌舞伎や能楽とは、実は非常に太い関連性があり、流れや体系があり、そこにはしっかりした思想性（例えば類似の法則）もある。しかし、祝福芸・大道芸を江戸時代などのキヨメ役や諸芸役（雑種賤民）が行っていたため、これを差別的に「乞食芸」と見、芸の流れの一環として見ることができなかった。「万葉集」にある「ほかひびとが詠ふ歌」の「ほかひ」に万葉仮名の法則を破って「乞食者」と漢字表記した例（『万葉集』十六巻・3885・日本古典文学大系・岩波書店・一九六七年）が典型的なのだ。この場合、私がいう流れのなかの体系などを見出すことができない。

わかりやすい例として農耕儀礼を取り上げる。これは呪術の世界であり、ジェームズ・フレイザーが抽出した類感呪術（『金枝篇』岩波文庫・一九五一年）に相当するものが多い。農作業を類似的に表現する類感呪術・類似の法則（目的を達成するために、現実に行う行為を前もって演じると効果があるとする呪術）からなっている。この類似の表現は農作業の象徴表現であり、これは初期的な思想性を持っている。フレイザーは「呪術は不動の不合理的指導」としながら、しかし一部に「自然の法則の擬体系」があるとし、それを「自然の法則の体系とみるとき、すなわち宇宙の現象の次第を決定する法則の叙述として見るとき、それは理論的呪術と呼ばれてもよい」（前掲書）とする。例えば農耕儀礼の基本ともいえる「田遊」は、「田打ち・代掻き・種まき・田植え・鳥追い・刈上げというふうに、農民の労働過程を順に演じているもので」（『日本風俗史事典』日本風俗史学会編、弘文堂、一九九四年）、春から秋にかけて田の中で行う作業を模擬的に演じるものだ。

祝福芸・門付芸もおおむね類似の表現を踏襲する。「田遊」の中にある「鳥追」は、稲苗の芽をついばむ野鳥を追う演技であるが、この類似の表現・労働の象徴表現を都市に運び、民家を訪れる道の芸として演じたのが門付芸「鳥追」である〔第二部・第五章・部落の伝統芸能参照〕。この「鳥追」を演じる芸人が、歌舞伎舞踊などに登場するが、歌舞伎舞踊になると、類似の表現という思想性がなくなり、歌われる歌は、人間の情感を歌う（『舞踊手帳』古井戸秀夫・駸々堂・一九九〇年）。ここに「神から人」への変化があるのを指摘しなくてはならない。つまり、呪術から芸術への変化である。

こうした大きな変化がある一方で、儀礼が持っていた象徴表現は、場所を変え、あるいは都市的なものとしての舞台芸の表現手法として、歌舞伎舞踊や能など芸術表現に継承されていく。歌舞伎の「様式」や能の「型」がそれである。能では能面が象徴表現の典型ともされる（『能がわかる本』夕崎麓・金園社・一九九四年）が、その表現の「型」も象徴表現なのである。そしてこうした流れ、変化の中に、儀礼的象徴表現から芸術的象徴表現への変化を見ることができるし、思想的体系を見出すことも可能なのである。

とはいえ、こうした流れと変化において、キヨメ役が行った祝福芸・門付芸を外して考えると、そこにあった流れはバラバラな存在となり、全体が見えなくなってしまい、思想性や体系を見出すことがむずかしくなってしまう。部落学はその全体を再現し、考察するものである

七　地域社会とキヨメ役の関係性

日本の中の和人社会のタブーとして始まった部落問題であるが、それをタブー、あるいは差別の構図だけで見ていると、大切なものが見落とされる。タブーから始まったとはいえ、そこで生活する部落民は、タブーとは関係なく、人としてさまざまな局面の中で生活してきたのである。また特に、社会的機能としての「役目」は、その仕事そのものがタブーに挑戦しそれを超克する作業であり、文化であり、文明だった。そうした建設的な側面から部落問題をみなくてはならないし、何よりも日本・和人社会のゆがみを見直さなくてはならない。そうした視点から具体的内容をここまで示してきたが、最後に江戸時代のキヨメ役と、その周辺にある農山漁村町など、地域社会との関係性をみておく。

キヨメ役（穢多・非人身分）の村は全国で約六〇〇〇といわれ、農山漁村町の間に点在する。［一九九八年政府がまとめた「行政同和地区」は四四四二地区であるが、ここに登録しなかった地区も多い］彼らがそこにいる理由は、これまでよくいわれた「下には下がいる」と民衆を慰める「分断政策」のためではない。これまで示した社会的機能「役目」を果たすためである。

つまりその村は、その地域で、例えば農村や町社会で、社会的機能として具体的な関係性をもつ。

警察業務は典型的だ。キヨメ役は、その地域の警備・火の番など危機管理の予防的業務と、犯罪が起ったときに犯人逮捕にあたった。これは日本警察史のなかで常識だ。『日本の警察』（警察制度調査会編・一九九四年）は次のように書く。「さて、こうして捜査の結果犯人の逮捕の段階になると、これはもはや岡引の役職ではなく、当時これをとらえることは不浄なこととして極度に嫌い、捕縄をもって岡引に随行した穢多の仕事であって」と。古代・中世の警察機構「検非違使」の例で見たように、犯罪がタブーであるための現象であり、実におかしな現象であるが、ともあれ犯罪者を捕らえるのが「不浄」＝タブーとされ、穢多身分がその仕事を担当した。差別の観念的原理「忌穢」「触穢」でみると、差別される理由がここでわかるが、一方で、地域住民の生活や仕事の安全のために、キヨメ役・穢多・非人身分が必要不可欠な存在だったのもわかる。つまり、そこに地域社会との不可避な関係性があるのがわかるのである。この関係性から部落問題を見直すことが出来る。そうした作業・考察が今後重要と思われる。

山番は共有林の盗伐を防いだり、農民の田畑を荒らす動物を追い払う仕事をした。水番は、水稲稲作をする農民に必要不可欠な農業用水路の安全と、水の配分を管理した。

このように見ると、これらの仕事＝キヨメ役が、農村のみならず、漁村、山村、都市など地域社会にとって非常に重要な社会的関係をもっていたのがわかるだろう。

このような社会的機能を社会的関係性としてみる視点はこれまでなかったのであるが、和人社会のタブーを克服し、キヨメ役への偏見と差別の構図を超克するとともに、農・山・漁村・町の自治的可能性を考えるためにも、こうした関係性をはっきり認識する必要がある。部落学はそこを強調する。

まとめ

こうした歴史を持つ部落問題であるが、しかし、現代において各地の部落（同和地区）をみると、これまで指摘した仕事、そこから生まれた技術や文化、文明の足跡は、一部大都市の皮革関連業などを除いて、ほとんど見えないものになっている。そこには、日本近代のゆがんだ姿、その弱点、盲点ともいえる理由がある。

一八七一年（明治四）「賤民解放令」が布告され、前年の四民（士農工商）平等に続き「賤民」も制度として廃止された。「自今　穢多非人の称を廃し、身分職業共に平民同等たるべき事」というものだ。

これによって、旧穢多・非人身分がキヨメ役として果たしていた社会的機能としての職業がなくなり、いきなり失業状態に陥る（拙書『部落差別を克服する思想』解放出版社・二〇〇一年参照）。

しかも、明治政府はこの国のタブーとしての部落差別には一切改善の手をうたなかったので、差別だけは残り、その後部落民が新しい仕事・職業につくのが困難だったのである。

このような状況の中で近代の部落は経済的破綻をきたし、歴史の蓄積さえ失った。しかもその上、政府要人や一般社会は困窮する部落を「貧乏なのは彼らが努力しないから」とし、政治的には「棄民政策」をとったというべきであろう。

こうした棄民政策といえるものについても、ほとんど研究が進んでいないのが現状なのである。しかもこの近代の状況は、単に部落民が失ったものが多いというだけでなく、日本人、ことに和人社会の文化、それを体系的に見る哲学・思想など、精神的側面にあっても、日本・和人社会が失ったものが多いのである。その意味で部落学の学問的位置づけと充実が必要と主張する。

第二章　BURAKUMIN――隠された日本

はじめに

部落問題は、日本文化の基軸を示す重要な文化的要素である。

この問題はこれまで、差別に焦点が当てられ、告発と抗議が一定の影響力を持ってきた。差別は今だ根強くて、見えにくいところで発生しているので、告発と抗議は有効であるが、この問題の本当の課題は差別だけではない。部落問題には、日本文化全体にかかわり、それを支えた重要な要素があった。これまで、こうした文化が個別部分的に指摘されることはあっても、その総体を体系的に指摘する視点はなかった。

そうした体系を内包するその総体は、日本文化・文明を支えるとともに、そこにある哲学的体系や思想性を発見する大きな手掛かりである。同時に、これまで曖昧なものに見えた日本人の深層心理を明らかにするとともに、部落民への差別の直接的要因としての偏見に変わる「正見」を確立することになるだろう。そしてそれが差別を超克する確かな手掛かりになるだろう。

このレポートは、部落民として生まれ、なぜ差別があるのか、どうすれば克服できるのか、考え続けた一人の人間の思考過程と、生活体験の初期的なプロセスを記述したものである。

一　日本人の深層心理

部落問題と普遍

日本人は古くからのタブーを主体的に破り、克服しようとしたことがない。現代そうしたタブーが無いかに見え、あるいは自然に無くなると思われているのは、近代になって欧米の文化・価値観を模倣し、政治・文化・教育などに導入・定着させてきたからである。しかし、それら模倣は日本人の生活の深層、あるいは深層心理まで定着したとはいえない。そこにはダブルスタンダードがあり、それらの間には、やり残したこと、あるいはまだタッチしていない精神的な空白がある。その空白が「曖昧」、あるいは「甘え」、あるいは「建前と本音」の使い分けなど、これまで日本人的性格として指摘されてきたものに繋がっているだろう。かつ、このまま放置すれば、その空白がなくなるかといえば、そうではない。仮に近代欧米の文化・価値観に普遍性があるとしても、その普遍性に達するには、最終的には、自らの歴史・生活の深層にあるタブーを主体的に破り変革するしかないだろう。もしここで普遍という言葉を使うなら、そうした変革の哲学こそがそれにふさわしい概念である。

日本人の主なタブーとは、以前から指摘されている天皇制であり、もう一つは今だ未解決といわれる部落問題である。天皇制についてはこれまでいろいろな人が論じてきた。間違いを起さない、汚れもない「聖」なる存在としてタブーが形成されている。戦後の象徴天皇でもその傾向は強い。その上、その象徴が選択の余地のない世襲であるのが、従来と同じ意味で最大の弱点であり、タブーの具体性だ。

一方の部落問題は、一部の関心を除いて、ほとんど論じられていない。近代の欧米の模倣が影響して、この問題はもう無くなったとか、残っているとしても一部であり、いずれ自然解消するという考えが強い。また、競争社会である以上敗者が区別・差別されるのは仕方ないとする考えも多い。しかしこの場合、部落差別がどのような特性を持つか指摘した上でないと意味がない。しかし現状では、そこにある特性の分類・分析がないまま、漠然としたイメージによって、あるいは時代の表層で競争原理を当てはめているだけだ。競争原理で部落問題を考えるなら、「解放令」以後の部落の経済的破綻と、政治による「棄民政策」によって、対等なスタートラインに立てなかったといえる。

一部の人が持つ関心も、部落民への偏見・差別の指摘と抗議が主流であって、部落問題がもつ積極性、あるいはその歴史にある文化・文明や思想、あるいは偏見に変わる「正見」は今も十分に描かれていない。

そうした状況からして、日本人のタブーについて考えるとき、部落問題は今も新しい課題であり、かつ現代的意味をもつだろう。それだけでなく、天皇制のタブーを克服し、それに変わる新しい文化的基軸、あるいは新しいコンセンサスを築く確かな手掛かりとなるだろう。

とはいえ、部落問題が無くなったとか、自然解消するという人、あるいは無関心な人が多い現状では、私のような発想は空論のように思われる可能性が高い。そのため、このレポートはまず、現代の部落差別がどんな状態なのか、一定のデータを示しておく。そこには、タブーを主体的に破ってこなかった日本人の性格、深層心理がどんなものかを知る、これまでアプローチされなかった新しくて有効な手掛かりがあるだろう。

また、このレポートのもう一つの関心は、タブーを破るため、あるいは破ったとき、どんな新しい日本人像が描けるかである。そのような像が描かれないかぎり、部落差別がその内部から克服されるとはいえないと考える。その像は、日本の和人社会の歪みを是正し、新しい普遍的な文化・価値観を内部から描きだすことでもある。

先に言った部落差別の特性を現代の時点で次のように規定する。

①差別は歴史的に何かの差異（職業的差異といえる）から始まっている。
②差異が社会的・制度的に固定されている。
③固定は歴史的に世襲として現れ、現代では世襲を構造的価値とする古い制度（特に家族的形態の共同体）・習俗として現れる。
④差別は一定の共同体を前提に発生し、個人の差異・個性を否定する。
⑤資本主義もこの国では本質的な差異化や競争原理（自由化）が貫徹できず、政財界癒着、学閥、差別構造を取り込んで成長している（拙書『部落差別の謎を解く』前掲書）

部落民とは、江戸時代の身分制度にある穢多身分、非人身分を前身とする。一八七一（明治四）年「賤民解放令」によって身分制度が無くなり呼称も廃止されたが、その後も偏見と差別の対象になった人々である。特に結婚差別は今も根強い。

江戸時代の穢多身分と非人身分は異なるところがあるし、現代の偏見・差別の現れ方も必ずしも同じではない。そこにある差異は大切であるが、共通の課題もまた多い。そのためここでは、共通の課題として取り組む。その解決の方向が見えたとき、両者の間の差異の分析が始まるだろう。それは今後の課題である。

なお「部落」は農村や漁村など一般的な集落の呼称としても使われている。その混乱を整理するため、部落（同和地区）を含めた全ての集落を「村」と呼び、個別には農・山・漁村・町・部落と呼び分ける。

現代の差別

現代の部落差別は結婚のとき典型的に現れる。私もあいての女性の親、その親族にかなりしつこく反対された。このことはこの後で書くが、今は社会全体を示すデーターを挙げておく。

前節で少し示したのであるが、一九九三年政府が全国で、部落差別について実施した意識調査がある（『転換期を迎えた同和問題』前掲書）。前節で示していないものをふくめ、少し詳しく見ることとする。一七年も前のデーターであるが、人権問題一般について日本の政府は非常に消極的で、部落差別についても、差別の実態がどう変動しているかさえ知ろうとしないのである。したがってこうした調査も二〇年に一回あればよいほうなのだ。つまり部落差別の全国的なデーターはこれが最新のものとなる。

調査の中で、未婚の男女に部落民との結婚を問うと（〇内の数字は私の整理のため）①「絶対にしない」二・八％。②「反対があればしない」一五・九％である。約一九％の若者がその結婚を否定的に考えていのが驚きである。また、親への質問として、一般的な家庭の親が自分の子と部落民との結婚に持つ意識は③「絶対に結婚を認めない」五％。④「家族の者や親戚の反対があれば結婚を認めない」七・七％、⑤「親としては反対するが、子どもの意志が強ければしかたがない」四一％である。⑤は親として部落民との結婚に反対しているのである。この数字も驚きである。

そして、③④⑤をあわせると五三・七％が反対、もしくは消極的である。これは、部落差別の根深さを示す。しかも若者もふくめたこれらは、親や親戚、周りの反対があればそれに従うというのが大勢なのだ。部落差別の大きな特徴なのであるが、ここに日本人の集団心理があり、深層心理の陰を見ることができる。

一方「子どもの意志を尊重する。親が口出しすべきことではない」とする人が四五・七％である。差別する人の方が多いのであるが、一九八五年、同和地区がある三六府県（全国は四七都道府県）を対象にした調査で同じ質問への回答が三四・二％だったのをみると、少し前進している。そのことが喜ばしいとはいえ、自由・平等・人権が大切だと教えられ、あるいは認識しているといえる現代の日本社会では、決して喜ばしいデーターではない。私は反対に、「薄ら寒い」ものを覚える。そうした「薄ら寒い」思いの背景に、人に人権尊重を教える立場にある者が自分の子から、部落民と結婚すると言われた時、反対するといった差別事象が度々起こっている現実、そうした人にあるように、本音と建前を使い分けることの多い日本人の深層心理が想起されるからである。

私が住んでいる神奈川県は比較的最近、二〇〇一年意識調査を行い二〇〇二年『同和問題の正しい理解のために』（神奈川県・神奈川県教育委員会）として発表した。そこでは「同和問題を含めてさまざまな人権問題がありますが、これは差別される側の問題ではなく、むしろ差別する側の問題です」とする問題意識のもと、一般社会に向けて結婚の時の意識などを質問している。その結果の一つは次のようだ。「子どもの結婚相手が同和地区の人だった場合」という親への質問の解答として「絶対に結婚を認めない」が二・八％。「家族や親戚の反対があれば結婚を認めない」が三・五％。「反対だが子どもの意志が強ければ認める」が三一・七％。「子どもの意志を尊重」が六一・八％。である。前向きな最後の回答が全国より少し高く、後ろ向きな前二回答が全国より低いのが救いであり、都市的な傾向を示しているが、三つ目の親として「反対だが…」という回答の数字は、全国のものと少ないとはいえ、県民の三分の一の親が部落民との結婚に反対という考えをもっているのであり、やはり部落差別の根深さを示している。部落民からすると、こうした数字の結果は、自分たちの「外」を感じさせ「外」への疑問や猜疑心・脅威につながる傾向をもつだろう。

このような差別意識を前に、被差別者としての部落民の現状を示す典型的な事象が二〇〇一年にあった。長く日本の政権を握り続けた自由民主党の中で、当時、次期総理大臣候補ともいわれ、同党の幹事長として活躍していた野中広務に対し、「あんな部落出身者を日本の総理にはできないわなあ」とする発言が政府与党内であった。発言したのは同党の麻生太郎（二〇〇八〜九年・総理大臣）だった（『野中広務　差別と権力』魚住昭・講談社・二〇〇四年）。同書によると麻生自身はそうした発言を否定しているが、発言を聞いた国会議員の証言が複数ある。また、この後、二〇〇九年に刊行した『差別と日本人』（野中広務・辛淑玉・角川書店・二〇〇九年）によって野中自身がそうした発言を耳にした様子で、自ら抗議しているので、発言は確かなようだ。

また、二〇〇九年一月一六日付『ニューヨークタイムズ』紙は「アメリカ合衆国は黒人大統領を誕生させたが日本で被差別部落出身の総理大臣が誕生することは可能なのか」という特集を組み、麻生の発言を「日本人の最大のタブー」として取り上げている。そこには　当時自民党の国会議員であり、その発言を聞いていた亀井久興（現・国民新党幹事長）の証言がある。

このような部落差別が続いているのであり、それは現代も日本人の心の闇であり、深層心理にあるタブーといえるものだ。

ケガレとタブー

日本・和人社会（アイヌ社会、琉球社会には部落問題がないのでこのように規定する。以下同）では古くから動物や人の死、病気、出血、出産、社会的規範の破壊などをケガレと呼び、それを避けるためにそれらをタブーとした。これを「忌穢」と言う。また同時に、それらのケガレに触れるとその人もケガレとする観念「触穢意識」があった。十世紀に二つの観念が成文化された（『延喜式』前掲書）。

古代社会でそのタブーは、天皇を頂点とする貴族社会の祭祀的制度だった。これが成文化された後、中世から近世にかけて民衆化したと考えられる。特に近世・江戸時代に、キリシタン禁制とその弾圧のための全民衆の戸籍・宗旨人別改帳作成の過程で、身分と職業と居住地が固定され、そのうえ五代将軍・綱吉（一六八〇年～一七〇九年）による「生類哀れみの令」「服忌令」などによって「忌穢」と「触穢意識」が全家庭、その家族制度に強制されたのが大きなきっかけと考えられる（『徳川綱吉』塚本学、吉川弘文館、一九九八年）。

このようにしてケガレを「忌穢」するタブーが大衆化していくのであるが、とはいえ一方で、生きとし生けるものすべて、病気や死などのケガレに出会うのであり、それを処理する作業・職業が生まれる。古代からそれは主に賤民の仕事であるが、江戸時代になって身分と職業、居住地の一体化が制度として定着することで、ケガレを処理をする職業・仕事が身分的属性として世襲的となり、居住地も固定される。これが現代全国に点在する部落（被差別部落）である。

近代になっても、このタブーが科学的・思想的に克服されることはなく、欧米模倣の一方で、「聖」性が強化された近代天皇制のもとで「聖」と「穢」（穢という言葉はあまり使われないが大相撲の土俵に女性を上げない構図などとして）の対立構造となり、一般的な習俗として生きつづけながら、現代の象徴天皇へのタブーとともに、部落民への偏見・差別の深層心理に繋がっていると考えられる。現代の象徴天皇は日本社会（和人）で歴史的に根強い家父長的家族制の象徴でもあり、この家族制度の中に、江戸時代に強化された「服忌令」（家父長制を軸とした）が無意識に近い構図として残り「差別の構図」につながっていると考える。政府の意識調査にある家族や親戚にしたがう姿もその傾向にあると思われる。したがって、そこにある対立構造としてのタブーの克服が部落問題だけでなく、天皇制タブー、家族制度の中にある無意識の、あるいは曖昧なタブーを破る契機なのがわかるだろう。

部落差別以外でも習俗化したタブーは現れる。大相撲の土俵に女性を上げないのは、伝統として続いているが、その伝統は女性の生理・出産をケガレとし、「忌穢」＝タブーとすることから始まっている。「聖」なる土俵にケガレが触れてはならないのである（『新日本文学』二〇〇四年三・四月号。「女人禁制」小林とし子）。

二〇〇二年の米中西部教育学会（ＭＷＥＲＡ）総会に出席するため私が渡米した時期、アメリカ産牛肉が日米貿易の重要課題になっていた。この課題で論議されたＢＳＥ（狂牛病）対策での日本側の姿勢に、このタブーによる深層心理の例を見ることができる。

アメリカ産牛肉の全頭検査を求める日本政府の姿勢に対してアメリカ側は「科学的安全より安心を求めるもの」と批判したが、この批判は当っているし、そうした姿勢の背景に、科学的思考より漠然とした周りの心情に従ってしまう習俗が現れているだろう。

食品安全委員会プリオン専門調査会（吉川泰弘座長）は二〇〇二年九月になって、若い牛は検査しても感染が確認できないとして全頭検査が無意味なことを発表した（『読売新聞』九月八日朝刊）。政府が全頭検査を主張してから半年以上たっており、その期間が歯がゆい。何がわかって何がわからないか、最初から科学的姿勢を示し、進展のプロセスを明確にしておくことが大切だったと私は考える。

こうしたプロセスを経て、若い牛を全頭検査から外そうとする動きもあるが、これについて興味深い新聞記事がある。大手食肉会社の幹部が「日本人は潔癖症だ。（おおくの人が・筆者）『危険はゼロではないのですね』と聞き返す。ゼロリスクはないのにゼロでないと納得しない。この文化の違いは一〇年たっても埋まらない」（『朝日新聞』七月六日朝刊）というもの。

ここで言われる文化の違いが日米ＢＳＥ対策交渉の背景にある。日本側の姿勢に、この潔癖症が影響しているといえるが、その潔癖は、対象を科学的に考察する姿勢とは別に、ケガレをタブーとして忌避し、なをそのケガレに触れた人も忌避して排除・差別してきた日本人の観念的歴史に通底するものがあると私は考える。

日本政府はこの対策において、自分の国の歴史をまったく意識していない。したがって、タブーの歴史や現代的深層心理を引き合いにだすことを頭から否定するだろう。しかし、そこに私が指摘する文化や精神性の空白がある。自分たちの歴史を引き合いにできないこと、それを引き合いにすれば肉食をタブーとした歴史が浮かび、それを科学的に克服する経験がないため、自主的な解決策が見出せないといえるのではなかろうか。そして、もしかしてそれ以上に、そうしたタブーの歴史を行政・政府関係者が知らない可能性すら高い。知らなくても、欧米を模倣をすれば、表面だけはなんとかなったからだ。しかしBSEのような摩擦では、「なんとかなる」ではすまない。

プリオン専門調査会の発表から約一ヶ月後、政府の姿勢が変った。厚生労働省はBSE検査の対象を二十一ヶ月以上の牛とする新基準を政府に諮問し、その月齢のアメリカ産牛肉輸入の道を開こうとしている。政府は新基準を認め、あらためて日米交渉にあたるが、一方で、全頭検査による「安心」を求めた国内の消費者にも妥協し、各地の自治体レベルで継続される全頭検査に対して、向う三年間にわたって検査費用の全額を助成することにした（『読売新聞』十月十六日朝刊）。そのため、輸入牛肉と国内牛肉の間に二重基準が生じるのを多くの人が指摘している。この二重基準は、私が冒頭で指摘したダブルスタンダードに通底するものであり、一人一人の日本人の内部に空白を生み、現実的には思考的混乱をまねきながら「曖昧」を増幅するだろう。

日本の肉食文化史

肉食文化と部落差別は直結していた。動物を屠殺することを含め、その行為と結果＝肉食がケガレであるとして（『延喜式』前掲書）日本・和人は、一八七〇年まで、約一千年禁止されていた。歴代の天皇と同じに徳川幕府も一六一二年「牛を殺す事御禁制なり、自然死するものには一切不可売事」（『近世被差別部落関係法令集』前掲書）としていた。しかも、禁止されながら陰の文化として肉食が続いた。そうした状況のなかで、江戸時代におけるその生産はキヨメ役＝部落民が行った〔Ⅰ第二部第一章参照〕。そのため「忌穢」「触穢意識」の対象となり差別された。

幕末から明治維新直後、欧米から肉食文化が入って一気に広がったのであるが、広がる原因は、江戸時代から部落民の村に斃牛馬の処理場、後の屠畜場とその解体技術があったからだ。明治政府はその広がりを押えることが出来なくて一八七二年（明治五）肉食を解禁したのである。

といっても、それまでの食肉禁止の歴史・文化を思想的に整理したり、反省することはなく、欧米の食肉文化を取り入れたため、部落差別にみられるタブーが日本人・和人の心理に沈殿したまま、表面だけ近代化した。そこにも文化的、精神的空白がある。文化としてのダブルスタンダードであるとともに、経済的二重構造でもある。かって日本の食肉流通は「暗黒の流通構造」といわれたのであるが、その原因は、その歴史を直視しなかった政治、経済、学問のためと私は考える。長い間一般的にもいわれた経済の二重構造は、高度経済成長によって解決したかのようにいわれるが、果たしてそうなのか。今は、格差社会としてその構造が残っていると思われるし、一方、文化や精神としてのダブルスタンダードはあまり変わっていないと思われる。

ＢＳＥ（狂牛病）問題に加筆すると、和人の歴史のうえで、つまり江戸時代のキヨメ役＝部落民の村で処理した斃牛馬の、皮や骨、角などを再生利用した後の残骸は、すべて熱処理し肥料として使った。つまりＢＳＥの発生原といわれる肉骨粉が生産されていたのである。しかしＢＳＥが発生した歴史はないといえる。関係する資料や論理は見当たらないが、少なくとも、キヨメ役＝部落民は、肉骨粉を飼料に使ってはならないことを経験的に知っていたのではないか、と思われる。こうした歴史を科学的に検証し、現代の課題としていけば、科学的共通認識が生まれ、ダブルスタンダードや精神的空白を内在的に克服する手掛かりになると考えるのである。

二　私の成長期の体験

村が襲われた！

私が生まれたのは神戸市であるが、両親は岡山県の部落の出身だった。三才の時父が亡くなり、弟と共に母の故郷、岡山県津山市の農村部の部落で育った。当時五十戸くらいの村だった。私の記憶の中に神戸のことはほとんどなくて、精神的生活はこの村から始まる。

小学校にあがる前の六才の頃、当時元気だった祖母がいろいろな話しをしてくれた。その中に、鮮明な印象となったものがある。

私と祖母はよく家の縁側で日向ぼっこをした。家の右隣に、村の氏神神社がある。その神社境内を通して見る田んぼの向こうに、隣村の農村があった。江戸時代からの農民だ。祖母がその農村を指差して「あのなぁ。昔あの村から大勢の者が竹槍を持って、この村を襲うてきたことがあるんで」といった。

祖母は前後のことを話したかも知れないが、私の印象に残ったのはこの言葉だ。なぜ?、という思いと共に、その言葉は私の脳裏で、竹槍を持って田んぼを走る大勢の人の映像になった。

ずっと後になってわかるのであるが、それは当時「穢多狩り」と言われ、後に「解放令反対一揆」と呼ばれるようになった事件のことだった。事件は賤民解放令がでた翌々年の一八七三（明治六）年に起こった。

一般的にそれを「美作血税一揆」と呼ぶ。賤民解放令だけでなく、当時政府がだした租税改革、学制、徴兵制などに反対する一揆だった。部落に対しては「穢多は元の穢多のまま」といった要求だった。しかし、要求は地方行政によって拒否され、一揆勢は軍隊によって開散させられた。その直後、一揆勢は部落、すなわち旧穢多村を竹槍などを持って襲い「元の穢多のままでようござんす」という覚え書きを強制的に書かせた。書かない村では虐殺や打ち壊しがあった。私の村は、それをすぐ書いて打ち壊しを免れたが、私の家ともう一軒が許されなかった。両家が屠畜の仕事をしていたからである。屠畜（当時は屠牛と言った）が「醜業」（ケガレ観の一種）と考えられており、この仕事がタブー視されていた。だからその仕事を止めるよう農民たちから要求され、断ったため、二軒が打壊しにあったのである。私の家は打壊しにあった後、屠畜の家業をやめたようだ。というのは、私が育った頃、家には屠畜業、あるいはそれに関する歴史や事業の足跡はまったく残っていなかった。そのうえ、家は何を生業にしているのかわからないまま、経済的破綻をしていた。【この事件の裁判記録と詳細は次節［三］にて】

大事件

小学校にあがる前も後も、私はごく普通の健康な少年だった。日頃部落のことを（差別を含めて）特別意識することはなかった。私が通った河辺小学校は大きな単位として六つの村の子どもが通った。ほとんど農村である。部落は私の村のほかに十戸くらいの小さな部落が三箇所、農村の間に点在していた。学校の生徒の人数でいうと部落の子は五％に満たないだろう。その中で個人的な能力の差、家庭の貧富の差を感じることがあっても、それが部落問題に結びつくことはなく、そうした差異・多様性の中で活発に生活していた。

とはいえ生活の中で部落問題をまったく感じないかといえばそうではない。母はその頃行商をしていたが、行商先の民家に寄って世間話をしている時、自分の村の名が言えないし、うっかりそれを言うと、商談が壊れることがある。そんな話を隣の小母さんにしていたのを知っている。また、村の青年が町や農村の者に部落のことで悪口を言われ、喧嘩した話も、子どもの耳にたびたび入った。

中学に上がる少し前（十一才）、大事件が起きた。同じ村から高校に通っていた男が、同級生と喧嘩をし、ナイフで刺し殺したのだ。噂話で耳に入る原因は「穢多」という言葉を使って侮辱されたからだった。新聞、ラジオなどで大きく取り上げられた。私はその言葉の歴史や重さをある程度知っていた。そして「そうした重い言葉を侮辱的に使ったのだから、仕方ないことではないか」と思い、犯人にいくらかの同情を覚えていた。

しかし母をはじめ村の大人たちは非常にヒステリックな、内行的な反応をした。普段でもマイナスイメージを持たれている村であるが、この事件で一層悪いイメージとなり、それが外から、言葉や行動になって表れるのを恐れた。母も、行商がとてもやりにくいと言った。

大人たちのそうした反応は、犯人が逮捕され裁判などが話題になる度に増幅され、数年続いた。そうした状況の中で、私は中学生になった。その時、母は私に相談もなく、校区外の、町の中学に入るよう手続きをしていたのだった。左隣の家の、二歳年上の男も町の中学校に通っていたので、私に特別違和感はないものの、後になってその理由を母に尋ねると、事件のことで村のイメージが悪かったので、「町に行った方が良いと思った」ということだった。私の住所が町の知人の家に移されていたのだ。そうした理由だったが、私自身は、親友に恵まれたこともあって、この事件や部落問題が学校生活に影響することはなかった。

十四才（中学二年）の時、母が行商をやめて、近くに出来た国立病院の炊事婦として雇われた。このことが、私の人生に大きな影響を与えた。行商の収入は少ないうえに、不安定だった。家には弟の他に母の弟である私の叔父と、母の姉の子であるいとこがいた。しかし、収入のある仕事をしているのは母一人だった。田が五反あって、これを耕して農業をするのは私といとこだった。

生活は貧しいものだった。だから私は中学を卒業したら働くものと思っていた。当時村に同年生が男女十四人いたが、ほとんど同じ境遇だった。男は中学を卒業すると土方＝土木作業員になるのが村人の普通の姿だった。後になって気づくのであるが、そうした境遇は、部落への就職差別が少なからず影響していたであろう。

そんな生活だったが、母が給料取りとなり、多額でないにしても、定期的な月給が入るようになったのである。母が大喜びしていたのを覚えている。そして私に「高校に行きたかったら行ってもええで」と言った。これが私の人生を決定的に変えた。

俺は本当に差別されるのか？

高校生になると友人も多くなり、様々な関心がふくらむ。最初の夏休みの直前だった。中学から親しかった友人が、夏休みに入ったら私のところへ遊びに行きたいと言った。彼は新しい自転車を買ってもらっており、それで遠出をしたいのだ。彼の家は津山市内で、私の家まで約五キロだった。「いいよ」と快諾して別れたのだったが、その直後私の脳裏に走るものがあった。遊びにきて、村が部落だとわかったら彼はどう思うだろうか?。

村の大人たちが杞憂していた部落のマイナスイメージが私の脳裏に蘇っていた。もし彼が部落民を嫌ったらどうしようか?。そんな思いだった。その思いをどのように処理したらよいかわからなかった。学校の帰り道など、一人になると、そのことでジレンマに陥った。

そんな状態が四五日続いた。が、ある時ふと思った。部落を嫌うかどうかは彼が決めることだ。オレがとやかく悩むのはおかしい。無駄な悩みを捨てるために、部落民であることを彼に話しておこう。そのように思うことでジレンマから抜け出した。

彼が家に来る前に話そうと思った。とはいえ、それを言うのは、逡巡があり、勇気がいることだった。これまで耳にしていた村人の話では、部落民であるのを知られて良かった話しは一つもないのだから。

休みを前にして私は彼に話した。

「わしんとこは部落いうとこで…」

この通りの言葉だった。当時被差別部落とか同和地区という言葉は親しまれていなかった。また、部落は一般的に農村などの村を指していた。しかし、彼は私の言葉の意味を、説明もなくわかっていた。

「そんなの意味ないよ」彼が言った。

その後この問題について、彼と話し合ったことはない。しかし、それで十分だと思う。その後も彼は私の親友であり、今も親友である。

こうした経験が私の心に影響したと思うが、その後新しい友人、あるいは職場、あるいは恋人などに出会うたびに、部落民であることを話した。どうしても話そうという硬い意志というほどではなかった。カミングアウトとか「出身宣言」と言った大袈裟な考えは厭だった。話しの流れで必要なとき、誰もが自分の村や故郷を話するように話そうとした。そしてまた、それを自分で隠す必要があるとも思えなかった。そこに何かの意味を見出すのは聞き手の方だ、と割り切った。が、それでもいざ言おうとすると、相手がどう出るかわからないという恐れがあり、逡巡があった。そして、そのような心理状態になると「言わなくてはならない」と思いだす。ここで逃げたら、一生恐れと逡巡がつきまとうと思った。そんな時は、強い決意と意志が必要だった。そしてそうした意志の深層に、「オレは本当に差別されるのだろうか？」という思いがあった。

高校を卒業後、働きながら東京の大学に行ったが、学校だけでなく、いろいろなアルバイト先や職場で、部落民であることを話した。差別があるかどうか確かめたいと思った。部落差別は大きな課題だと思っていた。しかし、本当に差別があるのかどうか、自分で確かめもせずに、大きな課題とするのはいささか抵抗感があった。その意味で〝話してみた〟側面もある。その結果はどうだろうか。話した時すぐ差別する人はいなかった。が、陰で私を悪く言う者はいた。同じ職場にいた友人の一人が「もうあの話しはしない方がいいよ。あんたにとって良いことではないよ」と忠告してくれたことがある。結婚の時も、相手の親に話した。その場では何もなかった。が、後でわかったのであるが、相手の親や親戚が何回も親族会議をもち、結婚に強く反対したという。

三　肉食禁止のタブーと現代

打壊しの裁判記録

明治大学文学部に入ってから、部落問題を本気で考えるようになった。部落差別とはいったい何なのか？。どうすれば差別が無くなるのか？。このような疑問・関心が強くなった。そしてそれを文学的に表現しようと考えた。現実的な運動としての部落解放運動にも関心が向いた。運動に関していうと、大学を卒業した直後私は部落解放同盟に参加するため加盟書を東京の代表者に手渡した。とはいえ、後でわかったのであるが、その加盟書は受け取った人の処理ミスか何かで、組織の機関に届けられなかったようだ。その後私のところに団体からの連絡は何もなかった。当時私は仕事で住所が転々としており、そのせいかと思っていた。また一方で私は文学を志しており、文学はとどのつまり一人でやるものと思っており、運動団体を頼る必要はないと思っていた。そうしたことで、その後私は、運動団体と協力することはあっても、組織員として動いたことはない。

なぜ差別があるのか?、という疑問は当然部落史への関心となった。歴史の勉強をしているうちに、明治時代初期の「解放令反対一揆」の資料に出会った。その裁判記録が特別私の関心を引いた。私が育った家のことが証言されていたからだ。六才の時、祖母から聞いた（他にも、後で渋染一揆とよばれる一揆に関する話も聞いていた。これは劇画『渋染一揆』（解放出版社）として刊行した）、村が襲われる話しの証言なのだ。その時襲った側、隣の農村の代表の証言の一部は次のようだ。カッコ内は私の説明。

「自分義（隣村の農村代表・証言者）、当五月二十七日（一八七三年）、兇徒共（一揆の農民）諸村ニ峰起シ、旧穢多ノ屋敷ヲ棄毀放火（壊して放火）等致ス旨伝聞候ニ付（そんな噂を聞いたので）、当村ニハ旧穢多屋敷十戸有之（この屋敷が私の村）、大ニ懸念致シ居ル処、（略）同日夜半頃、（略）諸村鵜合ノ党民共、大勢村内旧穢多ノ住所ヘ押寄セ、形次郎竝ニ利喜蔵（これが私の家・母の生家）宅等ヲ乱暴致ス処、（略・この後村の代表が〈元の穢多のままでようござんす〉という覚え書きを書いて村全体の打壊しをまぬがれるが、ここにある二つの家は許されない。その理由が次に述べられる）形次郎・利喜蔵ニ於テハ屠牛ノ醜業ヲ致スニ依リ、是非トモ家屋可及放火（家屋に放火すべき）ト暴徒ヨリ申シ出ル（略）村ノ類焼ヲ免レシメンガ為メ（放火で他の家が類焼してはいけないので）不得止破壊（やむをえず破壊した）」（『近代部落史資料集成　第二巻』三一書房・一九八五年）。

私の家を打壊した農民の代表（当時の総代）の裁判証言の一部であるが、当時十戸だった村の二戸だけが打壊しにあった理由がはっきりとわかる。

「屠牛」とは屠畜業のこと。「醜業」とは、みにくい、憎むべき仕事だ。屠畜業がタブーであったことがわかる。一揆の要求によって旧穢多全体が差別されていたのがわかるが、部落への要求が満された後、「屠牛」の二戸が特別に許されない理由は、このタブーのためである。そしてこの特別の理由こそが部落差別の根幹に触れるものであり、日本人が自ら主体的に克服していないタブーの重要な部分である。肉食をしながら肉食のタブーを克服していないという、日本的心理の特徴、あるいは精神的空白の特徴がここにある。ちなみに、この後私の家は屠畜業をやめており、この一連の動きが家族の間でもタブーとなった。

多くの日本人は、この事例を百二十年前の事件であり、すべての日本人が、襲った農民と同じかどうかわからない、というだろう。今もこの事件に触れることを厭がる日本人が多いのだ。しかし、肉食をタブーとした歴史は明らかだ。そのことと、現代の肉食文化の間にどのような歴史・プロセスがあるのか、そのタブーをどのように克服したか哲学的・思想的に明らかにしない限り、タブーを破ったとはいえないだろう。そのプロセスや哲学・思想を明らかにした人は今までいない。問題意識もなかった。

一方で、一揆の当時、欧米から入った肉食文化が全国に広がり、古いタブーの上に被さって、現代みられる旺盛な肉食文化が実現する。そうしたことを考えると、ここにある二重性が、今も日本人の無意識の世界、あるいは深層心理を支配していると考えられるがどうだろうか。

私が講義をする立教大学では、一九九六年度学生部セミナーの「環境と生命Ⅶ——飽食の病理」の公開講座で講師が次のような発言をし、屠畜場労働者と部落解放同盟品川支部から抗議・糾弾を受けた。その講師は、モンゴールの遊牧民による羊の解体にさわやかな感動を覚え、その肉がおいしいと思った経験を下記文章でいっている。しかし、日本の屠畜場にはまったく異なった、暗いイメージを持っていたことがわかる。発言は次のようだ。「なぜ肉を食ってはいけないかというと、(略)牛にしても、豚にしても殺されるときに断末魔の叫びを上げるわけでしょう。恐怖に怯えるわけでしょう。その断末魔と恐怖が肉に入る。断末魔と恐怖が入った肉を人間が食べて、それで本当に命を養えるか。人間がそのような残虐な行為を獣にした揚げ句の肉を食うということは、おそらく人間の命を養うことにはならない」と言いながら「日本には屠畜場があります。たとえば芝浦屠場」と東京の屠畜場の名をあげながら、肉が食べられないことを「そこではみんながわかっていて、秘密にしている」「僕は焼鳥は食わないですね。危ないですよ。決して健全なものではない」というのだった（『学生部セミナー差別発言事件」総括報告書』一九九九年　立教大学）。

幼稚な偏見としか言えないが、モンゴールの羊肉をおいしいと思った経験を語っている（前掲同書）人物の発言であることから、日本人としての屠畜場や肉食への偏見というべきだ。

現代の日本では、このような偏見が個人的な資質と考えられがちであるが、そうした発想は、近代以後の、欧米的文化に自分を置いている場合が多いと思う。そしてたとえそうであっても大切なのは、内在的なタブーを主体的に克服し、文化・価値観の二重性を超克することだ。そうした姿勢・発想があったなら、屠畜業を「醜業」とし、私の家が打壊しにあうことはなかったはずだ。

呪術的タブーとしての忌穢と触穢

肉食が禁止されたのは非常に古い。六七五年（天武天皇期）には牛・馬・犬・猿・鶏の肉を半年間食べてはならいとする令がでた（『日本書紀　下』日本古典文学大系・岩波書店・一九六五年）。ここでは目的がはっきりしないが、七二一年（元正天皇期）には年間を通しての禁止令となり、目的がはっきり書かれている。『続日本紀』（全現代語訳・宇治谷孟・講談社学術文庫・一九九二年）から現代文のその部分を引用する。「この頃、陰陽が乱れて、災害や旱魃がしきりにある。そのため名山に幣帛《みてぐら》をささげ、天神地祇をおまつりしたが、恵みの雨はまだ降らず、人民は業を失ってしまった。これは朕の徳が薄いために起こったことであろうか。人民に何の罪があってこのように大地が焼けこげ、作物がしおれるのか。天下に恩赦をおこなうことにする。国司・郡司に、無実の罪で獄舎につながれている者がいないか詳しく記録させ、路上にある骨や腐った肉を土中に埋め、飲酒を禁じ、屠畜をやめさせ、高齢者には努めて憐れみを加えさせよ」というものだ。

雨を求めて天皇が祭祀を行っているが効果がない。そこで恩赦をし、飲酒を禁じ屠畜を禁じて効果をもたらそうとする。天変地異としての旱魃を防ごうとする呪術的祭祀なのがわかる。直接的には、雨乞いのための祭祀だ。

これをきっかけに数十年に一度といったふうに肉食禁止令が出る。それは、民衆の間で肉食が続いていたことを示すと考えられている。馬肉を「さくら」、猪肉を「ぼたん」などと隠語で呼ぶのも、そうした状況のなかで始まったと考えられている。日本人の心理として指摘される「本根と建前」はこうした構図からも読み取れる。

呪術的祭祀として始まる肉食のタブー、肉食禁止令から約千年後の一八七二年（明治五）一月、欧米の肉食文化に押されて形式的に天皇が牛肉を試食し、弊害がなかったとして解禁される。この時、天皇の形式的、呪術的儀式としての試食でなく、近代的思想、あるいは科学的思想によって解禁されていたなら、タブーを克服するきっかけに気づいたかも知れないし、タブーの結果としての部落差別の克服を考えるきっかけもつかめた可能性があると考える。

四　東京の生活——私の青春哲学

叔母の話し

家族や親戚に反対されながら、一九五九年明治大学に入学した。入学金は東京にいた叔母に借り、学費、生活費は新聞配達で稼いだ。

叔母は東京にいて、小さな結核診療所の理事長をしていた。彼女の収入は人並み以上で、メイドを二人おいて一人で生活していた。大学入学当時しばらく私は叔母の家にいた。叔母も私がいるのを望んだ。しかし、私はそこに長くいられないのを予想していた。叔母が部落民であることを隠しているからだ。

叔母は若いころひどい結婚差別にあい、その後一人で生活している。叔母の差別のことは、津山にいるころから親戚の者に聞いていた。彼女は子どものころから学校の成績が優秀で、高校の先生に薦められて大学にいった。父親が田を売って学費をつくったという。東京のクリスチャン系の女子大だった。その影響か、彼女自身敬虔なクリスチャンだった。女子大生のころ、東京大学の学生と恋愛し、結婚した。夫は横浜で貿易商をする両親を持ち、夫が育った豪華な家で生活した。

太平洋戦争の末期、横浜が空襲され、一家は津山の農村部にある叔母の家に疎開した。私の母の実家であり、私たち母子もその家に住み始めたばかりだった。私は幼くて、はっきりした記憶を残していないが、後で三歳年上のいとこから、当時のことをよく聞いたものだ。叔母は部落のことを隠していたが、疎開して村に住んでいて、何かのきっかけでそこが部落なのを夫の両親が知り、激しい怒りを表して即座に離婚話しになったという。それでも戦争が終るまでそこにいて、終戦で横浜に帰った直後、正式な離婚となった。そうした経験があるため、叔母はその後も部落民であるのを一切隠して生活している。

叔母の気持ちはよく理解できた。が、だからといって、私が叔母と同じように生きていたら、私は何もしないうちに部落問題に負けたことになるだろう。そんな人間になりたくなかった。だから部落問題に関心を持ち続けることを叔母にいった。そして、早稲田大学や慶応大学にあった部落問題研究会のメンバーや部落解放運動の活動家などと連絡を取り始めた。二年後に同じ研究会を明治大学に作ったのは私だった。

そうした私の関心・動きが叔母に耐えがたいものであるのはわかっていた。ある日叔母が私を呼び、この家にいるなら部落問題を一切持ち込まないこと。そうでなければ一緒に生活できないと言い、選択を迫った。

叔母は友人知人に部落を隠してきた。いまさらそれを明かにできないだろう。そんなことをしたら、彼女の社会的信頼が失われるだろうと思う。本当にそうなるかどうか、明かにしてみないとわからないものの、それを実験する余裕は彼女にはないと思われる。そのように考え、私は叔母の家を出た。明治大学がある神田駿河台の近くの新聞販売店に住み込みで入ったのだった。このようにして私の東京での生活が本格的に始まる。叔母の家にいたのは五ヶ月くらいだった。

暴力と文化

叔母の家にいる間に、私は心理的危機を体験した。部落民なのを隠すかどうか叔母と話していたせいだと思うが、それを人に話すことで〝落とし穴〟があるのに気づいた。話した時、相手が私を差別したらどうするか？ということだ。その時は当然抗議する。しかしどのように抗議したら良いだろうか。「あなたは間違っている」というのが最初の言葉だろう。が、そんな言葉で相手が反省するとは思えない。それで反省するくらいなら、最初から差別しないのではないか。部落差別には根深い背景がありそうだ。しかし、その背景もまた馬鹿げたものに思う。そんな思いがあって、最初の言葉さえ馬鹿げたものに思える。そんな相手を良心的に説得することを想像すると、私の内に屈辱感すらあった。人間的良心を持たない者には、私が時間をかけて説得する価値はない、という思いのような気がする。しかも、説得を考える前に、当然ではあるが、差別そのものに対して屈辱感がある。その場合、私はいったいどうしたらよいのか。その答えがわからなくて、ジレンマの中に落ち込んでいくのを感じた。

手がかりがなく、底無しの沼に沈んで行くかのように感じながら、一週間くらい考えていた。そしてふと思った。そんな奴は叩きのめす、そうすることが最も効果的に思えた。相手が反省するためにも、私が傷つかないためにも……。腕力に自信があるわけではない。相手が私より強い者だったら、その場で見つかるどんな物を武器にしても私は正当だ、と考えた。

今思うと、それが部落民として生きる私の哲学だった。しかし、その哲学を実行したことはない。目の前に差別者が現れなかったということでもあるだろう。目のとどかないところでの差別は、時間がたってわかることだ。結婚の時も、相手の親や家族が反対したのをずっと後で知った。とはいえ、彼らを叩きのめしに行く気はない。時間が緩和材になったともいえるが、実際に暴力を振うのを考えると、これもまた馬鹿げたことだ。ひと時心理的に充足されるだろうが、何らかの後悔がともなうだろうし、何をおいても、社会的制裁において、私を正当とする論理は、残念ながら、今の日本社会に見当たらない、と思われる。その場合私のリスクが多過ぎるだろう。

だからといってこの哲学を取り消す思いはなかった。が、本稿を書いている時点において、これまでの試行、思考過程によって、私の内部に大きな変化がある。差別者を前にした時、今の私なら、暴力に訴えなくても、自尊心を保てると思う。あるいは「それは間違いだ」と、説得を試みる心理的な余裕がある。そのように思っている。その根拠は、文化だ。私が「部落文化」といってきた文化、それがあるため私の心理が大きく広がり、予想されるさまざまな事態に余裕がもてる。そしてそれを主張することが出来る。そのように感じている。

このような変化について、そのプロセスを示すことが大切だと思う。しかし、本稿においてそれを展開するのは紙数などから難しい。別の機会に、そこにテーマを絞って本格的に示したい。ここではそのプロセスを点描することになるが、この時点でいえることは、私には今、差別者を説得する言葉があるといえるだろう。別のいいかたをすれば、暴力に頼っていた頃は、私自身、自分がどんな人間なのかわからなかった。部落民として生きようとしながら、その部落民がいかなる者なのか、存在なのか、まったくわからなかった。そしてまた多分、私以上に、差別者の方も、部落民が何者なのか、それまで蓄積された偏見・差別観以外には、何もわからなかったといえるだろう。

だから、双方に、人が生活していくうえの、建設的なコミニケーションを計る言葉やイメージがなかった。そのため粗暴な差別や粗暴な暴力しか想像できなかった。そのようなことだと思う。そしてそのように思うと、文化がいかに大切かわかるのである。本書冒頭で示した、植民地解放闘争、民族独立闘争のなかでいわれた「われわれの歴史と文化を認めろ」という言葉がいかに重いものであったか、あらためて思い知るところだ。

部落民として生きる私の哲学は、暴力から言葉に変化した。それは暴力的な人間から文化的な人間に成長したといえるのかも知れない。少なくとも、「部落文化」は私の生き方、部落民としての生き方と存在を安定させ、アイディンティテーとして定着している。そしてそこにあったプロセスを前に考えることは、人は単に生物的生命としてだけでなく、文化的に存在し、その文化をとおして互いを理解しあうことが出来るということだ。

まとめ

こうした部落文化を発見することで、現代社会に提起したいことがもう一つある。二〇世紀の人類的課題の一つであり、二十一世紀にはわれわれの責任で解決しなくてはならないはずの「自然と人間の共生」である。いうまでもなく自然破壊の問題であるが、この問題の背景に、植民地主義者などがしきりと主張し、今も経済のグローバル化の中で価値観の基軸になっている「開発」と「後進」についてである。

人はどんな存在でも文化を持つ。その文化を認めることが共存の哲学であり、その文化の変化は、異なる文化との共存による相互の刺激によって内在的に始まる、といえるだろう。たしかに、民主主義や人権を基軸にすると、非民主主義的な君主制や家父長制が批判的存在になるだろう。日本でも二重構造の一方にそれらが色濃く残っている。しかし、それをいきなり「後進」として否定するのではなく、これまで重視されなかったもう一つの新しい価値基軸として、自然を視野に入れ、自然とのバランスの中で作られたその地域の文化を発見、それを尊重しながら内在的に変革する契機を把握する。その時は進歩的と思われた「開発」が自然を破壊してきたことにも気づくはずだ。そうした弱点を克服するために互いに交流し刺激しあう。そうした発想が必要ではないか。例えば、多くの地域で君主、王制の基軸になっているシャーマニズムの中に、それとは別の基軸でアニミズムを発見し、これを軸にした地域社会を再構想することで、現代の時点で、これまでとは逆の視点でいわれる「開発」を批判する価値基軸を見出すことも出来るはずなのだ。

また、二十世紀後半に植民地解放闘争、民族解放闘争の中で「開発」「先進」国（ここに民主主義や人権があるとされてきた）を自称するヨーロッパ宗主国に対して、その「開発」「先進」は植民地を犠牲にしたものである、とする指摘や抗議が多かった。この指摘を真摯に受け止めるなら、植民地主義者としての彼ら、ヨーロッパ宗主国こそ「植民地」「他者」に対して「開発」、あるいは人権・民主主義の仮面を被った抑圧者であり、強権的で非民主主義的な、人権無視、人権蹂躙者の典型といえるはずだ。こうした歴史を繰り返さないために、新しい人類的価値観、価値基軸として、国家ではなく、それに変る自然＝エコシステムを取り入れた文化・文明システムを構築すべきではないかと考える。

その時、日本の和人社会では、部落文化が重要な位置にあり、意味を持つだろう。いうまでもなく、第一次産業として自然に直面してきた農山漁村の文化、そしてそれらが交流した町の文化も大切だ。それらの間にあって部落文化は長い間タブーとし、無視、差別されてきた。しかしそれを無視しては、自然＝エコシステムの全体像に対応した文明システムの総体が見出せないのをこれまで証明してきたのだ。一方、これまで農山漁村町の文化は多面的に解明されている。そうした意味で、いまこの国、ことに和人社会で、二十一世紀の人類的課題にこたえるには、部落文化を重視し共有することが、当面、非常に大切なことと思われる。

あとがき

ブンターとは何だろうか？　部落民とは何だろうか？　私が育った村、岡山県津山市の農村部の部落（同和地区）では自分たちのことをブンターと呼んでいた。今思うとそれは「番太」のことだったと思われるが、子供のころは、その言葉の意味がまったくわからなかった。ただ、村人がその言葉をいうとき独特の響きがあるのを感じていた。自分たちを揶揄するかのような、少し卑下するかのようなニュアンスをもって発声される言葉だった。何かの行動を表す言葉とか、その形容の言葉の後に「ワシらブンターはのう」とか「ワシらあブンターじゃけん」などといったように、何かを特定するのであるが、それはこの村、その人々のことであると共に、他に何かの感情が加わっているのが感じられるのだった。その感情が、自分達を卑下しているかのような響き、ニュアンスなのだ。

言葉の意味がわからないと共に、そこに付加される感情の意味もわからないのであるが、その言葉はやがて「部落民」という言葉に変わっていく。いつどのようなプロセスで変わったのかはっきりした記憶はないものの、その言葉は村の中というよりは外から、あるいは内、外というよりも一般性、社会性をもった言葉として耳に入り記憶されたという印象だ。

この「部落民」という言葉を使う村人に「ブンター」のような感情は伴わなかったと思うが、しかしなぜか、その言葉は重量感があった。私が成長する初期の頃からそんな感じ、印象があったと思う。そしてその重い感じの中に、村人が「ブンター」という言葉に付加した感情に似たものがあった。

とはいえ、その言葉は村の中からというより、外から、少なくとも一般性をもったものとして伝わってくるものだったので、「ブンター」に付加したものと同じ意味あいといっても、まったく同じではない。村人は自分たちを「揶揄」しながら「卑下」するのであるが、外からだとそれは「蔑み」ながら「揶揄」する。そうした印象なのだ。そしてその印象を裏付ける出来事、あるいはその印象に直結する出来事が村の生活の中でたびたび起こっているのを聞いて育った。それがつまり部落問題であり、部落差別だ。

私は十歳頃までに、村の生活の中でそのような印象と経験をもって育ったと思うが、この生活の印象・経験はやがて私の内で部落問題とは何か？　という疑問、関心となる。

私は小学校に通っていたころ、部落民とか部落という言葉を知っていたし、それらの言葉がもつ先のような印象も感じていた。しかし決して納得はしていなかった。なぜそうなのか、ずっと疑問をもっていた。それだけを考えていたわけではないものの、長い間その〝解〟を、つまり疑問の答えを求めてきたと思う。そして、七十歳に手が届くようになった極最近、その〝解〟がわかった感じがしている。もちろん「感じ」だけではいけないので実証的にしなくてはならない。その作業を数年前から始めたのである。その結晶の一つは二〇〇九年に刊行した『部落差別の謎を解く』（モナド新書・にんげん出版）である。しかしその作業をしながら感じていたことがある。同書は部落差別の形成史、強いては部落形成史であるが、そうした歴史の解明だけでは、私の幼いころからの体験や生活感にもう一つ届かないものがある。歴史だけでは部落問題のすべてを解いたことにならないのではないか。あるいは部落差別だけ見ていたら、本当の意味での部落問題の〝解〟を求めることにならないのではないか。そんな思いだ。

実は、このことは私がこれまでいろいろな文章で表明してきた私の主張なのだ。しかしそれを言葉でいくらいっても、実体化しなければ意味がない。そのように思い本書を手がけたのである。

冒頭の「ブンター」でいえば、歴史書としての『部落差別の謎を解く』は、村人がその言葉に付加した感情、あるいは最初「部落民」という言葉に私が感じた重み、暗さに相当するものといえるだろう。それを解明しながら感じた物足りなさとは、その本体である「ブンター」「部落民」の実像、歴史も含めたその実存論が不足していることだ。本書はそうした意味で、部落問題を歴史だけに絞らず、歴史も含めた実存論、生の人間がまるごと生きる実在、社会構成体を含めた、原論として書いた。

私一人の力では及ばないところが多い。今後の課題として残したところもたくさんある。しかし部落民の実存論、その内容としての文化論、文明論の手がかりは示すことが出来たのではないかと、希望も込めて思っている。また、これをさらに深化するために、多くの人の批判、助言をいただければ幸いである。

本書の企画と刊行の全過程において、御茶の水書房の社長・橋本盛作氏から多くの助言と励ましをいただいた。氏の部落問題への理解と、その情熱に敬服するとともに、感謝の意をここに記して、人々に伝えたい。

二〇一〇年猛暑の八月

著　者

著者紹介

川元　祥一（かわもと　よしかず）

作家・ルポライター
1940年生。1965年明治大学文学部卒。
伝統芸能研究・千町の会代表。千年紀文学会会員。
変革のアソシエ「部落講座」講師。

日本の文化、特に周縁文化に関心をよせ、賤民史や部落文化・部落問題をテーマに、創作・研究・フィールドワークを続けてきた。最近は農・山・漁村・町・部落の労働と文化の歴史に可能性を見出し〝文化再発見〟として独自の調査・研究を続けている。農山漁村には自然を対象に生産活動をしてきたアニミズムがあり、伝統的な文化と思想がある。自然の破壊的部分としての〝ケガレ〟に触れる仕事をしてきた部落には、現代的意味でのリサイクル、歴史的にキヨメと呼ばれた文化・科学や技術がある。町にはそれらの成果が集中する装置がある。

歴史の中で非定着者と呼ばれた人たち（部落を含む）が農山漁村の文化を都市に運び、質的に変革した芸術文化などを創りだす。この芸術文化が農山漁村・部落に還流している。これらを総合することで、これまで語られなかった文化と、そこでの思想や新しい文化機軸が発見できる。現代的な意味でそれらの伝承と変革を考えている。

【主な著書】
小　　説：『谷間の悠久』（解放出版社）
　　　　　『もう一つの現代』（三一書房）
評　　論：『部落差別の謎を解く』（モナド新書・にんげん出版）
　　　　　『和人文化論』（御茶の水書房）
　　　　　『部落差別を克服する思想』（解放出版社）
ル　　ポ：『旅芸人のフォークロア』（農文協）
児童文学：『夜明けの人々』『春駒』（明治図書）
　　　　　『山の粥』『渋染一揆』（解放出版社）

部落文化《ぶらくぶんか》・文明《ぶんめい》——差別《さべつ》で失《うし》なった価値群《かちぐん》：この世界《せかい》の全体像《ぜんたいぞう》を誰《だれ》も見《み》ていなかった

2010年11月20日　第1版第1刷発行

著　　者——川　元　祥　一
発 行 者——橋　本　盛　作
発 行 所——株式会社 御茶の水書房
〒113-0033　東京都文京区本郷5-30-20
電話　03-5684-0751

Printed in Japan

組版・印刷／製本——㈱タスプ

ISBN978-4-275-00909-8　C0036